Ambros Schor

Alles hat seine Zeit

Leben auf dem Land

in den Nachkriegsjahren

Ambros Schor
Alles hat seine Zeit
Oberding: Reimo-Verlag, 2023

Am Mitterfeld 3, 85445 Oberding
Tel.: 08122 / 47 99 715
Fax: 08122 / 47 99 714
E-Mail: reimo_verlag@gmx.de
www.reitmajer-verlag.de

ISBN 978 – 3 – 942867 – 81 – 8

Inhalt

Vorwort

Die Idee zu diesem Buch entstand während eines meiner Seminare an der Universität mit dem Titel „Politische Bildung durch belletristische Literatur“.
Borchert, Böll, Grass, Lenz ... Ich hatte mir unter anderem vorgenommen, mittels schöngeistiger Literatur exemplarisch die politische Kultur der Bundesrepublik Deutschland nach dem Zweiten Weltkrieg zu reflektieren. Mit politik- und geschichtswissenschaftlicher Arbeit konnte man den Verstand der Studenten erreichen, doch mir genügte das nicht; vor allem wenn es um die Ausbildung von Sozialkundelehrern geht, die später die politische Bildung der Schüler fördern sollen. Fakten und Zahlen sind zwar wichtig, um soziopolitische Zusammenhänge offen zu legen. Politische Kultur aber schließt immer auch die affektive Dimension der Bildung mit ein. Daher mein Versuch, einmal adäquate Belletristik in das politikwissenschaftliche Studium miteinzubeziehen.
Während einer Diskussion im Laufe dieses Seminars stellten Studenten die Behauptung auf, dass die gängige schöngeistige Literatur, die sich in den ersten Jahrzehnten nach dem Zweiten Weltkrieg mit den soziopolitischen und ökonomischen Problemen der Bundesrepublik Deutschland befasst, vor allem die Mittel- und Oberschicht tangiert und meist auf das Leben in den Städten bezogen ist. Eine Studentin erklärte, in den Nachkriegsjahren habe sich bei den Bauern auf dem Land politische Kultur im eigentlichen Sinn kaum entfaltet und jenes Dorfmilieu sei deshalb für politisch engagierte Schriftsteller kaum ergiebig gewesen.
Als Dozent schien es mir angebracht, diese These kritisch zu hinterfragen. Aufgewachsen in einem Dorf wusste ich, dass das Leben auf dem Land auch damals sehr wohl interessante, wenngleich spezifische Formen der politischen Kultur entfaltete.

in Fragen der Erziehung recht tolerant und liberal eingestellt. Ein Kind zu schlagen, das war für ihn absolut tabu. Als sein Schulrat ihn einmal fragte, warum kein Rohrstock auf seinem Pult läge, was damals üblich war, antwortete er: „Ich habe die Erziehungsparolen der Nazis schon als Lehrerstudent abgelehnt, ja gehasst. ‚Hart wie Kruppstahl, zäh wie Leder und flink wie die Windhunde' wollten sie uns jungen Leute haben. Heute weiß man, warum. Wir sollten gehorsame Krieger ohne eigenen Willen werden. Nein, das will ich meinen Kindern ersparen."

An diese Maxime hielt er sich denn auch. Achtete auf eine kindgemäße Unterrichtsgestaltung, die den Schülern ausreichend Freiraum ermöglichte und wollte, dass sie sich ihres Lebens freuten. Er spielte mit ihnen im Sportunterricht Fußball und ließ sie in der Pause Schlitten fahren. Gemeinsam feierten sie den Nikolaustag, führten Theaterstücke für die Eltern auf.

Und der Lehrer verzieh und vergaß, wenn einer von seinen Schülern sich einmal in der Schule daneben benahm. Deshalb mochten sie ihn. Das galt auch für den Sohn, dem der Vater zu Hause sehr viel Luft zum Atmen ließ. So hatte er nichts dagegen einzuwenden, dass er sich den ganzen Nachmittag mit seinen Freunden im Dorf austobte. Zum Ave-Läuten bei Beginn der Dunkelheit musste er aber unbedingt daheim sein. Einmal war er erheblich zu spät nach Hause gekommen, weil sie im Wald an ihrem Baumhaus arbeiteten. Als er dann noch schnell die Hausaufgaben erledigen wollte, hatte ihm sein Vater das verboten; dann in barschem Ton angekündigt, dass er ein solches Benehmen nicht mehr länger dulde und gedroht, ihn morgen im Unterricht angemessen zu bestrafen, wenn er seine Hausaufgaben nicht vorweise. Dieser Termin bereitete dem Sohn Kopfzerbrechen, weil er das mit Sicherheit nicht konnte. Doch es kam alles ganz anders. Der Herr Lehrer schritt zu Beginn des Unterrichts durch die Reihen und kontrollierte die schriftlichen Arbeiten, so wie er das jeden Tag tat. An seinem Sohn ging er vorbei, als wäre dieser gar nicht anwesend. Zu Hause machte er ihm dann deutlich, dass sich ein derartiger

Vorfall niemals mehr wiederholen dürfe. Damit war alles erledigt.
Lehrer Schobers Arbeit beschränkte sich nicht nur auf die Schule. Er tat auch viel für die Dorfgemeinschaft. Am Sonntag spielte er in der Kirche die Orgel, leitete den Chor und organisierte den Faschingszug. Darüber hinaus hatte er für Erwachsene am Abend in seiner Wohnung ein offenes Ohr, wenn diese ihn wegen persönlicher Probleme um Rat baten. Deshalb schätzte und mochte man ihn. Kein Wunder, dass jeder, dem es möglich war, Jahre später zu seiner Beerdigung Kirche und Friedhof aufsuchte und viele ehemalige Schüler aus der Umgebung anreisten.

***

Erinnerungen, die das Herz berühren ... Sie tauchten immer dann in Rafaels Kopf auf, wenn er wie heute mit dem Auto ins Frankenland fuhr, sein Heimatdorf vor sich sah, kurze Zeit später den Weiher, die Felsenkeller und den alten Kastanienbaum hinter sich ließ, um endlich am Anwesen Nummer 24 anzukommen. Ungewöhnlich still war es gegenwärtig im Elternhaus, verglichen mit früher. Das überraschte ihn nicht, denn seit ein paar Jahren wohnte nur noch seine Mutter in diesem großen Gebäude.
Inzwischen saß Rafael an ihrem Bett und fragte sich bedrückt, ob sie überhaupt wusste, wer er war. Es hatte ihn schockiert, dass die Mutter ihn bei der Begrüßung nicht erkannte. Auch als sie seinen Vornamen hörte, starrte sie ihn nur mit großen Augen und weit geöffnetem Mund an. Doch plötzlich richtete sie sich auf, ergriff seine Hand, zog ihn zu sich und umarmte ihn. Flüsterte mehrmals seinen Namen und lächelte; schien über seine Anwesenheit glücklich zu sein. Er beobachtete, wie sie sich abmühte, mit ihm zu reden: Unruhige Lippen, zunächst einsilbige Laute, die sich mehrmals wiederholten. Es folgten einzelne Wörter ohne logischen Zusammenhang. Dann schaffte

die alte Frau wenigstens ein paar Halbsätze und er sah ein, dass sie nicht mehr in der Lage war, ein Gespräch zu führen. Wenn er sie richtig verstanden hatte, würden ihre Mama und ihr Mann sie manchmal besuchen – Familienangehörige, die schon vor Jahren beerdigt wurden. Schön sei es im Himmel ... Einen guten Platz hätten sie ihr dort oben schon ausgesucht ...

Kritische Fragen zu derartigen Äußerungen empfand er pietätlos angesichts ihrer senilen Demenz. Hielt es vielmehr für angebracht, einfach zuzuhören. Die Stimme der Mutter wurde leiser. Aber der weiche Ton, das sanfte Lächeln um ihren Mund und ihre zärtliche Berührung machten deutlich, dass sie sich inzwischen wieder mit ihm beschäftigte. In Anbetracht ihres wohl nahenden Todes und ihrer Liebesbekundung, die sie ihm gegenwärtig zuteil werden ließ, plagte ihn das schlechte Gewissen, weil er sie in den letzten Jahren zu selten besucht hatte. Als sie sich im Bett zur Seite drehte und kurz danach einschlief, zog er vorsichtig seine Hände zurück, weil er nicht riskieren wollte, sie aufzuwecken. Jetzt konnte er auf den Friedhof gehen, wo seine Oma und der Vater lagen. Doch er entschied sich dagegen. Nahm lieber am verwaisten Schreibtisch Platz, da ihm sein Vater hier näher schien als unten im Grab. Der Tisch wirkte nämlich so, als hätte ihn der Lehrer soeben verlassen.

Er blätterte die Lokalzeitung durch, stand abrupt auf, lief im Zimmer hin und her und überflog dann die Titel der Bücher, die ordentlich aneinandergereiht im Schrank standen. Ein paar von ihnen musste er schon in frühen Jahren lesen, weil sein Vater die Auffassung vertrat, dass der Sohn auf diese Weise seine Sprachkompetenz steigern und den Denkhorizont erweitern könne angesichts der recht schlichten Lebensverhältnisse im Dorf. Diese Einstellung mochte vernünftig sein, psychologisch sinnvoll war sie jedenfalls nicht. Wie denn auch sollte Fontanes Stechlin einen zehnjährigen Buben begeistern können, wenn überdies zur gleichen Zeit die Freunde auf dem Bolzplatz herumtobten? Er holte diesen Roman, den er soeben entdeckt

hatte, vom Bücherbord und begann laut zu lesen: „Im Norden der Grafschaft Ruppin zieht sich eine Seenkette hin. Einer der Seen heißt der Stechlin, rundum von alten Buchen eingefasst ...“
Er blätterte Seiten um, beschäftigte sich erneut mit einer Textstelle, blätterte weiter und wieder weiter, weil er böse Kommentare am Textrand suchte. Endlich wurde er fündig. Das Zwiegespräch der Schwester Armgard und Melusine fand er unterstrichen: „Ich glaube fast ...“ „Nun was?“ „Ich glaube fast, ich bin verlobt.“ Und in Kinderschrift stand daneben: „Doofe Weiber“
Darüber musste er jetzt lachen, konnte seine abfällige Bemerkung von damals durchaus nachvollziehen, wohlwissend, seinem Vater dieselbe Eigenschaft zugeschrieben zu haben, weil er ihn zum Lesen einer derartigen Literatur verdonnert hatte. Er erinnerte sich noch genau daran, jedoch hatte er seinem ersten Lehrer diese ungebührliche pädagogische Maßnahme längst verziehen.
Sein Vater. Jetzt zog es ihn hinauf in den Speicher und er hoffte, dort schönere Kindheitserinnerungen auffrischen zu können. Dass ihn lange niemand mehr betreten hatte, verrieten die Spinnweben, Staub, allerlei Gerümpel und der modrige Geruch. Neben dem Kamin befanden sich auf einer Truhe zahlreiche Einmachgläser, die seit dem Tod der Großmutter sicherlich nicht mehr benutzt wurden. Die Kettenschaukel hing noch am Dachbalken wie in den frühen 1950er Jahren. In der Ecke lag demoliert die Krippenlandschaft mit dem Stall und dem Palmenwald. Wehmütig dachte er an die Stunden, in denen sie als Kinder in der Küche auf das Christkind warteten. Und als das Glöckchen im Wohnzimmer bimmelte, rannten sie meist zuallererst zur Krippe und nicht zum Gabentisch, weil eben diese Krippe sie in ihren Bann zog. Inzwischen wohnte niemand mehr im Haus, der sie an den Adventsabenden für das Weihnachtsfest herrichten konnte.
Seine Augen wanderten über das alte Spinnrad und entdeckten die Spieluhr, deren Melodie ihn früher stets in Verzückung

versetzte. Sie sahen an einem Balken aufgehängt den Feldsitz und die Flinte des Großvaters sowie mehrere Rehgeweihe und blieben schließlich auf dem großen Weidenkorb haften, in dem sich die Habseligkeiten seines Vaters befanden. Vor allem seinetwegen war er hier herauf gekommen.

Hastig öffnete er die Eisenverschlüsse, hob den Deckel hoch und vor ihm breiteten sich unscheinbare Dinge aus. Und doch waren sie für ihn jetzt von unschätzbarem Wert. Er legte vergilbte Stundenpläne beiseite, überflog Unterrichtsvorbereitungen und Lehrnachweise; blätterte Hefte und Schulbücher durch und begann in Briefen zu lesen. Feldpost aus Russland und Antwortschreiben seiner Mutter mit Hitler-Marken auf den Kuverts waren dabei. Der Vater hatte Geige und Klavier gespielt, die große Liebe aber galt der Orgel in der Kirche. Kein Wunder, dass er auf einen dicken Stapel Notenblätter stieß. Rafael entdeckte weiter unten im Korb eine Mappe mit Aquarellen und Kohlezeichnungen, die ihm nur teilweise bekannt waren. Häufig nahm der Vater in der Tat Bleistift, Kohle und Pinsel zur Hand, doch es ging ihm dabei nicht nur um künstlerisches Schaffen. Als Dorfschullehrer sah er zwar seine primäre Aufgabe darin, die Kinder zu unterrichten und zu erziehen. Er hielt es aber ebenso für angemessen, dass irgendjemand alle wichtigen Ereignisse, die sich das Jahr über im Dorf zutrugen, festhielt und archivierte. Dafür kam letztlich nur er als Lehrer in Frage. Deshalb befanden sich im Korb auch viele Schwarz-Weiß-Fotos sowie handschriftliche Schilderungen und Erlebnisberichte, die Einstellungen und Haltungen seines Vaters zu zentralen Lebensfragen spiegelten, von denen er bisher kaum etwas wusste. Bald bemerkte der Sohn, dass alle diese Arbeiten, die hier wohl geordnet und in chronologischer Abfolge abgelegt waren, eine Art Ortschronik darstellten. Zwar wurde sein Vater weder in diesem Dorf geboren, noch verbrachte er hier seine Kindheit und Jugend, sondern wurde von der Schulbehörde per Dekret in dieses Provinznest versetzt. Aber dennoch betrachtete er es als sein Dorf. Schließlich übte er

dort seinen Lehrerberuf mehr als dreißig Jahre ohne Unterbrechung aus.
Den Schatzsucher Rafael überkam ein Glücksgefühl: Ihm war, als stünde plötzlich sein Vater neben ihm und sie lebten wieder gemeinsam in ihrem Dorf, dem Dorf seiner Kindheit. Spontan entschied er, den Weidenkorb mit seinen für ihn wertvollen historischen Unterlagen mit dem Einverständnis der Mutter auszuleihen. Zu Hause nämlich hatte er genügend Zeit, sich eingehend damit auseinanderzusetzen und sie auszuwerten.
Monate später war er in der Lage, ein paar Geschichten aus dieser Dorfchronik zu erzählen.

Überall war das monotone Brummen der roten Maschine zu hören. Seit zwei Wochen schon. Man sah sie fast jeden Tag im Dorf auf einem anderen Hof und es war recht anstrengend, das riesige Gerät so aufzustellen, dass es arbeiten konnte. Beim Transport mussten die Pferde langsam und gleichmäßig ziehen, weil die breiten Eisenräder und die starren Achsen das Manövrieren erschwerten. Mehrere Männer führten die Deichsel, die beim geringsten Widerstand auf dem Boden seitlich auszuschlagen drohte. Geschicklichkeit und Geduld waren gefragt, bis der Koloss vor der Scheunentenne unterhalb der Getreidetür stand. Danach galt es, die Maschine exakt in die waagrechte Position zu bringen und ihre Räder mit Klötzen zu sichern. Stunden konnte diese Aktion in Anspruch nehmen; vor allem dann, wenn der Hof eng und abschüssig war. Aber sie musste spätestens bei Einbruch der Dunkelheit abgeschlossen sein, denn der folgende Arbeitstag begann sehr früh.
Ohne den Motorwagen wäre die Dreschmaschine hilflos gewesen. Der nämlich verlieh ihr die Kraft zur Arbeit, indem er das Schwungrad mit Hilfe eines Keilriemens antrieb und damit zahlreiche Walzen, Achsen und Zahnräder in Bewegung setzte. Hoch oben auf ihrer Plattform waren einige Personen damit beschäftigt, das gefräßige Ungeheuer mit Futter zu versorgen. Die Garben, die über eine Rutsche aus der Getreidetür im Obergeschoss der Scheune auf die Maschine gelangten, wurden weitergereicht und ihre Strohbänder mit der Sichel zerschnitten. Nur der Dresch-Hannes, dem die Maschine gehörte, war in der Lage, die Getreidebündel so zu dosieren, dass sie der Aufnahmeschacht ohne Probleme verschlang. Hannes tat das im Herbst tagtäglich, wenn bei einem Bauern Dreschtag war. Wie ein Wärter fütterte er sein gieriges Tier und das mit Bedacht, damit es sich nicht verschluckte oder Schwierigkeiten mit der Verdauung bekam. Trotz großer Erfahrung und Konzentration

kam das durchaus manchmal vor. Dann stotterte die Maschine und ihr Brummen klang lauter und dumpfer, als würde sie Schmerzen empfinden und darüber klagen. Doch sie erholte sich schnell wieder von dieser Überbelastung und lief auf vollen Touren weiter. Erneut mühten sich die Frauen und Männer auf der Plattform ab, Garbe für Garbe herbeizuschaffen, die im Schlund des roten Vielfraßes verschwanden.
Was in seinem Bauch vor sich ging, wusste nur der Maschinist: Messer zerschnitten die Halme und Walzen schlugen die Körner aus Ähren und Spelzen. Schüttelroste transportierten diese in dunkle Röhren und Siebe sortierten sie anschließend nach Größe und Qualität. Ein paar Minuten später wurde das Getreide an der Rückwand der Dreschmaschine wieder ausgeschieden, in Säcken aufgefangen und von kräftigen Männern zum Trocknen auf den Speicher des Wohnhauses getragen.
Ludwig Schober arbeitete in der Scheunentenne an der Presse, die unmittelbar vor der Dreschmaschine stand, das Stroh von ihr übernahm und zu Ballen zusammendrückte. Hier war es sehr staubig und laut. Unten aus der Maschine fiel die Spreu des Getreides, die von einem Gebläse nach vorne getrieben wurde. Es schien, als versuchten die blauen Blütenblätter der verwelkten Kornblumen, die die Messer des roten Ungeheuers von ihren Stängeln abgetrennt hatten, aus der diesigen Halle zu fliehen. Sie torkelten aber nach wenigen Metern in die Tiefe und blieben auf dem harten Lehmboden liegen.
Schober konnte es sich nicht länger leisten, die geschundenen Kornblumen zu bedauern, weil die Presse das nächste Strohpaket ausspuckte, das sofort weggeräumt werden musste. Geschickt stach er es mit der Gabel an und hob es hinauf in Richtung des viereckigen Loches, das man im Bretterboden des Scheunenobergeschosses ausgespart hatte. Dort oben wurden die Strohbündel von anderen Händen abgenommen und ordentlich gestapelt. Wieder und wieder stemmte der Mann an der Presse ein Paket aus Stroh in die Höhe. Trotz des Mundschutzes drang der feine Staub in Rachen und Nasenhöhle

und rötete seine Augen. Das Hemd klebte am Oberkörper. Diese Arbeit auf dem Bauernhof war er nicht gewohnt und sie zehrte an seinen Kräften. Oft fand er sie recht monoton, wie beispielsweise das Pflügen mit zwei Kühen. Furche für Furche zog dabei das Gespann mit dem Pflug, den er mit den Händen führte, auf dem Acker hin und her und es dauerte Stunden, bis man einen kleinen Erfolg mit den Augen wahrnehmen konnte.
Eigentlich war er Lehrer, durfte jedoch seinen Beruf nicht ausüben. Das zermürbte ihn noch mehr als die Knochenarbeit auf den Feldern, im Stall und in der Scheune. Vor einem halben Jahr wurde er aus der amerikanischen Gefangenschaft entlassen und wollte sobald wie möglich den Schuldienst antreten. Aber die Spruchkammer für die Entnazifizierung verbot es ihm und drohte mit einer Klage angesichts seiner Biografie. Schober verstand die Welt nicht mehr. Endlich war der Krieg vorbei und vieles, was er in Russland erlebt hatte, hoffte er zu vergessen. Ohne schwere Verletzungen kehrte er in die Heimat zurück und freute sich darauf, endlich seinen Beruf als Lehrer ausüben zu können. In der Gefangenschaft hatte er oft von seiner Arbeit als Dorfschullehrer geträumt. Im Frühjahr würde er den Schülern die ersten Lerchen auf dem Feld zeigen und im Klassenzimmer sollten sie ohne Angst vor Zwang und Strafe lernen. Das Berufsverbot schien jedoch seine Lebensperspektive zu zerstören. Sie warfen ihm die Zugehörigkeit zu einer nationalsozialistischen Studentenorganisation vor. Wie die meisten seiner Mitkommilitonen war er einer sogenannten Kameradschaft beigetreten, obwohl er als bekennender Katholik wesentliche Elemente der Parteiideologie ablehnte. Dennoch akzeptierte er stillschweigend Werte und Normen dieser Organisation, versuchte sich irgendwie durchzulavieren. Die Mitgliedschaft kam ihm nämlich durchaus gelegen, denn er entstammte einer kinderreichen Familie und erhielt kaum finanzielle Hilfe von zu Hause. Die aber übernahm jetzt die Partei für die Kameradschaftsmitglieder. Außerdem wurde man von den Studiengebühren befreit.

Arbeits- und Wehrdienst nach dem Examen. Ein paar Monate Einsatz in Italien. Doch trug er dort in der Regel nur die Ausgehuniform, schließlich sollten sie in erster Linie Kräfte sammeln für den Kampf im Osten. Dann musste seine Einheit nach Russland. Er war Soldat an der Front, aber auch Zeuge fürchterlicher Verbrechen, die im Namen des Führers hinter der Kampflinie geschahen und die ihn erschreckten.
Unmittelbar nach dem Berufsverbot wurde ihm von den Schwiegereltern vorgeschlagen, zunächst mit seiner Frau bei ihnen zu leben. Der Schwager, der den Hof erben sollte, kehrte nicht aus dem Krieg zurück und niemand wusste etwas über ihn. Ob er gefallen oder noch in russischer Gefangenschaft war, stand nicht fest und in den Akten der Behörden wurde sein Name unter der Rubrik „vermisst" geführt.
Man nahm den Schwiegersohn nicht nur aus Mitleid auf, schließlich gab es auf dem Bauernhof stets viel zu tun. Schober fühlte sich als Knecht, denn eigenständige Entscheidungen durfte und konnte er nicht treffen, weil er von der Landwirtschaft nur wenig verstand. Die Eltern seiner Frau behandelten ihn gut und er musste dankbar sein, dass er bei ihnen untergekommen war. Als Arbeitsloser hätte er nicht einmal ein Dach über dem Kopf gehabt. Daher erfüllte er seine Aufgaben so gut es ging; holte Futterrüben für das Vieh aus dem Keller, beseitigte mit der Hacke das Unkraut zwischen den jungen Maispflanzen, beherrschte inzwischen den Pflug recht ordentlich und half am Dreschtag mit, die Strohballen aufzuräumen.
Seit Stunden verrichtete er schweißtreibende Tätigkeiten, die das Nachdenken mehr und mehr abtöteten: Stroh wegziehen von der Presse, aufspießen mit der Gabel, fünf Schritte nach vorne, die Ladung nach oben heben, schnell den Weg zurück. Stroh wegziehen ... Er arbeitete in einem vorgeschriebenen Rhythmus und musste Leistung bringen wie die Maschinen neben ihm. Inzwischen war es heiß in der Scheune und die Luft unerträglich stickig. Obwohl er regelmäßig zum Wasserhahn an der

Hauswand rannte, um zu trinken und sich abzufrischen, spürte er, dass seine Kräfte nachließen und die Arbeit von Minute zu Minute qualvoller wurde. Endlich Mittagspause. Er nahm nur ein paar Bissen zu sich und legte sich anschließend im Garten auf den Boden, weil ihn der Rücken schmerzte. Zufrieden stellte er fest, dass seine Hände keine Blutblasen mehr aufwiesen. Die Hornhaut, die sich im Laufe der letzten Monate gebildet hatte, hielt dem Druck des Gabelstiels stand. Erneut stemmte er einen Strohballen nach dem anderen in die Höhe, bis am Spätnachmittag die Dreschmaschine abgeschaltet wurde. Ludwig war körperlich am Ende.

***

Altweibersommer. Baldachinspinnen schwebten auf ihren Fäden durch die silbrige Luft und über ihnen tanzte ein Pulk kleiner Fliegen. Unten im Tal lösten sich die letzten Dunstschleier auf und die Wiesen dufteten nach frischem Heu. Aus dem nahen Wald, der rotgolden in der Sonne leuchtete, erklang der Ruf eines Habichts und am Himmel über dem Acker kreiste ein Schwarm Stare.

Die beiden Kühe ruhten sich neben dem Leiterwagen aus und fraßen Klee. Sie hatten den Pflug durch zahlreiche Kartoffelzeilen gezogen, der die Erde und die Pflanzen hochhob und dann seitlich umdrehte. So gelangte ein Teil der Knollen ans Tageslicht, viele aber blieben noch in der aufgepflügten Erdanhäufelung verborgen. Nun waren Hacke und auch Hände nötig, die die Kartoffeln ausgruben und zum Trocknen in eine Furche legten. Die Bauersleute mochten diese Arbeit, weil sie ihnen ein Gespräch ermöglichte, lagen doch die einzelnen Zeilen, die abgeerntet werden mussten, unmittelbar nebeneinander. Allerdings hatte die Flüchtlingsfamilie, die bei der Kartoffelernte mithalf, Probleme mit dem fremden Dialekt.

Schober blieb wortkarg. Er beschäftigte sich wie meist mit dem einen Thema und hatte die Hoffnung auf eine positive

Veränderung seiner Lage längst aufgegeben, auch wenn ihm der Schulrat Mut machte und Geduld von ihm forderte. Der aber konnte leicht reden, saß er doch als Beamter sicher hinter seinem Schreibtisch, während er selbst als studierter Tagelöhner ohne Perspektive sich in der Landwirtschaft abrackerte.
Im Dorfbahnhof erschien soeben ein Zug. Das schrille Pfeifen war nicht zu überhören, weil der Lokführer den Dampf abließ, der einer weißen Säule gleich senkrecht in die Höhe stieg.
Von den Bauern auf den Feldern wurde die Tageszeit in Zügen gemessen. Jede zweite volle Stunde kam ein Personenzug von Osten aus der nahen Bischofsstadt und im gleichen Zeitraum, aber ungefähr zur halben, einer aus dem Westen. Diese Züge kannte fast jeder, weil sie im kleinen Bahnhof anhielten. Sie waren den Dorfbewohnern vertraut und wurden von ihnen liebevoll als 'ihre' Züge bezeichnet. Das hatte auch damit zu tun, dass sie eine zeitliche Richtschnur für die Arbeitsplanung auf dem Feld darstellten. Schnellzüge und Güterzüge fuhren zwar häufiger vorbei, aber sie interessierten kaum jemanden. Obwohl täglich zu sehen, blieben sie fremd, weil es keinen Sinn machte, an ihrem Dorf einen Halt einzulegen.
Ludwig Schober blickte hinab ins Tal zum Bahnhof. Seine Augen fixierten den weißen Streifen, der sich unterhalb der Fenster eines einzigen Waggons des Personenzugs hinzog. Die Markierung zeigte an, dass dieser Eisenbahnwagen unmittelbar hinter der Lokomotive von keinem Deutschen betreten werden durfte und ausschließlich für die amerikanische Besatzung reserviert war. Dort befanden sich wohl auch manchmal jene Offiziere, die ihn völlig zu Unrecht zum Nazi stempelten.
Schober unterdrückte seinen Zorn und konzentrierte sich wieder auf die Arbeit. Inzwischen war der größte Teil der aufgepflügten Zeilen abgeerntet. Nach der Brotzeit würden sie die abgetrockneten Kartoffeln, die sich hinter ihren Rücken wie ein gelbbraunes Band über dem Acker ausbreiteten, in Körben sammeln und auf den Leiterwagen schütten.

Plötzlich hörten sie den Begrüßungsruf von Schobers Frau im Hohlweg unterhalb des Kartoffelfeldes. Das überraschte alle, denn man erwartete sie erst in etwa zwei Stunden. Am Vormittag verrichtete sie Hausarbeiten und wollte später beim Aufsammeln der Erdäpfel mithelfen.

„Ludwig, ich hab' einen Brief für dich."

Hastig überflog er die Zeilen und begann auf einmal zu lächeln. Doch er sagte kein einziges Wort. Aufgeregt riss ihm die Ehefrau den Brief aus der Hand, las ihn zunächst leise durch und dann laut vor. Die amerikanische Spruchkammer für die Entnazifizierung der deutschen Staatsbediensteten hatte das Verfahren eingestellt und den ehemaligen Obergefreiten Schober völlig rehabilitiert. Weiter teilte die Behörde mit, dass er in einer Woche zu Beginn des Schuljahres den Dienst antreten könne, und zwar in einem Dorf ganz in der Nähe.

Alle freuten sich über diese Nachricht, klatschten und gratulierten dem Lehrer. Doch der brachte immer noch kein Wort über die Lippen, griff nach dem Brief und lief über das Feld. Blieb irgendwann stehen, um ihn nochmals in Ruhe zu lesen. Misstrauisch suchte er nach einer einschränkenden Formulierung, nach Bedingungen und Auflagen von staatlicher Seite. Doch die gab es nicht. Die Sätze auf dem Blatt Papier waren eindeutig und klar und er machte sich bewusst, dass mit dem heutigen Tag wieder einmal eine neue Zeitrechnung für ihn begann. Jetzt konnte man endgültig ohne Wenn und Aber in die Zukunft schauen. Er drehte sich um, weil er Schritte vernahm. Seine Frau war ihm gefolgt und er hatte das erwartet. Behutsam legte er den Brief in ihre Hände wie ein wertvolles Geschenk.

„Endlich können wir voller Hoffnung nach vorne schauen, können unser Leben leben."

„Ja, die dunklen Jahre des Krieges liegen hinter uns", antwortete sie und beide umarmten sich.

Am nächsten Tag fuhr er zum Bürgermeister, wollte das Dorf mit seinem neuen Arbeitsplatz kennenlernen. Es handelte sich um eine Achthundertseelengemeinde, die vor allem aus

Bauernhöfen bestand. Am Ortsrand befand sich eine alte Mühle und auf der anderen Seite des Baches das Forsthaus. In seinem Dachgeschoss war gegenwärtig eine Flüchtlingsfamilie untergebracht.
„Sie kommen aus Ostpreußen und sind die ersten evangelischen Christen in unserem Dorf“, berichtete der Bürgermeister dem Gast. Er selbst war im Hauptberuf Bauer und die anfallenden Gemeindearbeiten erledigte er in der Regel an zwei Nachmittagen in der Woche. Deshalb traf ihn Schober auch zu Hause bei der Stallarbeit an. Nachdem sich der Ortsvorsteher umgezogen hatte, führte er den jungen Lehrer zur Kirche, zum Rathaus und zuletzt zur Schule. Diese drei Gebäude nahmen seit jeher einen herausragenden Platz in einem Dorf ein, denn im Gegensatz zu den Privathäusern waren sie für die Allgemeinheit bestimmt: In der Kirche feierten die Gläubigen den Gottesdienst und lauschten der Predigt des Pfarrers. Während im Rathaus politische Entscheidungen zum Wohle der Dorfgemeinschaft getroffen wurden, lernten in der Schule die Kinder seit Generationen Lesen, Schreiben und Rechnen; Fähigkeiten, die die Grundlage schufen, sein Leben selbst in die Hand zu nehmen.
In den Augen der meisten Leute stellte der Pfarrer gleichsam die Brücke zum Himmel und somit zum Herrgott dar. Dadurch erlangte der Geistliche eine einmalige Position im Dorf, die durch die Anrede ‚Hochwürden' respektvoll zum Ausdruck gebracht wurde. Der Bürgermeister hingegen repräsentierte den Staat und in gewissem Maße traf das auch für den Lehrer zu, die beide deshalb ebenfalls als Respektsperson galten.
Die exponierte Stellung von Kirche, Rathaus und Schule zeigte sich in der Regel in einer Architektur, die diesen Gebäuden eine besondere Würde verlieh und die sich optisch deutlich von den Wohnhäusern, Ställen und Scheunen ringsum abhob. Das galt auch für Schobers zukünftigen Arbeitsplatz. Das Schulhaus nämlich hatte das Aussehen eines riesigen Würfels, dessen Mauern, gebaut aus goldgelben Sandsteinquadern, einen

„Ihr gehört nicht zu uns“

Die Dorfbuben standen auf dem Pausenhof eng beieinander und bildeten einen Kreis. Manchmal schaute einer misstrauisch hinüber zu den zwei Fremden, die ein paar Schritte von ihnen entfernt abseits an der Gartenmauer lehnten. Die Einheimischen wollten unter sich bleiben. Sie erzählten sich, was zu Hause über die Flüchtlinge geredet wurde: Dass die nur Unruhe ins Dorf brächten; den ganzen Tag jammerten und schimpften; sich als Gutsbesitzer ausgaben, um vom Staat eine möglichst hohe Entschädigung herauszuschinden. Auch in der Schule nervten die Neuen. Diese Klugscheißer wussten immer alles besser und schleimten sich mit ihrem Schrift-Deutsch beim Lehrer ein.
Die Jungen, die alle hier geboren wurden, waren sich einig. Niemals würden sie die beiden an der Mauer in ihre Clique aufnehmen. Die würden auch nie Ministranten sein, denn sie waren nicht nur Flüchtlinge, sie waren darüber hinaus noch Protestanten. Mit ihrer Familie die einzigen im Dorf.
Alex und Gerd war durchaus klar, was da drüben vor sich ging. Auch wenn man viele Wörter bei diesem merkwürdigen Dialekt nicht verstand. Allein die Blicke verrieten es, ebenso der abfällige Tonfall und das höhnische Lachen. Das machte die zwei unsicher, aber auch traurig. Konnten sich die denn nicht vorstellen, dass sie jetzt viel lieber in ihrer Heimat wären? Glaubten die gar, sie seien freiwillig hierher gekommen? Ein paar Monate lebten sie jetzt in diesem Dorf und hatten sich noch kein bisschen eingewöhnt. Alles war hier ganz anders als in Ostpreußen. Die Brüder würgten ihr Marmeladenbrot hinunter und schauten sehnsüchtig hinüber zu den Dorfbuben, die geräucherten Schinken, Leberwurst und Käse verspeisten. So ging das jeden Tag.
Im Unterricht nach der Pause beschäftigten sie sich mit dem Dreißigjährigen Krieg. Die einheimischen Katholiken meinten, den beiden Lutheranern deutlich machen zu müssen, dass sie auf

der anderen Seite der Front mitkämpften. Als der Lehrer berichtete, Wallenstein habe das Heer der Protestanten geschlagen, reagierten sie darauf mit hämischen Bemerkungen. Die beiden Flüchtlingskinder hatten die Botschaft verstanden; auch Rudi, der als einziger das feindselige Verhalten seiner Schulkameraden offen kritisierte. Er wusste genau, was sich gerade im Innern der zwei Brüder abspielte. Zwar war er Katholik, aber auch Flüchtling. Genau wie sie, denn er kam aus Schlesien. Lehrer Schober brach verärgert sein Wallenstein-Thema ab. Er dulde, wie er sagte, keinen Glaubenskrieg in seiner Schule. Nahm sich vor, in Zukunft noch behutsamer damit umzugehen.

Nach der letzten Stunde hatte Alex noch eine Verabredung mit Edwin. Deshalb machte sich Gerd heute allein auf den Heimweg. Die Mitteilung des Bruders überraschte ihn. Jedoch war der Junge aus dem Dorf Alex' Banknachbar, mit dem er manchmal auch Privates besprach, wenn der Lehrer einmal wegschaute. Vielleicht bahnte sich zwischen den beiden eine Freundschaft an.

Beim Mittagessen musste man enger zusammenrücken als in der Schule, da sich neben dem Tisch und den vier Holzstühlen an der Wandseite noch ein Bett befand. In diesem einen Raum hielt sich jetzt die gesamte Familie auf, denn er diente tagsüber als Küche und Wohnzimmer zugleich. Nachts benützten ihn die Eltern auch als Schlafzimmer. Die Buben legten sich in der kleinen Kammer nebenan auf Matratzen am Fußboden.

Im Augenblick warteten sie auf das Essen. Die Mutter stand am Herd, rührte im Topf und erzählte ihren Kindern, dass der Vater in die Kreisstadt gefahren sei, um den Bezugsschein beim Flüchtlingskommissariat abzuholen. Damit könne man kostenlos Geschirr und Besteck erhalten.

„Mit neuen Löffeln schmeckt es auch nicht besser“, flüsterte Alex seinem Bruder ins Ohr. Was die Hausfrau heute in die Teller schöpfte, löste wieder einmal keine Begeisterungsstürme aus. Aufreizend stocherten die beiden in ihrem Gemüsebrei aus

Kartoffeln und Karotten herum. Die Köchin beobachtete das verärgert, zwang sich aber dennoch zu einem ruhigen Ton:
„Wir können uns eben nun mal sehr selten Fleisch und Wurst leisten. Dazu haben wir zu wenig Geld und auch kein Schlachtvieh wie die Bauern. Ihr vergesst, dass wir Flüchtlinge sind."
Nach der Mahlzeit erhielten die Söhne von der Mutter den Auftrag, ihren Garten zu gießen. Eigentlich war das Wort Garten nicht angebracht, weil es sich dabei nur um ein paar Quadratmeter Grund handelte. Die Gemeinde hatte für alle Flüchtlinge im Dorf einen Acker zur Verfügung gestellt, ihn in gleich große Parzellen aufgeteilt und jeder neu ankommenden Familie eine zugewiesen. Dieses ehemalige Feld, das inzwischen wie ein Fleckenteppich aussah, nannten die Leute im Dorf seitdem Flüchtlingsgarten. Er lag nicht weit vom Ort entfernt neben einem Bach, der das Wasser zum Gießen lieferte. Die meisten Pflanzen, die dort wuchsen, gab es auch in den Bauerngärten. Zahlreiche Neubürger hatten aber darüber hinaus noch violett blühenden Mohn angebaut, mit dem die Frauen wie in ihrer Heimat verschiedene Backwaren füllten. Kartoffeln konnte man hingegen nirgendwo sehen. Dazu war jeder Familie dieses Stückchen Erde zu wertvoll. Verzichten musste man auf sie jedoch nicht, denn man brauchte nach der Ernte der Bauern nur deren Felder nochmals sorgfältig abzusuchen, wo so mancher Erdapfel übersehen worden war. Das galt auch für die Roggen- und Weizenähren, deren Körner beim Müller gegen Mehl eingetauscht wurden.
Die beiden Buben hassten diese Erntenachlese, weil sie sich vor ihren Schulkameraden schämten. Vor ein paar Tagen erst hatte ihnen ein Bauernjunge hämisch zugerufen:
„Ihr könnt auf unseren Acker zum Einsammeln gehen. Hab' euch dort genug liegen lassen."
Jetzt aber wartete die Arbeit im Garten auf sie. Alex stieg mit seinen Gummistiefeln ins Wasser, füllte die Gießkanne auf und reichte sie Gerd ans Ufer. Der lief damit zum Beet und goss die

Pflanzen. Dreimal wiederholten sie diesen Vorgang, dann war Mutters Auftrag erledigt. Mit dem Ernten musste man sich hier noch eine Weile gedulden, weil die Eltern ihre Anbaufläche erst vor kurzem angelegt hatten.
Sofort wieder nach Hause gehen. Nein, das kam für die beiden nicht in Frage. In erster Linie lag das an ihrer engen Wohnung. Es reichte schon, wenn die ganze Familie beim Essen zusammensaß. Unerträglich wurde es an Regentagen. Vier Personen auf ein paar Quadratmetern. Verständlich, dass dann zwei quirlige Jungen mit sich kämpfen mussten, um nicht durchzudrehen.
Heute schien die Sonne. Deshalb setzten sie sich an den Rand des Baches und suchten mit den Augen das Wasser nach Forellen ab. Doch sie waren nicht recht bei der Sache. Ihre schlechte Stimmung hatte nichts mit dem Gartengießen zu tun, denn sie taten das gern. Vor allem, weil sie danach in der Regel Forellen fingen. Das war zwar streng verboten, reizte die Buben aber umso mehr. Während der jüngere Bruder Schmiere stand, watete Gerd durch das Wasser, die Augen konzentriert nach unten gerichtet. Forellen sind schnell; vor allem, wenn ihnen Gefahr droht. Dann fliehen sie meist unter Steine. Das nützte ihnen nur selten, wenn Gerd sie jagte. Er pirschte sich heran, blieb unmittelbar über dem Stein stehen und wartete, bis sich das Wasser beruhigt hatte. Plötzlich hob er mit einer Hand den Stein an und griff mit der anderen blitzschnell von hinten zu.
Ein einziges Mal nahmen sie ihren Fang mit nach Hause und hofften, dafür gelobt zu werden. Doch die Mutter war sehr ungehalten, hatte sie Diebe genannt. Seitdem grillten sie die Fische heimlich am offenen Feuer und aßen sie alleine.
Heute hatte Alex keinen Appetit auf Forelle. Er sammelte ein paar Kieselsteine und warf nach einem Fisch, der mit der Strömung zu spielen schien.
„Lass ihn in Ruhe, der kann doch nichts dafür!“, wies ihn Gerd in barschem Ton zurecht. Strich mit einer hastigen Handbewegung Haarsträhnen aus dem Gesicht wie stets, wenn

er sich ärgerte. Vom nahen Wehr der Mühle war das Tosen und Gurgeln des Wassers zu hören, das ein paar Meter in die Tiefe schoss und kurz darauf das Schaufelrad antrieb.
Die Buben schwiegen, dachten beide in dieselbe Richtung. Ihr Problem war wieder einmal das Essen. Gegen das Kartoffelgemüse von heute Mittag hatte man an sich nichts einzuwenden. Leider kam Fleisch oder Wurst viel zu selten auf den Tisch. Nur jeden zweiten Sonntag. Die Mutter konnte sich noch so viel Mühe beim Kochen geben; zu Mittag gab es letztlich fast immer dasselbe, wenn auch unterschiedlich zubereitet: Kartoffeln als Brei, als Salat, als Gemüsesuppe. Das eine Mal mit einer dickeren, das andere Mal mit einer dünneren Soße. Vermischt mit Karotten oder Erbsen. Und es gab auch Mehlspeisen. Pfannkuchen als runde Fladen oder als Rollen, bestrichen und gefüllt mit Marmelade oder mit irgendeinem Grünzeug. Apfelstrudel fanden sie in Ordnung und der schmeckte am besten kalt. Sie wünschten sich öfters diesen Strudel. Doch die Mutter meinte:
„Der macht viel Arbeit und man braucht viel Zeit dazu. Die hab ich nicht."
Inzwischen half sie nämlich einigen Bäuerinnen, wenn diese ihren Waschtag hatten oder sie ging mit aufs Feld. Dafür brachte sie vor allem Mehl und Eier mit nach Hause. Mitunter erhielt sie auch ein Stück Fleisch oder ein paar Würste. Dann wurden manche Sonntage zu Festtagen.
Der ältere Bruder unterbrach das Schweigen:
„Alex, Mama hat schon recht. Wir sind Flüchtlinge und haben nun mal kein Schlachtvieh wie die Bauern."
Der antwortete nicht sofort. Er stand auf und trug nach Kinderart einen Spruch vor, der als Zauberformel galt. Dann holte er aus seiner Tasche eine riesige Räucherwurst hervor. Gerd sprang überrascht hoch.
„Wo hast du die her? Hoffentlich nicht geklaut?"
„Aber nein! Edwin hat sie mir heute nach der Schule gegeben."
„Was? Er hat sie dir einfach so geschenkt?"

„Nein, kein Geschenk! Wir machten ein Tauschgeschäft."
„Und was hast du ihm gegeben?"
„Meine Mütze."
Das schockierte Gerd und er glaubte, sich verhört zu haben. Schließlich handelte es sich um eine nagelneue Mütze. Die Eltern kauften sie erst vor vierzehn Tagen in der Kreisstadt und sie kostete eine Menge Geld. So eine Schirmmütze aus Schafwolle hatte sich der Bruder schon lange gewünscht. Gerd überlegte, was jetzt zu tun sei und kam zu dem Schluss, dass dieser dämliche Handel sofort rückgängig gemacht werden müsse.
Alex war enttäuscht. Er erklärte dem Bruder, dass er die Wurst natürlich nicht alleine essen, sondern unbedingt mit ihm teilen wollte. So wie damals.
Diese Bemerkung hatte es in sich und berührte den Älteren sehr. Deshalb änderte er seine Meinung und legte den Arm um die Schulter seines Bruders. Sie setzten sich nebeneinander und aßen die Wurst, nachdem Alex sie in der Mitte auseinandergerissen hatte.
Als Gerd in der Nacht die Kammer betrat, schlief sein Bruder bereits. Er zog sich leise aus, hängte die Kleider über den Strick, der in einer Ecke von Wand zu Wand gespannt war und legte sich auf das Matratzenlager am Fußboden. Nebenan sprachen die Eltern miteinander. Vater berichtete von seinem mäßigen Geschäftserfolg in der Kreisstadt. Die Bilder, von ihm gemalt mit Pinsel und Wasserfarben, interessierten nur wenige. Mutter klagte über die hohen Lebensmittelpreise bei der Krämerin. Gerd drehte sich zur Seite, um durch das Fensters ein paar Sterne am Himmel zu sehen.
Auf der Straße fuhr soeben ein Pferdegespann vorüber. Das überraschte den Jungen nicht, auch wenn es draußen schon völlig dunkel war. Er stand auf, blickte hinunter und sah einen Wagen, der mit Säcken beladen von der Mühle nach Hause unterwegs war. In den wenigen Wochen, die Gerd im Dorf lebte, hatte er mitbekommen, dass der Müller ebenso wie seine

bedankte sich dafür im Stillen bei den Tieren und seinem Lenker.
Am nächsten Morgen stieg noch ein alter Mann auf. Er kam aus demselben Städtchen wie sie und unterhielt sich fortan häufig mit der Mutter. Sie erklärte ihm, dass auch sie von daheim aufgebrochen seien, weil die Russen im Anmarsch waren. Der Alte konnte sich, wie er ihnen erzählte, nicht von seinem Haus trennen und blieb einen Tag länger. Plötzlich waren sie da. Aber sie interessierten sich nicht für ihn und ließen ihn laufen. Ein deutscher Soldat las ihn irgendwo auf der Straße auf und fuhr ihn im Beiwagen seines Motorrads in der Nacht zu diesem Treck. Gerd erinnerte sich, was der alte Mann damals zu seiner Mutter sagte:
„Gut, dass Sie rechtzeitig aufgebrochen sind. Die Russen haben zuerst nur nach Frauen und nach Armbanduhren gesucht."
Marienburg hieß die Stadt. Nie mehr würde er diesen Namen vergessen. Gleich hinter dem Ortsschild hingen Männer an Laternenpfählen. Der Junge fragte verstört, warum man sie getötet habe und ob es sich um Deutsche handelte.
„Das waren wahrscheinlich SS-Leute, die hier gewütet haben", gab ihm die Mutter zur Antwort.
Ein Mann, der direkt neben dem Wagen lief und das hörte, meinte dazu:
„Die hängen, weil sie Deutsche sind. Für die Polen hier sind alle Deutschen Nazis."
„Waren Sie denn gegen den Führer?", wollte der Alte von ihm wissen. Doch der andere schwieg wie die Mutter.
An einem Sonntagmorgen beschossen russische Flugzeuge ihren Treck. Mehrere Menschen wurden dabei getötet, darunter drei Kinder. Es war mühsam, im hartgefrorenen Boden ein Loch für die Toten zu graben.
Tag für Tag bewegte sich der Flüchtlingszug Richtung Westen. Inzwischen war der Kampfeslärm verstummt. In Dörfern machte man Halt, um sich auszuruhen und die Kranken zu versorgen.

Die Nächte verbrachten sie in Scheunen und Schuppen. Manchmal wurden sie auch in Schulen einquartiert.
Den Proviant, den die Mutter in ihrer Tasche trug, hatten sie längst verzehrt und sie waren inzwischen auf Almosen der Bauern angewiesen. Wenn man an ihre Haustüren klopfte, gab es fast immer Milch und trockenes Brot.
„Das sind Geizkrägen!“, schimpfte Alex deswegen.
„Bub, die haben doch selbst nicht viel“, wandte die Mutter ein. Aber Alex beschwerte sich immer wieder, auch Gerd. Stets nur Milch und dazu eine kleine Scheibe trockenes Brot.
Später spürten sie, wie es ist, wenn man gar nichts mehr bekam. Tagelang zogen sie schon durch zerbombte Dörfer. Keine Menschen. Keine Tiere. Nur Schutt und Asche. Auch die Natur hatte im Winter nichts zu verschenken. Die Kinder saßen auf dem Wagen und schwiegen. Sie klagten nicht mehr darüber, dass sie schrecklichen Hunger litten, hatten das Fragen aufgegeben, wann man denn wieder auf Bauern träfe. Verzweifelt versuchten sie sich die Köstlichkeiten vorzustellen, die die Mutter zuhause regelmäßig auf dem Tisch im Esszimmer serviert hatte. Der tat es weh, hilflos mitansehen zu müssen, was ihre Buben eben durchmachten. Der Alte, der gegenüber saß, fühlte mit ihr.
„Kinder, ich habe etwas für euch“, sprach er und zog aus seiner Manteltasche ein Stück Wurst. Es war nur ein kleiner Wurstzipfel, ungefähr zehn Zentimeter lang und ziemlich ausgetrocknet. Die Mutter zog mit dem Messer die Haut ab und schnitt das Wurststück in mehrere Scheiben. Der alte Mann wollte nichts haben. Auch die Mutter verzichtete und reichte ihre Stückchen den Kindern. Gerd schlang seinen Anteil sofort gierig hinunter. Alex zog sich erst die Handschuhe aus, bevor er aß. Er bemerkte, wie der große Bruder auf seine Wurstscheiben starrte und überließ ihm deshalb die Hälfte von seiner Mahlzeit. Den Fremden im Wagen beeindruckte diese Geste. Für einen siebenjährigen Jungen schien sie ihm bemerkenswert.

In den Straßengräben lagen nun immer häufiger Koffer und Taschen, das wenige Hab und Gut, das die Menschen wegwerfen mussten, weil sie es nicht mehr tragen konnten. Irgendwann war man auf der Höhe der Reichshauptstadt. Der Flüchtlingszug umging Berlin in einem großen Bogen, danach wurden sie in Gruppen mit Zügen weiter nach Westen transportiert. Lageraufenthalt; ein Jahr Leben im Ruhrgebiet. Irgendwann entschloss man sich, nach Süddeutschland weiter zu ziehen. Eines Tages stand völlig unerwartet der Vater vor der Tür und die Freude war groß, weil die Familie nach langer Zeit endlich wieder vereint war. Vor kurzem kamen sie in dieses Dorf und versuchten hier eine neue Heimat zu finden.

***

Die Turmuhr der Dorfkirche schlug und riss Gerd aus seinen Erinnerungen. Ohne die Schläge mitzuzählen wusste er, dass es inzwischen sehr spät geworden war. Doch an Einschlafen war nicht zu denken. Zu sehr wühlten ihn die Ereignisse der Vergangenheit auf. Und das lag an seinem Bruder, der wieder einmal eine Wurst mit ihm geteilt hatte.
Viele Einheimische wollten mit den Flüchtlingen nichts zu tun haben, denn sie waren für sie Fremde.
„Ihr gehört nicht zu uns.“ Diese brutale Bemerkung musste sich Gerd immer wieder von manchen seiner neuen Schulkameraden an den Kopf werfen lassen. Aber er hatte seine Eltern und seinen Bruder und denen konnte er absolut vertrauen. Deshalb schaute er voller Zuversicht in die Zukunft. Die Schirmmütze jedoch wollte er unbedingt zurückholen und er war sich ziemlich sicher, dass man Edwin davon überzeugen konnte.

„Maikäfer flieg!“

Wenn die Arbeit auf dem Feld und im Stall erledigt und die Hausaufgaben gemacht waren, trafen sich die Buben am Bolzplatz. Das Fußballspiel zog sich stets hin, bis die Dunkelheit hereinbrach und die Ave-Glocke zum Gebet rief. An den Abenden im Mai jedoch galt es das Spiel erheblich früher zu beenden, weil die meisten Eltern ihre Kinder verpflichteten, an der Maiandacht teilzunehmen. Für den heutigen Kirchenbesuch hatten diese sich etwas Besonderes vorgenommen.

Man beschloss, sich spätestens in einer Viertelstunde an der Sakristeitür zu treffen. Bernhard sollte sich bei seinem Vater, der als Schuster Schuhe reparierte und manchmal auch neue verkaufte, eine Schuhschachtel besorgen, Löcher hineinbohren und vor allem den Deckel dazu nicht vergessen. Sie erschienen überpünktlich am vereinbarten Treffpunkt und jeder hatte eine Schirmmütze dabei.

Nun brachen sie in Richtung Gutshof auf, überquerten den Feldweg mit den tiefen Schlaglöchern und nahmen eine Abkürzung durch Gottfrieds Kleeacker. Aus dem Tal stieg warme, würzige Luft herauf.

Seit ein paar Tagen platzten die braunen, prallen Knospen von Ahorn, Buche, Eiche und Erle auf und streckten ihre zartgrünen Blättchen dem Sonnenlicht entgegen. An den Südhängen leuchteten die weißen Blüten der Schlehenstauden, bunte Frühlingsblumen zierten die Feldraine und die Vögel sangen in den Hecken und Bäumen.

Doch die Buben hatten jetzt weder Auge noch Ohr für solche Dinge. Sie sprachen wenig und waren in Eile. Schon bald erreichten sie ihr Ziel. Vor ihnen breiteten sich ein Buchenwäldchen und eine Wiese aus. Unmittelbar daneben fiel das Gelände steil ab, bildete eine Schlucht und stieg auf der anderen Seite wieder sanft an.

Heiner gab einen kurzen Lagebericht:
„Von da unten kommen sie herauf und fliegen zum Fressen hinüber in den Wald. Wir brauchen uns hier nur in gleichmäßigen Abständen flach hinzulegen und die Käfer überraschen.“
Alle stimmten zu. Dann nahmen die Jäger nebeneinander ihre Plätze ein, die Schirmmütze fest in einer Hand. Vom Wäldchen aus wirkte das in der Dämmerung fast wie eine Frontlinie, so als ob sich Soldaten auf einen feindlichen Angriff einstellten. Doch der Krieg war seit fünf Jahren vorbei und für die Kinder ging es nur um ein Spiel.
In freudiger Erwartung richteten sie ihre Augen nach vorne. Die Zeit verstrich, ohne dass ein Maikäfer auftauchte. Irgendwo weit drüben im Wald schreckten Rehe. Hier auf der Wiese aber pochten die Herzen vor Erregung. Immer noch nichts.
„Die kommen heut’ nicht. Fressen lieber Gundas frischen Spargel“, rief Rafi in die Stille hinein, um ein wenig die Anspannung zu lösen. Gelächter in der Runde, weil jeder wusste, dass Maikäfer wahrlich keinen Spargel mögen.
„Halt’s Maul, Kleiner!“ schrie Werner barsch dazwischen und sofort kehrte wieder Ruhe ein. Die Minuten rannen dahin.
„Achtung, da fliegt einer!“ flüsterte Sepp seinem Nachbarn Theo zu.
Wie eine Feder schnellte der hoch und streckte dem Käfer die Mütze entgegen. Doch dieser schien die Attacke geahnt zu haben, denn völlig unerwartet drehte er ab und schraubte sich höher und höher in die Luft. Verärgert warf sich der Junge wieder auf den Boden. Erneut vergingen Minuten und es passierte nichts. Die Dunkelheit nahm bedenklich zu.
Plötzlich kamen sie im Schwarm den Hang herauf; kleine, schwarze Ungeheuer näherten sich im Steigflug den Köpfen der Jugendlichen.
„Es muss jetzt ganz schnell gehen. Auf die Plätze, fertig, los!“, ertönte Rudis Kommando.

Die Jagd begann. Die Körper schossen empor, dann folgten ausgestreckte Arme und Mützen. Ruckartig wurde die Waffe nach unten gezogen und die Käfer dabei in die Tiefe gerissen. Manche wechselten abrupt ihre Flugrichtung, um zu fliehen. Doch die Jäger setzten ihnen unerbittlich nach und meist endete ihr Angriff mit Erfolg.
Nur ein paar Minuten dauerte der Kampf auf der Wiese. Viele Gefangene landeten in der dunklen Schuhschachtel, Leiber über Leiber. Verzweifelt krabbelten sie hierhin und dorthin, stießen mit Fühlern und Kopf an die Wände ihres Gefängnisses und fanden nirgendwo einen Fluchtweg.
Als die ersten Glockenschläge ertönten, gab Heiner das Zeichen zum Aufbruch und die Buben rannten ins Dorf zurück. Sie schwitzten und keuchten, als sie an der Kirchentür ankamen. Nach einer kurzen Atempause schlichen sie hintereinander die Treppe hinauf zur Empore und huschten in das Gestühl. Die Andacht hatte bereits angefangen. Soeben baten die Gläubigen den Herrgott um den Segen für ihre Feldfrüchte und dass er sie selbst vor Blitz und Donner bewahren möge, wie es in der Fürbitte hieß. Danach setzte die Orgel ein und die Gemeinde sang:
„Maria, Maienkönigin, dich will der Lenz begrüßen. ....“
Viele Augenpaare richteten sich auf die Riemenschneider-Madonna, die am Hochaltar über dem Tabernakel thronte, bekleidet mit einem himmelblauen Mantel, das Kind im linken Arm und in der Rechten das goldene Zepter. Auf ihrem Gesicht lag ein sanftes Lächeln und es schien, als würde sie sich über die Huldigung der Menschen freuen.
Man sang alle drei Strophen des Marienliedes und so blieb den Buben genügend Zeit, ihre braunen Flieger an die Startbahn zu bringen. Rafael, Theo und Sepp deckten mit ihren Körpern das Blickfeld des Lehrers ab, der auf dem Orgelbock mit den Händen die weißen und schwarzen Tasten und dazu, einem Akrobaten gleich, mit den Füßen zahlreiche Holzpedale bearbeitete. Es war sehr wichtig, den Lehrer dort drüben ständig

im Auge zu behalten, denn das Unternehmen ‚Maikäfer flieg!' sollte auf keinen Fall von ihm vorzeitig abgebrochen werden.
Bernhard und Werner verließen jetzt ihren Betstuhl und gingen nach vorne zur Emporenbrüstung. Der Ältere hielt unter seinem Pullover die Schuhschachtel versteckt. Jetzt galt es sich voll zu konzentrieren. Käfer für Käfer wurde auf den Querbalken der Holzbrüstung gesetzt, mit dem Kopf nach vorne; zehn, zwanzig, dreißig an der Zahl. Nebeneinander waren die Maikäfer aufgereiht, militärisch präzise ausgerichtet wie eine Staffel Kampfflugzeuge vor dem Angriff. Noch blieben sie reglos.
„Die machen auf tot", sagte Werner leise zu seinem Freund, „aber das halten sie nicht lange durch."
An ihren dunklen Plättchen zwischen den Fühlern konnte man die Maikäfer identifizieren.
„Die leicht weiß behaarten sind die Müller, die pechschwarzen die Schlotfeger", flüsterte Bernhard. Faszinierend, wie sie da lagen, die Flieger mit den braunen Flügeln.
Inzwischen schwiegen Sänger und Orgel. Siegfried und Franz, die beiden Erstklässler, mussten für die nächsten Minuten den Blasebalg nicht mehr bedienen. Sie stiegen vom Balken und schauten hinüber zu den Großen, um von ihnen einen anerkennenden Blick zu erhaschen. Die aber schenkten ihnen heute keinerlei Beachtung.
Nun wurde es ernst. Die Lauretanische Litanei begann und wie üblich betete die Tochter vom Alten Wirt vor:
„Du geheimnisvolle Rose!"
„Bitt' für uns!", antwortete der Chor.
„Du Morgenstern!" ...
In die Käferphalanx kam allmählich Leben. Die Tiere streckten ihre Beine, wurden unruhig. Nun begannen sie die Flügel zu heben und zu senken. ‚Pumpen' nannten die Buben diesen Vorgang.
„Du Turm David's!"
„Bitt' für uns!"
„Du elfenbeinerner Turm!" ...

Ein Käfer startete und flog nach vorne; schien den hellen, hohen Kirchenraum zu genießen. Wieder flog einer los. Noch einer und noch einer ...

„Da hat der Küster wohl vergessen, nach dem Läuten die Fenster zu schließen“, flüsterte die alte Marie ihrer Nachbarin im Betstuhl zu. Aber die Maikäfer kamen nicht durch die offenen Fenster, sie verirrten sich auch nicht zufällig in die Kirche. Doch das wussten hier vorerst nur wenige. Fast alle Käfer hatten mittlerweile ihre Startbahn verlassen. Einer war soeben auf der Glatze des heiligen Christophorus gelandet, ein anderer verbrannte sich an der Kerze vor einem Kreuzwegbild die Flügel und stürzte ab. Wieder ein anderer näherte sich dem Tabernakel. Mehrere flogen auf die großen, hell brennenden Lampen zu und umschwirrten deren weiße Schirme.

„Du goldenes Haus!“ ...

„Du geistliches Gefäß!“, betete die Wirtstochter.

Allmählich erklang der Refrain des „Bitt’ für uns!“ dünner und ungleichmäßiger. Die Kinder in den vorderen Bänken unten im Kirchenschiff kicherten, einige drehten sich ungeniert um und verfolgten belustigt die Flüge der kleinen, braunen Kirchenbesucher. Kopftücher bewegten sich hin und her. Die Buben oben auf der Empore konnten mit dem augenblicklichen Stand des Maikäferunternehmens zufrieden sein. Noch aber war der Höhepunkt nicht erreicht.

Heiner ging nun leise nach hinten und schlüpfte durch den engen Steinbogen unterhalb des Turms. Vor ihm hingen die Glockenseile, die oben in der Dunkelheit verschwanden. Ein paar Meter über Heiner’s Kopf saß Rudi auf einem Sims in der Nähe der Glocken; auf dem schmalen Mauervorsprung, der so manchem aus der Clique vom Streich mit den Fledermäusen noch bekannt war, weil man dort leicht abrutschte und sich dabei verletzte.

Heiner konnte seinen Freund nicht sehen. Aber das spielte keine Rolle. Entscheidend war, dass dieser ihn jetzt hörte.

Gedämpft klangen unter dem Turmbaldachin die Gebete der Gemeinde.
„Du Zuflucht der Sünder!“
„Bitt’ für uns!“
„Du reine Mutter!“
„Bitt’ für uns!“
„Du keusche ...“
„Los, sing dein Lied!“, rief Heiner in den dunklen Turm hinauf und Rudi startete seinen großen Auftritt:
„Maikäfer flieg ... !“, ertönte es im Kirchenraum. Die Gemeinde erstarrte. Rudi verfügte über eine gute Stimme.
„Dei` Vater ist im Krieg.
Dei` Mutter ist in Pommerland.
Pommerland ist abgebrannt.
Maikäfer flieg!“
Der Junge brachte sein Solo zu Ende. Im Gotteshaus herrschte plötzlich beklemmende Stille. Aber nicht lange. Eine alte Frau stieg unten im Kirchenschiff aus ihrem Stuhl und andere folgten ihr; beugten hastig die Knie auf den Steinplatten und flüchteten hinaus in die Nacht, denn schmerzliche Erinnerungen an den Krieg wurden bei vielen wach: Ehemänner, Söhne und Enkel waren nicht mehr zurückgekehrt und in den wenigen Jahren heilten solche Wunden nicht.
Jeder Erwachsene kennt dieses Lied aus seiner Kindheit. Kinderlieder sind in der Regel fröhliche Lieder. Auch das vom Maikäfer singt man in einer heiteren Stimmung. Wie sollen aber Kinder den Sinn, der sich hinter den Zeilen dieses Liedes verbirgt, verstehen können?
Lehrer Schober schlug wütend die Abdeckung seines Musikinstruments zu und kletterte von der Orgelbank. Sein Gesicht war bleich und die Hände zitterten.
„Das werdet ihr mir büßen!“, schimpfte er vor sich hin und schaute hinüber zu den Missetätern, die es nicht wagten, sich jetzt schnell aus dem Staub zu machen. Sie zogen die Köpfe ein und vermieden jeglichen Blickkontakt.

Am nächsten Tag gab es im Dorf erwartungsgemäß nur ein Thema. Man schimpfte viel über die heutige Jugend, vereinzelt fand sich aber auch ein verständnisvoller Erwachsener, der über den Jungenstreich schmunzeln konnte.
Doch in der Schule geschah nichts. Das galt für die laufende und die folgende Woche. Kein einziges Mal sprach der Lehrer darüber. Er tat so, als seien die Maikäfer nie in der Kirche herumgeschwirrt. Auch das Maikäfer-Lied, das oben im Turm erklang, wurde nie mehr erwähnt. Die Jungen hatten sich auf alles eingestellt, nur darauf nicht. Zunächst verunsicherte und verwirrte sie diese Entwicklung, allmählich aber setzte sich die Überzeugung durch, dass der Lehrer ihnen verzieh.

***

Schober aß nach jener Maiandacht nur wenig zu Abend und erzählte seiner Frau nichts von dem Vorfall in der Kirche.
„Geh du ruhig schon ins Bett! Ich muss noch mal hoch in mein Schulzimmer und für morgen einen Lückentext an die Tafel schreiben.“
Er schlurfte den Gang entlang und schob sich die Treppe hinauf. Laut knarrte das Holz unter den Füßen, die ihm auf einmal schwer wie Blei erschienen.
„Merkwürdig, ich bin jetzt gar nicht mehr wütend auf diese Lausbuben. Im Grunde war es doch eigentlich nur ein Streich“, murmelte er vor sich hin.
Nun öffnete der Lehrer die Tür des Klassenzimmers und verzichtete darauf, das Licht einzuschalten. Auf den Tischplatten vor den Schulbänken lag der milchige Schein des Vollmondes. Schober bewegte sich auf das Lehrerpult zu und ließ sich erschöpft nieder.
Seine Augen suchten die große Europa-Karte an der Seitenwand. Es war aber zu dunkel, um darauf etwas erkennen zu können. Dennoch starrte er hinüber und stellte sich dort das Tausendjährige Reich vor. Den Lebensraum im Osten galt es für

das deutsche Volk zu erobern und dafür mussten sie den Eid auf den Führer schwören. Zunächst ging es um die Tschechoslowakei. Sie nannten ihre Beute Protektorat Böhmen und Mähren. Dann wurde Polen überfallen. Anschließend begann man das Unternehmen Barbarossa: Russland sollte Eigentum der arischen Rasse werden. Dieses Land war zwar jetzt nicht auf der dunklen Karte zu sehen. Doch er wusste, wo es lag. Als Lehrer musste er das auch wissen.
„Alle erwachsenen Deutschen wissen das“, hörte er sich sagen, „vor allem die Soldaten.“
Was können Zentimeter auf einer Schulkarte schon ausdrücken? Kräftezehrende Märsche, Kilometer für Kilometer. Möglichst schnell und weit nach Osten vorstoßen, koste es, was es wolle ... Russland! Schobers Augen fixierten den nicht sichtbaren roten Punkt auf der Erdkundekarte, das optische Symbol für die Stadt Moskau. Irgendwo in südlicher Richtung lag er mit seiner Einheit. Im Sonnenlicht glänzten damals die goldenen Dächer der Kreml-Türme. So nahe. Und doch sind sie dort niemals als Sieger einmarschiert.
Plötzlich begann vor den Augen des Lehrers die große Karte an der Wand lebendig zu werden. Er sah eine dicke Schneeschicht, die sich wie ein Totentuch über die Steppe ausbreitete und Tausende und Abertausende gefallener Soldaten zudeckte. Spürte die Kälte an seinen Händen und Füßen. Später verwandelte die wärmende Sonne den gefrorenen Boden in tiefen Morast und Schlamm. Panzer blieben darin stecken und Pferde wurden zu Tode geschunden.
Im Frühling gebar die Natur in der russischen Taiga neues Leben. Die Bäume schlugen aus, Blumen blühten und die Luft roch würzig und frisch, genau wie zu Hause im Mai.
Die Sonne verschwand soeben hinter der Bergkette und der Horizont verfärbte sich mehr und mehr von Dunkelrot ins Violette. Vor ein paar Stunden hatten sie ihre Stellung am Rande eines Birkenwäldchens bezogen. Maschinengewehre und leichtes Geschütz standen schussbereit. Der Obergefreite

Schober schaltete sein Funkgerät ein. Es blieb ruhig. Noch ruhig.
„Du darfst es von jetzt an nur im äußersten Notfall benützen", schärfte ihm sein Vorgesetzter ein, „der Iwan hört mit."
Dabei zeigte er hinüber nach Osten zu den nahen Hügeln am Fluss.
Fritz saß neben Ludwig. Über seinen Schultern hingen mehrere schwere Patronengürtel. Er steckte sich eine Zigarette in den Mund, zündete sie mit zittriger Hand an und hielt auch dem Kameraden eine hin. Fritz wusste, dass diesen seit der Einkesselung ihrer Einheit vor zwei Monaten panische Angst vor einem russischen Angriff quälte. Deshalb hatte er seine Deckung verlassen, um ihn aufzusuchen und zu beruhigen. Die beiden schauten sich schweigend an und rauchten. Schober war dankbar für die Nähe des Freundes.
„Ludwig, wahrscheinlich wird der Iwan heute noch losschlagen. Ich muss jetzt wieder an mein Geschütz zurück."
Fritz erhob sich, legte die Hand auf Schobers Schulter und ging dann geduckt nach vorne. Plötzlich zerriss ein dumpfer Knall die angespannte Stille und Fritz wurde inmitten einer Erdfontäne in die Luft geschleudert. Ludwig sprang auf, wollte seinem Freund etwas zurufen. Worte, die Hilfe versprachen. Aber er konnte nicht. Dann stürzte er zu ihm. Sah einen breiernen roten Klumpen und ein Gesicht. Der Mund war weit geöffnet und die Augen starrten hinauf zum Firmament; dorthin, wo sich noch ein leichtes Violett abzeichnete. Schober setzte sich nieder. Für ihn existierte nur noch dieses tote Gesicht.
Irgendwann hörte die Zeit auf, stehen zu bleiben. Aus dem nahen Wäldchen flog ein Maikäfer auf ihn zu. Ein richtiger brauner Maikäfer. Tat so, als sei soeben gar nichts passiert. Er landete auf seinem Stiefel, krabbelte langsam am Hosenbein hinauf, war dabei, die Flügel zu ordnen. Und wie von selbst erklang das Kinderlied aus Schobers Mund:
„Maikäfer flieg!
Dein Vater ist im Krieg ..."

Sie hatten es als Buben in ihrem Dorf immer gesungen, wenn die frischen Buchen- und Eichenblätter aus ihren Knospen brachen und die Natur zu neuem Leben erwachte. Seine Hand streichelte die Stirn des toten Kameraden. Wieder und wieder kam ihm das Lied vom Maikäfer und vom Krieg über die Lippen.

„... Dein' Mutter ist in Pommerland.
Pommerland ist abgebrannt.
Maikäfer flieg!"

Rundum gespenstische Stille. Der Maikäfer, inzwischen auf Kniehöhe angelangt, hielt inne und untersuchte neugierig den Stoff der Uniform. Schober berührte ihn vorsichtig mit dem Finger. Es war ein Schlotfeger. So hatten sie damals die Käfer mit den pechschwarzen Plättchen vor dem Rumpf genannt.

„Maikäfer gehören doch gar nicht auf ein Schlachtfeld. Die sollen lieber zu Kindern fliegen und nicht zu Soldaten. Meinst du doch sicher auch, Fritz?"

***

Lehrer Schober sprang in seinem Klassenzimmer vom Stuhl auf, schüttelte sich und begann in Panik zu schreien. Wieder einmal hatte ihn der Krieg übermannt. Er öffnete das Fenster und wischte sich die Tränen von den Wangen. Friedlich breitete sich vor ihm das Dorf aus. Eine Katze huschte über den Weg und verschwand im Schlagschatten des Scheunengiebels. Irgendwo unten in den dunklen Häusern träumten jetzt vielleicht seine Buben von ihrem Maikäferstreich. Er beschloss, mit ihnen morgen im Unterricht über den Frühling zu sprechen.

Ein Mädchen mit traurigen Augen

Am Freitag Mittag vor dem Kirchweihfest kamen die Schausteller mit ihren weißen und blauen Holzwagen an. Darüber freuten sich vor allem die Kinder, die neugierig zum Dorfplatz liefen, um den Fremden bei ihrer Arbeit zuzuschauen. Vor einer Scheune ließen sie sich nieder, denn von hier aus hatten sie eine gute Übersicht. Außerdem war es recht bequem, konnte man sich doch mit dem Rücken an das große Tor lehnen.
Aus den blauen Wagen wurden Balken, farbige Bretter, Metallteile und viel Kleinzeug ausgeladen. Dann begann der Aufbau. Kommandos ertönten, es wurde gehämmert und geschraubt, gebohrt und gesägt. Flaschenzüge hoben schwere Lasten in die Höhe, denen Männerfüße auf Leitern folgten.
Zwei Bäuerinnen, die mit Eimern Wasser vom Dorfbrunnen holten, beobachteten misstrauisch das Treiben der Sinti und Roma; tuschelten miteinander.
Vor den Augen der Kinder entstand im Laufe des Nachmittags ein rundes, turmähnliches Bauwerk aus Holz, dessen Seitenwände bunte Bilder zierten. Unter seinem Dach baumelten zahlreiche Kettenpaare, an die man Sitzkörbchen montierte.
Gleich daneben erhob sich ein großes Balkengerüst. Am First wurden mehrere Gondeln mit langen Eisenstangen und beweglichen Scharnieren befestigt. Diese Gondeln sahen aus wie Schiffe und ihr Bug auf beiden Seiten diente den Gästen als Sitzplatz. Doch nur Angsthasen setzten sich beim Schaukeln dort auf den Hosenboden. Wer etwas auf sich hielt und möglichst schnell in die Luft steigen wollte, stellte sich in die Mitte des Schiffchens und hielt sich mit den Händen an den Eisenstangen fest. Hier konnte man allen zeigen, was in einem steckte. Schaukeln erforderte Muskelkraft der Beine; vor allem aber Mut, wenn es um die Höhe des Schwungs ging.
Bis sich die Jugend im Dorf aber solchen Vergnügungen widmen konnte, gab es für die fremden Männer auf der

Baustelle jedoch noch viel zu tun. Am Spätnachmittag hatten sie es endlich geschafft: Karussell und Schiffschaukel standen startbereit, nur noch der Lattenzaun musste errichtet werden, der unmittelbar neben den Schalterhäuschen eine schmale Öffnung für die Besucher aufwies. Anschließend verschwanden die Arbeiter in ihren weißen Wohnwagen.
Es dauerte einige Zeit, bis sich die Kinder aus dem Dorf näher heranwagten, um die zauberhaften Geräte, die so viel Freude bereiteten, genauer zu begutachten. Im Gegensatz zu den Mädchen interessierten sich die Buben kaum für das Karussell, ihr Augenmerk galt der Schiffschaukel. Die Schießbude gegenüber zog keinen an, weil es zum gegenwärtigen Zeitpunkt nichts zu sehen gab. Der metallene Klappladen an der Vorderseite, der den Schützen als Schießstand diente, wurde nämlich bald wieder geschlossen, damit die Schausteller im Innenraum unbeobachtet die vielen Schießtrophäen an der Rückwand anbringen konnten.
Hinter einem der Wohnwagen mit den kleinen Fenstern und den hübschen roten Läden spielte ein Mädchen. Nur ein paar mal blickte es kurz zu den Dorfkindern hinüber. Was hätte es auch mit diesen Fremden zu tun haben sollen? In drei Tagen zogen sie weiter ins nächste Dorf, wo andere fremde Kinder ihre Schaukel mustern würden.
Sie war Werner sofort aufgefallen. Wie geschickt sie mit dem Seil hantierte! Auf und nieder bewegten sich die Füße im gleichmäßigen Takt und mit ihnen die langen Haare, die im Sonnenlicht glänzten. Nun legte sie das Seil beiseite und holte sich einen blauen Gummiball. Sie warf diesen senkrecht in die Luft, fing ihn mit beiden Händen auf, warf ihn jetzt höher, sodann noch höher und abermals höher, stets um genau die gleiche Distanz bemüht. Wie von einer Schnur gezogen stieg der Ball von neuem in die Luft und fiel zurück in die Mädchenhände. Nach kurzer Zeit bewegte er sich zwar immer noch im selben Rhythmus, allerdings mit dem Unterschied, dass das Mädchen nun mit scheinbar magischen Kräften den Weg der

blauen Kugel von seinen kleinen Händen bis hinauf zum Scheitelpunkt des Fluges ständig verkürzte und das wiederum mit stets gleichem Höhenunterschied. Den Jungen faszinierte dieses akrobatische Spiel. Vor allem aber das Roma-Mädchen.
„Hallo! Ich bin der Werner. Toll, wie du das machst!“
„Ich heiße Anja“, antwortete sie verlegen. Die beiden Kinder sahen sich an.
„So ein schönes Mädchen“, ging es Werner durch den Kopf. Bewundernd blickte er in große, dunkle Augen mit langen Wimpern und entdeckte darin eine tiefe Traurigkeit, die ihn betroffen machte.
„Darf ich mitspielen?“
Sie warfen den Ball hin und her, ohne ein Wort miteinander zu reden. Manchmal huschte kurz ein Lächeln über ihr Gesicht.
Werners Freunde lehnten an der Absperrung zur Schaukel und schauten den beiden zu, erstaunt, dass der sich mit einem Zigeunermädchen abgab. Gut, sie war hübsch, aber sie war eine Fremde. Noch dazu Zigeunerin. Leute, über die ihre Eltern nichts Gutes erzählten. Natürlich hatte man auf sie gewartet, aber doch nur wegen ihrer Schaukel und ihres Karussells, mit denen sie übers Wochenende hier sicher auch viel Geld verdienten. Einer lachte hämisch, als Anja der Ball aus der Hand sprang, und die anderen applaudierten. Provozierende Sprüche sollten verletzen. Das Mädchen ignorierte die schon oft gehörten Beleidigungen und zeigte keine Reaktion. Auch der Junge neben ihr ließ sich nichts anmerken und versuchte, gegen die aufkeimende Wut anzukämpfen.
Ein Mann mit Schnurrbart kam aus dem Wohnwagen, betrachtete die zwei Kinder und war erfreut.
„Anja, das Essen ist fertig.“
„Ich komme gleich, Papa.“
Werner fragte, ob er sie wieder besuchen dürfte.
„Brauchst nur vorbeikommen“, rief Anja ihm zu und erneut schien sie für einen Moment zu lächeln.

Dann machte sich der Junge auf den Weg nach Hause, ohne nur einen einzigen Blick hinüber zur Schaukel zu werfen, wo sich die Kameraden aufhielten.
Am Abend half er den Eltern bei der Stallarbeit. Die Mutter saß neben einer Kuh auf dem Melkschemel und der Vater, der im Dorf auch den Beruf des Schmieds ausübte, schüttete frisches Stroh auf. Schwalben flogen in regelmäßigen Abständen durch das offene Fenster, um ihre Jungen zu füttern. Werner hielt einem der Kälber die Schüssel mit warmer Schrotbrühe hin, die es gierig aussoff und beobachtete gleichzeitig die Kühe, die unmittelbar vor ihm nebeneinander standen und fraßen. Mit ihren Oberlippen schoben sie im Futterbarren geschickt die Gräser beiseite, um an den saftigen Klee mit den roten Blütendolden zu gelangen.
So lief das jeden Tag im Stall ab. Früh am Morgen vor Schulbeginn und abends, wenn man von der Feldarbeit zurückkehrte. Meistens blieb anschließend noch ein wenig Zeit, sich mit seinen Freunden auf dem Bolzplatz zu treffen.
Werner dachte heute nicht an Fußball, er dachte an das Mädchen mit den traurigen Augen. Und an die Kameraden, die ihr grundlos wehgetan hatten. Er nahm sich vor, ihnen das heimzuzahlen.
Nach der Stallarbeit besuchte er Anja noch einmal und wieder warfen sie sich zunächst den Ball zu. Doch bald saßen sie nebeneinander auf der Wagentreppe und unterhielten sich; über die ständig wechselnden Schulzimmer jede Woche; über das Jungvieh, das täglich im Stall zu versorgen war; über Schwalben, die sie beide mochten. Vieles hatten sie zu erzählen, obwohl sie sich erst ein paar Stunden kannten. Erneut fiel ihm das kränkende Benehmen der Kameraden ein, er vermied es aber, darüber zu reden. Werner sah sich um und bemerkte, dass die Holzwagen dicht gedrängt im Halbkreis aufgestellt worden waren. Davor hatten sich die Fremden niedergelassen, völlig abgeschirmt von der Straße und der Häuserfront der Dorfbewohner.

„Wie eine Wagenburg", kam es dem Jungen in den Sinn.
„Fast alle Verwandte von mir", hörte er das Mädchen sagen.
Die Erwachsenen diskutierten miteinander, strickten oder spielten Karten. Heute konnte man sich noch ausruhen, weil Karussell und Schiffschaukel sich nicht bewegen durften.
Trubel und Hektik auf dem Dorfplatz dagegen am nächsten Abend. Wie in den Dörfern ringsum begann auch in diesem Ort das Kirchweihfest am Samstag, sobald die Dunkelheit hereinbrach. Das hatte Tradition, obwohl erst Stunden später der Pfarrer nach Beendigung des sonntäglichen Gottesdienstes die offizielle Erlaubnis für Fröhlichkeit und Ausgelassenheit erteilte. Vorher jedoch stand das morgendliche Gebet in der Messe an. Man gedachte der Weihe der Dorfkirche, die ein Bischof irgendwann einmal hier an Ort und Stelle vollzogen hatte. Kirchweih: Der Name dieses Festes brachte das auch deutlich zum Ausdruck. Die meisten Bauern waren mit dem religiösen Sachverhalt im Großen und Ganzen vertraut.
Kirchweih hieß für sie aber vor allem Festtagsbraten zu Hause auf dem Mittagstisch und am Abend Besuch beim Alten Wirt. Kinder und Jugendliche verbanden mit Kirchweih hauptsächlich Vergnügen auf dem Dorfplatz, der sich in diesen Tagen als Rummelplatz präsentierte.
Schon jetzt am Samstagabend roch es dort nach gebratenen Äpfeln und Honigkuchen. Kinder knabberten an ihren Waffeln oder schleckten Eis. Ein paar Burschen zogen vorbei und grölten die Schlager aus den Lautsprechern mit, Mädchen flohen vor Wasserpistolen der Lausbuben.
Werner genoss, was sich in seiner Umgebung abspielte. Aber er freute sich besonders auf Anja. Sein Blick schweifte zum Karussell mit den bunten, hell erleuchteten Lampen. Es drehte sich im Kreis und wirbelte gleichzeitig die Kinder durch die Luft. Der Junge beobachtete auch seine Kameraden beim Schaukeln. Wusste, dass dort Wettkämpfe ausgetragen wurden. Höher und höher trieb man die Gondeln, die Knie dabei nach vorne wippend und wieder zurück, während der Wind in den

Ohren pfiff. Später gingen die Freunde auf Werner zu und sprachen ihn an, so als sei gar nichts gewesen. Der aber hörte nur ihre Worte von gestern und trennte sich schnell von ihnen. Dann schwang er sich mehrere Fahrten hinauf in den Abendhimmel. Auch er liebte die Schiffschaukel. Heute indes hielt sich seine Begeisterung in Grenzen. Er war auf der Suche nach Anja, die ihn magisch anzog.

Bald entdeckte er sie auf der Treppe ihres Wohnwagens. Das war ihr Lieblingsplatz, denn von hier aus konnte sie alles gut überblicken. Außerdem hielt die Wand des Wagens ein klein wenig den schrecklichen Lärm des Rummelplatzes ab.

„Du kannst gut schaukeln. Ich habe dich beobachtet“, lobte Anja ihren neuen Freund. Er setzte sich zu ihr und sie redeten über viele belanglose Dinge, auch über die Schiffschaukel ... ; dass sie es gut habe, weil sie schaukeln könne, so oft sie wolle.

Aber Anja hatte schon lange keine Lust mehr. Weder auf die eigene Schaukel, noch auf das Karussell ihres Onkels.

„Du bist ganz allein hier“, stellte Werner fest.

„Ja, ich mag gern mal allein sein. Fast jeden Abend sitze ich da.“

Der Lichtkegel eines vorbeifahrenden Motorrads erhellte kurz ihr Gesicht.

„Sie schaut mich so an, wie sich ihre Stimme anhört“, dachte Werner.

„Wo ist eigentlich deine Mutter?“

„Sie ist vor einem Jahr gestorben.“

Die Antwort machte Werner verlegen. Sie saßen eine Weile stumm nebeneinander und beobachteten gedankenverloren das fröhliche Treiben an den beleuchteten Schaukeln.

„Meine Mama und ich haben oft zusammen gesungen und getanzt“, nahm Anja die Unterhaltung wieder auf. „Sie war immer für mich da, hat mich oft in die Arme genommen und gestreichelt.“

„Klar, ihr Mädchen braucht das“, meinte Werner.

„Ihr Buben nicht?“, fragte Anja zurück.

„Manchmal streichelt mich meine Mama auch.“
Jetzt hörte sich Werners Stimme ein bisschen traurig an. Nach kurzem Zögern glitten Mädchenhände sanft über sein Gesicht und Anja sagte ganz leise:
„Wahrscheinlich ist sie oft einfach zu müde.“

***

Werner wollte nicht einschlafen, sondern an das Mädchen denken. Bemühte sich, seine Gedanken in Worte zu fassen, sie laut auszusprechen und auch zu hören. Mund und Ohren vermögen mehr Nähe zu vermitteln als stumme Gedanken. Worte lassen sich auch für ein Gespräch benützen, selbst wenn man allein ist. Werner fehlten jedoch die richtigen Worte, die zu Anja passten.
Vor allem beschäftigte ihn die Sache mit dem Streicheln. Dass sein Vater ihn streichelte, war beim besten Willen nicht vorstellbar. Er schmunzelte, als er sich dessen Hände mit der Hornhaut und den Rissen vorstellte. Sie waren an den schweren Hammer gewöhnt, mussten hartes Eisen anfassen. Wie hätten solche Hände auch ein Gesicht streicheln können. Frauenhände schienen dafür besser geeignet, aber seine Mutter tat dies nur sehr selten bei ihm. Werner wünschte sich durchaus mehr Zärtlichkeit von ihr, obwohl er ein Junge war. Derartige Gefühle fanden wohl Erwachsene nicht so wichtig. Oder Mama war wirklich oft einfach zu müde dafür, wie Anja vermutete.
Seine Eltern arbeiteten schließlich von früh bis spät. Im Stall. Auf dem Feld. In der Schmiede. Im Haus. Natürlich musste auch er mithelfen, jedoch hatte er Freunde, mit denen er wenigstens ab und zu spielen konnte. Werner suchte die Tage nach Zeiten ab, die seine Eltern ohne Arbeit verbrachten und ihm fiel spontan nur die Sonntagsmesse ein. Für Vater gab es danach noch den Frühschoppen im Wirtshaus, während Mutter schon wieder kochte.

Die Gedanken kehrten zu dem Mädchen zurück. Erneut spürte er ihre tröstenden Hände, sah ihr Gesicht mit den traurigen Augen vor sich und schlief ein.
Nicht weit entfernt von Werners Bauernhof stand der Wohnwagen, dessen rote Fensterläden jetzt geschlossen waren. Dort lag Anja im Bett. Auch sie konnte nicht einschlafen. Auch sie dachte an den Jungen. „Armer Werner! Möchtest viel öfter mal von deiner Mutter gestreichelt werden." Er tat ihr leid. Dann rief sie sich wieder einmal die schönen Stunden mit ihrer Mutter in Erinnerung, bis die Trauer sie überwältigte. Irgendwann schlief auch sie.
Der Vater saß im Dunkel des Wohnraums im Wagen daneben, wandte sich in die Richtung, wo bis vor einem Jahr der andere Stuhl stand und redete mit seiner toten Frau ... dass der Traktor neue Reifen bräuchte; Anja mit einem Buben aus dem Dorf gespielt habe; zu Mittag die Kartoffeln angebrannt seien; er sie so sehr vermisse. Aber er erhielt keine Antwort, genauso wie in all den anderen Nächten.
Doch er vernahm Anjas Weinen, ging hinüber zu ihr und setzte sich an den Bettrand. Erfuhr, dass Mama eben noch ganz nah bei ihr war, „Kazät" rief und schnell wieder verschwand.
Er ergriff ihre kleine Hand und versuchte die Tochter zu beruhigen. Heute Nacht jedoch gelang ihm das nicht. Da konnte er noch so lustige Geschichten mit dem Pony aus seiner Kindheit erfinden. Anja richtete sich auf und forderte dann mit energischer Stimme:
„Papa, sag mir endlich, was das ist - Kazät!"
Der plötzliche Tod der Mutter zog ihr den Boden unter den Füßen weg. Sie war schockiert und verstand nicht, wie man so jung sterben konnte ohne, wie sie glaubte, eine Sekunde krank gewesen zu sein.
KZ. Das Kürzel war ihm zum letzten mal am offenen Grab seiner Frau über die Lippen gekommen. Dieser Ausruf des Vaters erschreckte Anja damals sehr und sie hatte ihn seitdem nicht mehr vergessen:

„Verfluchtes Kazät!“
So wie sich das anhörte - und noch dazu vor dem Sarg - musste es sich wohl um etwas ganz Schlimmes handeln. Anja dröhnte immer wieder dieses eine Wort vom Friedhof in den Ohren, das ihr vorher noch nie begegnete. Der Vater wusste das und machte sich Vorwürfe und auch sein Bruder hatte ihm diesen Gefühlsausbruch während der Beerdigung schon oft vorgehalten. Wegen Anja. Die seitdem immer wieder fragte, was sich hinter dem geheimnisvollen Wort verbarg.
„Nimm diesen Ausdruck nie mehr in den Mund!“, wies er seine Tochter vor ein paar Wochen noch zurecht und sofort danach tat ihm die barsche Reaktion leid. Anja erwähnte das Wort „Kazät“ auch nicht mehr. Bis heute. Nun aber stand es erneut im Raum des kleinen Wohnwagens; dieses Wort mit den zwei Silben.
„Schlaf jetzt, Anja, schlaf!“
Abrupt erhob er sich und blieb vor dem Schrankspiegel stehen. Sah darin einen Mann mit einem Schnurrbart, der seinen Vornamen vor einem Jahr auf dem Friedhof zurückgelassen hatte. Er konnte ihn von diesem Zeitpunkt an nicht mehr ertragen. Immer, wenn er von jemandem mit dem Namen angeredet wurde, klang die Stimme seiner Frau wie ein schmerzendes Echo nach. Niemand konnte ihn mit einer solchen Zärtlichkeit aussprechen wie sie. Der Mann war seit ihrem Tod ein anderer geworden, der Vorname gehörte nicht mehr zu ihm.
Dann löschte er das Licht, ging hinaus in die Nacht und setzte sich auf die Treppe, den Rücken an die Wagentür gelehnt. Nach einer Weile schlich er unter den Fensterladen der Tochter, stand hier ganz nah an ihrem Bett. Es war endlich still. Er kehrte zur Treppe zurück und zündete sich eine Zigarette an. Ein paar Sterne leuchteten am Himmel und der Mond versteckte sich die meiste Zeit hinter den Wolken. Irgendwann, wenn sie älter war, würde er Anja alles erzählen müssen, was damals geschah.

***

„Vergesst niemals, dass wir Zigeuner sind und lasst euch von niemandem euren Stolz nehmen!“, hatte seine Mutter zu ihm und seiner Frau bei der Hochzeit gesagt. Sie segnete die Brautleute und küsste sie anschließend auf die Stirn, so wie das auch ihre Mutter einst tat.
Jahre später sperrten die Nazis sie in ein sogenanntes Lager. Dort konnte man seine Herkunft nicht vergessen, wurden sie doch jeden Tag auf grausame Weise daran erinnert. Und was den Stolz betraf, so war es oft verdammt schwer, diesen dort zu bewahren. Menschenverachtend, wie sie die Latrinen säubern mussten. Regelmäßig spielten die SS-Leute ihre gemeinen Spiele mit ihnen; beispielsweise, als einer ihm scheinbar großzügig eine kostbare Zigarette schenkte und sogar anzündete. Sie ihm dann aber nach dem ersten herrlichen Zug brutal aus dem Mund riss und vor seinen Augen mit den Stiefeln zermalmte.
Erniedrigende und grauenvolle Erinnerungen erwachten von neuem: Der schreckliche Winter, der sicher noch seinen Tribut forderte. Strammstehen auf dem Appellplatz bei klirrender Kälte; nackt bis auf die Haut, die dann den harten Wasserstrahl zu spüren bekam. Warten. Eine Ewigkeit lang. Viel länger, bis sich auf der Haut allmählich eine dünne Eisschicht bildete.
„Herein in die warme Stube!“, ertönte irgendwann der Befehl, um dann vor den Uniformierten unter höhnischem Gelächter aufzutauen – so ihre zynische Bemerkung.
Im Block gab es jede Woche Tote. Die einen starben aus Schwäche oder infolge einer Krankheit. Manche hatte man erschossen und andere erschlagen. Häufig waren die ausgemergelten Körper von Ratten angefressen, als man sie endlich begrub.
Immer wieder musste auch er sein eigenes Grab schaufeln und immer wieder gab es den Augenblick: Jetzt ist es aus!
Einmal im Monat fuhren bei Einbruch der Dunkelheit Lastwagen vor. Keiner von ihnen durfte die Baracke verlassen. Durch die Luke konnte man sehen, wer abgeholt wurde. Fast

immer traf es Juden. Doch war er ständig darauf gefasst, selbst an der Reihe zu sein. Gerüchte von Verbrennungsfabriken für Häftlinge lösten Panik aus.
Und er sorgte sich um seine Frau und war verzweifelt, weil er sie nicht beschützen konnte. Sie lebten zwar beide im gleichen Lager, doch die meiste Zeit voneinander getrennt. Manche Männer verwandelten sich in primitive Kreaturen, wenn sie über Frauen herrschten und ihre perverse Phantasie erschuf barbarische Schikanen und Demütigungen. Er ging davon aus, dass auch seine Frau Opfer derartiger Verbrechen im Konzentrationslager wurde, selbst wenn sie später darüber nicht reden wollte.
Ein einziges Mal brach sie ihr Schweigen und das kurz vor ihrem Tod. Diese Geschichte entwickelte sich für ihn zum Albtraum, der ihn von jener Stunde an Tag und Nacht quälte.
„Ich habe seit ein paar Wochen starke Kopfschmerzen und inzwischen auch Schwindelanfälle. Möglicherweise hängt das mit der Sache im Lager zusammen. Ich glaube, du musst das wissen.“
Sie saßen sich am kleinen Tisch im Wagen gegenüber und beschlossen, morgen sofort den Arzt aufzusuchen.
„Er hatte Geburtstag und sich dafür etwas ganz Besonderes ausgedacht. Wir duschten, als sie plötzlich hereinbrachen und uns Frauen hinüber in ihre Kantine jagten. Er zeichnete mit Kreide einen Kreis auf den Boden, der für uns bestimmt war, knallte dann mit der Peitsche und forderte uns auf, wir sollten dort hineingehen in die Arena, wie er das nannte.“
Die Frauen standen dicht nebeneinander, nackt, Körper an Körper; umringt von den Männern; mit kahlen Köpfen und zusammengepressten Lippen. In ihren Augen Angst, die die Wächter in Uniform erkannten und die sie genossen. Die Frauen sollten tanzen. Ein Grammophon wurde eingeschaltet und rundum klatschten Hände den Rhythmus mit. Zögern und hilfesuchende Blicke im Kreis. Erneut drohten Gebrüll und Peitsche des Lagerkommandanten, bis es einer von ihnen

gelang, sich zu drehen. Immer mehr Füße zwangen sich zur Bewegung nach der Musik. Fast alle Körper deuteten so etwas wie einen Tanz an, angetrieben von der Hoffnung, auf diese Weise Schlimmerem zu entgehen.
Eine einzige Frau tanzte nicht. Sie stand reglos da mit geschlossenen Augen und hoffte einen Moment, alles um sich herum wegzaubern zu können. Als Kinder hatten sie dieses Spiel 'Augenschließzaubern' genannt: Wenn ihnen etwas im Alltag in ihrer unmittelbaren Umgebung nicht gefiel, schlossen sie einfach die Augen und stellten sich vor, es sei nicht mehr vorhanden. Irgendwie schien dies auch funktioniert zu haben. Jedenfalls hatte sie das so in Erinnerung. Doch die derben Zwischenrufe der Männer machten ihr sehr schnell bewusst, dass nur Kinder diese Zauberei beherrschen konnten. Ihre Augen aber blieben weiterhin geschlossen. Jetzt, weil sie niemandem ihre Tränen zeigen wollte. Auch sie sollte tanzen, aber sie schaffte es einfach nicht trotz der schmerzenden Peitsche. Dann hörte sie die Stiefelschritte des Lagerleiters näher kommen, spürte dessen Hände an ihrer Brust und ohne nachzudenken schrie sie dem Schimpfworte entgegen, dem sie völlig ausgeliefert war.
Es ging alles sehr schnell: Ein brutaler Schlag an das Kinn. Die Frau wurde nach hinten geschleudert, prallte mit dem Kopf gegen den Eisenofen und blieb eine Zeit lang reglos am Boden liegen. Ihr Ehemann bekam von alldem nichts mit. Er saß auf der Pritsche in seiner Baracke ganz in der Nähe und war doch so weit weg.

8. Mai 1945. Sie hatten Glück und das KZ überlebt. Ein Jahr später kam ihre Tochter auf die Welt. Auch das war nicht selbstverständlich. Die meisten Zigeunerfrauen wurden in den Lagern sterilisiert und ihre Männer kastriert, weil die arischen Herrenmenschen in Zukunft keine artfremden und minderwertigen Rassen neben sich dulden wollten. Anja brachte

wieder Licht in ihr Leben, doch auch sie konnte nicht alle Wunden heilen.
„Verzeihen kann ich, aber nicht vergessen“, hatte seine Frau immer wieder gesagt. Er selbst konnte und wollte auch nicht verzeihen.
Es begann mit Kopfschmerzen und Schwindelanfällen. Dann folgten Gleichgewichtsstörungen, bis sie an jenem Nachmittag im Krankenhaus ins Koma fiel, aus dem sie nicht mehr erwachte. Eine Gehirnverletzung. Die Arzt-Wörter hatte er vergessen, aber nicht die Ursache des Todes, nämlich ein Stoß oder Schlag auf den Kopf.

***

Immer noch saß der Mann mit dem Schnurrbart auf der Treppe seines Wagens nicht weit entfernt vom Bett seiner Tochter. Sie schien zu schlafen. Doch er war dazu nicht in der Lage. Am liebsten hätte er jetzt seinen Seelenschmerz hinausgeschrien. Doch das durfte nicht sein. Allein schon wegen Anja. Am nächsten Tag liefen die Kinder und Jugendlichen schon ab Mittag auf den Rummelplatz. Fröhliches Lachen, Konfetti und Luftschlangen. Zündplättchen, die in kurzen Abständen und mit hellem Krachen in den Spielzeugwaffen zerplatzten. Wieder stiegen die blauen Schiffe hinauf in den Himmel und wieder jauchzten und stöhnten die jungen Fahrer, wenn sich beim Abschwung der Magen umzudrehen schien. Mädchen wirbelten an langen Ketten im Kreis durch die Luft und die Musik dröhnte aus den Lautsprechern. Anjas Vater saß wie immer in seinem Schalterhäuschen und knipste mit maskenhaftem Lächeln die Eintrittskarten der Fahrgäste, verweilte aber in Gedanken bei seiner Frau, die sich ihren Stolz nicht hatte nehmen lassen.
Der Sonntagnachmittag verging wie im Flug. Am Abend, als die Tiere im Stall versorgt werden mussten, wurde es etwas ruhiger vor dem Karussell, vor der Schiffschaukel und an der Schießbude. Aber danach verließen viele Bewohner ihre Häuser in

Richtung Hauptstraße und Dorfplatz, um sich zu vergnügen. Morgen begann wieder der Alltag.
Kirchweihabend beim Alten Wirt. Für die Dorfleute konnte es kaum etwas Schöneres geben. Burschen und Mädchen drängten hinauf in den Tanzsaal, wo bereits die Musikkapelle spielte. Hektik in der Küche bei den Frauen mit den verschwitzten Gesichtern. Aus der Gaststube strömten die köstlichen, für Feste dieses Landstrichs durchaus typischen Düfte. So roch es nach Bratwürsten und Sauerkraut, nach Rindsrouladen, Meerrettich und Preiselbeeren. Und es roch vor allem nach Bocksbraten, dem Fleisch von jungen Ziegenböcken, das die Wirtsfrau, am Vortag in Zwiebel und Essig eingelegt, mit erfahrener Hand in einen Gaumenschmaus verwandelt hatte. Jetzt war in erster Linie Bocksbratenzeit. So war und ist das in Franken. Die Männer im gesetzteren Alter, die das Feiern zwar liebten, sich aber nicht mehr mit Polka- und Walzerrhythmen abquälen wollten, kamen abends hierher zum Bocksbratenessen mit ihren Frauen, von denen die meisten eigentlich lieber zum Tanzen nach oben gegangen wären.
Werner und Theo waren durchaus angetan von diesen Gerüchen. Aber niemals wäre es den Buben in den Sinn gekommen, die Zeit für Essen zu vergeuden. Dazu schienen die noch verbleibenden letzten Kirchweihstunden viel zu kostbar. Sie verließen die Kegelbahn mit etwas Geld, das sie für den Rummelplatz verdient hatten: Die umgefallenen Holzkegel mussten wieder auf ihre Markierungspunkte gestellt und die schweren Kugeln mit den Fingerlöchern in die Rinne gehoben werden, wo sie dann in die Männerhände zurückrollten.
Gut gelaunt machten sich die beiden nun auf den Weg zur Schiffschaukel. Für kurze Zeit blieben sie an der Schießbude stehen, um den Schützen zuzuschauen. Einer schoss auf farbige Luftballons, die in einem Eisenkasten hin und her schwebten. Viele hatten es jedoch auf weiße Tonröhrchen abgesehen. Ein junger Mann traf einen Storch aus Kunstfedern und schenkte ihn seiner Freundin. Werner ließ sich von ihm einen Teddybär

schießen als Abschiedsgeschenk für Anja. Bald wurde es den Buben zu langweilig. Eine Schießbude mochte sicher reizvoll sein, wenn man schießen durfte, jedoch waren sie dafür noch nicht alt genug. Aber sie konnten schaukeln. Und das machte Riesenspaß.
Zwei Ehepaare kamen Arm in Arm die Straße herauf. Der Gang und die Art zu lachen verrieten, dass sie zuvor beim Alten Wirt eingekehrt waren. Jetzt aber wollten sie schaukeln. Die beiden Männer wiesen weder Hornhaut noch Schwielen an den Händen auf und sie trugen im Gegensatz zu den Bauern auch an Werktagen stets Sonntagskleidung. Schließlich gehörten sie zu den wenigen im Dorf, die in erster Linie mit dem Kopf arbeiteten.
„Schau dir den mal an, Hermann“, rief der Architekt seinem Freund mit schwerer Zunge zu, „das ist doch ein Zigeuner. Ich dachte, die gibt es in Deutschland gar nicht mehr.“
Der Mann mit dem Schnurrbart hielt einen Augenblick inne, bevor er die Fahrkarten der beiden entwertete. Dann stiegen die Gondeln hinauf in den nächtlichen Himmel. Wie immer wurde dabei gekreischt und gelacht. Und wie immer war irgendwann dieses fröhliche Vergnügen zu Ende. Dann nämlich, wenn die Fremden mit den schwarzen Haaren die Holzklötze, die an einer Eisenstange befestigt waren, unter die Schiffe schoben. Holz schleifte gegen Holz. Der Schwung der Schaukel wurde kürzer und kürzer, bis diese vom Bremsklotz endgültig zum Stillstand gebracht wurde.
„Was soll das ?“, fauchte der Förster einen der Arbeiter an. „Wir haben doch gerade erst begonnen.“
„Die Damen und Herren bekommen von mir eine Freifahrt geschenkt“, rief der Mann mit dem Schnurrbart hinüber.
Vor dem Eingang zur Schaukel schimpften ein paar Burschen, weil sie nicht verstehen konnten, dass ihre Runde deshalb verschoben wurde.
Wieder flogen die Schaukeln in die Luft, wieder wurden die Bremser tätig und wieder wollten dieselben Fahrgäste nicht

aussteigen. Suchten Streit mit den Zigeunern. Wurden jetzt aufgefordert, die Anlage zu verlassen. Es dauerte einige Zeit, bis sie sich zum Gehen entschlossen. Dann kehrte einer von ihnen zurück, baute sich nochmals vor den Fremden auf und legte seine Hände trichterförmig an den Mund, so dass es aussah wie ein Megaphon. Am liebsten hätte er jetzt Diffamierungen hinausgebrüllt, wie sie ehemals für die Herrenrasse üblich waren. Aber er hielt sich zurück, denn mit manchen Ausdrücken musste man seit ein paar Jahren in Deutschland sehr vorsichtig umgehen.
„Ab ins KZ!“, zischte er mit gepresster Stimme. Doch der Ausruf geriet lauter als beabsichtigt, so dass ihn nicht nur die Zigeuner hören konnten. Einer der Bremser ballte die Faust und holte zum Schlag aus. Abrupt fiel ihm der Mann mit dem Schnurrbart in den Arm.
„Mit Gewalt kannst du solche Worte nicht auslöschen. Die kommen immer wieder hoch, wenn sie im Herzen verwurzelt sind ...“
Er wusste, dass ihn jetzt seine Tochter brauchte. Deshalb ging er hinüber zur Wohnwagentreppe und setzte sich neben sie. Anja starrte in die Dunkelheit, zitterte am ganzen Körper und hielt Werners Teddybär fest in den Händen. Und sie sagte kein einziges Wort.
Der Vater legte den Arm um ihre Schultern, krempelte nach einer Weile einen Hemdärmel hoch und deutete auf seinen Unterarm; dorthin, wo sich die für Anja so geheimnisvolle Nummer befand, die damals von den Nazis in die Haut eingebrannt worden war. Mit dem Z davor zur Kennzeichnung der Rasse.
„Weißt du, Anja, damit hat das zu tun. Morgen, wenn wir hier weg sind, werde ich dir alles erklären. Versprochen!“
Die Lampen über der Schiffschaukel wurden ausgeschaltet und die meisten Dorfbewohner, die den Vorfall mitbekamen, traten bedrückt ihren Heimweg an. Das galt besonders für Werner, der Anja beobachtet hatte und mit ihr litt.

Am nächsten Tag rannte er nach der Schule sofort zum Dorfplatz, um nochmals mit dem Mädchen zu sprechen. Doch die Zigeuner waren bereits weitergezogen. Der Junge entschied daher, seinen Vater in der Schmiede aufzusuchen. Wollte von ihm wissen, was das war mit dem KZ.
„Jetzt nicht! Ich hab' keine Zeit", schrie dieser zurück und schlug weiter mit dem Hammer auf das glühende Eisen.
Stalingrad, Ausschwitz ... Der Schmied war noch nicht fähig und willens, sich kritisch mit dem braunen Wahnsinn auseinanderzusetzen.

Werner ging zu seinem Großvater, um von ihm mehr über das KZ zu erfahren. Doch auch der suchte zunächst nur nach einer Ausrede wie sein Sohn und erklärte, dass das kein Thema für Kinder sei. Der Enkel jedoch gab sich damit nicht zufrieden. Vielmehr steigerte das nur seine Neugier. Lautstark bedrängte er den Alten und erinnerte ihn an den Vorfall auf dem Dorfplatz am Kirchweih-Sonntag. Simon wollte den Jungen nicht mit einer autoritären Bemerkung mundtot machen. Aber was sollte er ihm sagen?

Schweigend erhob er sich vom Stuhl, trat ans Fenster, kam wieder zurück und sprach mit Bedacht:

„Dass die Lager existierten, wusste jeder und was im Dorf darüber geredet wurde, klang eher nach Gefängnis. Unmittelbar nach Kriegsende kam jedoch die ganze Wahrheit ans Licht. Die Konzentrationslager der Nationalsozialisten dienten als Todesfabriken, in denen Abertausende von Menschen ermordet wurden. Vor allem Juden, aber auch Zigeuner. Heute nennt man sie ja Sinti und Roma."

„Warum haben sie die denn umgebracht? Warum gerade die?", fragte Werner entsetzt.

Darauf die richtige Antwort zu finden, schien Simon unmöglich. Wie sollte er seinem Enkel begreiflich machen, was Hitler und Goebbels ihnen vor Jahren ständig einzutrichtern versuchten? Oder ihm gar die Rassenlehre der Nazis aus ‚Mein Kampf' vortragen? Nein, dazu fühlte er sich nicht imstande.

„Du wirst das alles noch in der Schule im Geschichtsunterricht hören."

„Opa, jetzt sofort will ich es wissen. Und zwar von dir."

„Ich kann das nicht, Bub."

„Es ist wegen Anja."

„Ich versteh' schon, was du meinst."

„Das glaube ich nicht. Sie hat ihre Mutter verloren, weil man sie als Zigeunerin in dieses KZ gesperrt hat. Ich weiß das von Anjas Onkel. Mehr wollte er mir nicht sagen, obwohl ich ihn darum gebettelt habe."

Simon berührte das sehr, sagte aber nichts. Der Junge deutete das Schweigen als fehlende Anteilnahme und ärgerte sich darüber.

„Opa, ich mag die Anja. Sie ist meine Freundin. Und die Nazis mit ihrem KZ hasse ich."

Als der alte Mann erneut nicht reagierte, rief Werner enttäuscht:

„Ist dir ja anscheinend egal."

Er stand auf und wollte gehen. Doch er wurde zurückgehalten.

„Halt, warte, Bub. Ich hatte auch einen guten Freund. Der musste ins KZ, weil er Jude war."

„Opa, sag, was ist da passiert?"

Der alte Schmied zögerte noch immer, brauchte Zeit zum Nachdenken. Er war sich nicht sicher, ob er die Seele des Kindes verletzen würde, wenn es die ganze Wahrheit erfuhr. Was aber konnte man bei Josuas Lebensgeschichte weglassen?

Sein jüdischer Freund war ein Schelm und Komiker, fast immer gut gelaunt und fröhlich. Das würde dem Kleinen sicherlich gefallen. Deshalb wollte er ihm davon erzählen, auch wenn es ihm selbst etwas grotesk schien angesichts des schrecklichen Endes. Doch er musste seinen Enkel auch mit dieser Tragödie konfrontieren. Das war er Josua schuldig, denn solche Gräueltaten durften sich nie mehr wiederholen.

***

Der Jude wohnte vor Jahren im Nachbardorf und verdiente sein Geld als Viehhändler. Fast alle Bauern aus der Umgebung verkauften ihr Schlachtvieh an ihn. Bis zu einem bestimmten Tag.

Josua hatte stets einen schwarzen Hut auf dem Kopf, egal ob es regnete oder die Sonne vom Himmel brannte. Kaum jemand konnte sich an ein anderes Kleidungsstück erinnern als an den dünnen, anthrazitfarbenen Mantel. Über schweren Schuhen trug er Ledergamaschen, die an der Innenseite der Beine mit Schnürsenkeln zusammengehalten wurden und fast bis zu den Knien hinauf reichten.

Josua war aber nicht nur Viehhändler, sondern auch Unterhaltungskünstler. Wenn er in den Ort kam, hielt er mit seinem Viehwagen meistens auf dem Dorfplatz an. Es dauerte nicht lange, bis ihn eine Schar Kinder umringte, die er stets mit dem Ausspruch begrüßte:

„Madls und Buben, ist das Leben nicht schön!"

Zuerst machte er ein paar Witze, mit denen er sein junges Publikum zum Lachen brachte. Dann holte er die Mundharmonika aus seiner Manteltasche und spielte jiddische Lieder. Oder er sang sie und tanzte dazu. Meistens handelte es sich dabei um lustige Geschichten. Manchmal aber überraschte der Sänger seine Zuhörer mit einem melancholischen Lied wie etwa das von der ‚pechschwarzen Katz'. Müde und schwach war sie und als ihr einmal ein großer Stein vor die Füße fiel, hatte sie nur noch den Tod vor Augen. Floh aus Angst auf ein Hausdach und blieb von nun an dort oben sitzen, von der Frühe bis zur Nacht, diese pechschwarze Katz. Jeder, der ein bisschen über das Leben Bescheid wusste, konnte dieses Ereignis deuten: Ein Unglück stand ins Haus.

Immer wieder berichtete Josua auch vom langen Weg seines Volkes; vom Erzvater Abraham, der aus der Wüste kam und von Moses, dem Gesetzgeber. Zwar kannte fast jeder diese Geschichten des Alten Testaments aus dem Religionsunterricht. Aber ganz anders klang es aus Josuas Mund. Wenn es um König David ging, der die Bundeslade mit seinem Volk zum Berg Zion brachte, hatte man den Eindruck, dieses Ereignis sei erst gestern passiert und der Viehhändler war unmittelbar beteiligt. Aber er machte auch klar, dass sein Volk inzwischen auf der ganzen Welt verstreut lebt und sich danach sehnt, wieder ins Land seiner Väter zurückzukehren. Ebenso sprach er von uralten

Traditionen, an die sich alle gläubigen Juden hielten, weil die Thora sie dazu verpflichtet. Vielen im Dorf war beispielsweise bekannt, dass Josua und die übrigen Juden, die am Sabbat die Synagoge in der Kreisstadt aufsuchten, Schafe und Ziegen schächteten und am Laubhüttenfest den Auszug aus Ägypten feierten.
Wenn Josua nach seinen öffentlichen Auftritten auf dem Dorfplatz zu einem der Bauern fuhr, um das Vieh abzuholen, liefen die Kinder stets hinter dem Wagen her. Das schelmische Lächeln des Viehhändlers verriet ihnen, dass dieser auf dem Hof noch eine seiner lustigen Geschichten zum besten geben würde. Sie mochten diesen Mann mit der merkwürdigen Bekleidung, denn er war meist gut aufgelegt und zu Späßen bereit. Seine geschäftlichen Belange nahm er zwar durchaus ernst, aber sie konnten warten. Über den Kaufpreis des Tieres erzielte man ohnehin schnell Einigung. Zuerst jedoch sollten alle noch einmal fröhlich sein.
Josua inszenierte seine Darbietungen auf dem Hof stets vor der geöffneten Stalltür, damit sich auch das Vieh an der Schilderung erfreuen konnte. Vor allem sollte das Tier, das er zum Schlachten abholte, noch einmal richtig lachen dürfen, wie er sich auszudrücken pflegte. Diese Auftritte gerieten fast schon zu einem Ritual, fanden sie doch auf den meisten Bauernhöfen statt, wenn an den Juden Vieh verkauft wurde. Die Geschichten hatten auch mit seinem Beruf zu tun. Genauer gesagt handelten sie von den Tieren, die er von ihrem Heimatstall zum Schlachthof brachte. Dort aber lieferte er sie selten sofort ab, sondern stellte sie in der Regel noch für ein paar Tage bei sich zu Hause unter; denn der Transport in den Schlachthof der Stadt erfolgte nur einmal in der Woche.
Josua behauptete doch allen Ernstes, dass sich diese Tiere in seinem Stall mit ihm unterhielten. Vor ihrem Tod sich gleichsam nochmals alles von der Seele reden wollten. Manche Erwachsene schüttelten darüber den Kopf, andere schmunzelten. Die Kinder aber bogen sich vor Lachen und immer wieder

musste der Komödiant seinen lustigen Vortrag unterbrechen, weil die jungen Zuhörer vor Begeisterung kreischten.
Einmal erzählte Josua seinen Zuhörern von einem Schwein, das sich bei ihm über seinen Bauern beschwert habe, weil dieser den Stall viel zu oft ausmistete. Ein andermal wusste er von einer Kuh zu berichten, die das schlechte Gewissen plagte. Sie habe nämlich immer dann beim Melken die Milch zurückgehalten, wenn die Bäuerin zu wenig Runkelrüben in das trockene Heu mischte.
Viele solcher Episoden hatte der Viehhändler in seinem Repertoire, die die Leute im Dorf amüsierten.
Irgendwann wurde es dann bitterer Ernst auf dem Hof. Dann nämlich, wenn Josua den Hanfstrick aus der Manteltasche zog, mit dem dünnen Spazierstock in der Luft herumstocherte und im Stall verschwand. Die Tiere, auf die Josua zuging, spürten instinktiv, dass ihr letzter Gang bevorstand. Häufig sträubten sie sich, in den Viehwagen zu steigen, weil sie Angst hatten. Darum band er ihnen ein Tuch vor die Augen und beruhigte sie mit weicher Stimme. Es dauerte oft länger, bis er sie wegbrachte, weil Gewaltanwendung für ihn nicht in Frage kam.
Manchmal galt es die Bäuerin zu trösten, die über den Abtransport ihres Tieres weinte, hatte sie sich doch im Laufe der Jahre so daran gewöhnt. Bei allen schwang Traurigkeit mit, wenn Josua den Hof mit dem beladenen Viehwagen verließ. Wer tötete schon gerne Tiere? Aber sie wurden aufgezogen, um eines Tages geschlachtet zu werden. Sie brachten Geld, das die Bauern und der Viehhändler benötigten, um leben zu können.

***

„Verkauft nicht mehr an den Juden!“, hieß eines Tages die Order des Ortsgruppenleiters an die Bauern. Josua kam von diesem Zeitpunkt an in immer weniger Ställe. In jeder Ortschaft verhielt es sich so. Manche Bauern sagten, sie hätten gerade kein Vieh für ihn. Andere öffneten die Haustür nicht mehr.

Beim Alten Wirt vermieden einige der Gäste inzwischen jedes persönliche Wort und der Wirt selbst ließ den Juden spüren, dass er nicht mehr willkommen war. Seitdem trank dieser dort Kornschnaps und Bier hastig und im Stehen. Er konnte keine lustigen Begebenheiten mehr erzählen und tanzte auch nicht mehr auf dem Dorfplatz.

Nicht alle gingen ihm aus dem Weg oder steckten hinter seinem Rücken die Köpfe zusammen, wenn er die Straße daher kam. Josua war ein liebenswerter Mann, der niemandem ein Leid zufügte. Doch der Ortsgruppenleiter war ein Teufel. Er schüchterte die Menschen ein, indem er ihnen Strafen androhte, wenn sie sich den Anordnungen der Partei widersetzten. Nur Simon hatte keine Angst vor ihm und riskierte einmal sogar einen gefährlichen Streit:

„Du brauner Judas! Willst jetzt sogar deine Nachbarn verraten?"

„Halt dein freches Maul, sonst lass ich dich abholen!"

„Zum Dank dafür, dass ich deinen Sohn in letzter Sekunde aus dem Fluss gezogen hab'?"

Der Ortsgruppenleiter schwieg daraufhin betreten und entfernte sich.

Simon wusste, dass er sich wegen jener Rettungsaktion erheblich mehr erlauben konnte als andere im Dorf. Deshalb hielt er weiter offen zu Josua. Der benötigte diese Freundschaft dringender denn je, weil die Hasstiraden der Nazis gegen die Juden täglich lauter und dreister wurden.

Simons Haus war das einzige, in dem man die Mundharmonika hörte. Und die jiddischen Lieder, die der Viehhändler jetzt sang, klangen nur noch traurig. Inzwischen war auch aus seinem Gesicht das schelmische Lächeln verschwunden.

Es geschah an einem Abend im Juli. Simon striegelte gerade im Stall seine Kühe, als die Tür aufgerissen wurde und Josua hereinstürmte. Ohne Begrüßung blieb er vor ihm stehen, zeigte nur mit der linken Hand auf sein Mantelrevers. Ein gelber Stern war dort angeheftet. Der Bauer blickte darauf und dann in ein Gesicht, das ihn erschreckte.

„Was ist denn passiert?“
„Ich trag ihn nicht freiwillig.“
„Josua, erklär’ mir endlich, was das soll!“
Der Viehhändler ging zu einer Kuh und wies auf das Messingplättchen hin, das am Ohr festgeklammert war. Darauf stand die Registriernummer des Tieres.
„Du weißt, was das bedeutet.“
Natürlich wusste der Bauer Bescheid. Alle Kühe und Kälbchen mussten seit geraumer Zeit solche messingfarbenen Bleche tragen. Der Staat schrieb das vor. Die Behörden wollten alles im Reich fest im Griff haben, selbst den Viehbestand.
„Wir Juden müssen nun den gelben Stern tragen. Sie behandeln uns wie Vieh.“
Simon hatte verstanden. Bemerkte Josuas Angst, als er vom gestrigen Stadtbesuch berichtete. Ihre Synagoge sei niedergebrannt worden. Auf offener Straße würden Glaubensbrüder von SA-Männern brutal überfallen oder wie räudige Hunde erschossen. Es sei das Gerücht im Umlauf, alle Juden werden bald in Konzentrationslagern zusammengetrieben und anschließend nach Madagaskar verfrachtet. Josua redete sich seine Qualen von der Seele. Der Freund nahm dessen Tränen nicht wahr, weil es inzwischen im Stall zu dunkel war.
Nach diesem Abend wurde Josua nie mehr gesehen. Er kam auch nicht mehr zu Simon. Seit über drei Wochen hatte er sich nicht mehr blicken lassen. Der Bauer wurde unruhig und befürchtete Schlimmes. Er suchte den Nachbarort auf, um sich Gewissheit zu verschaffen. Doch Josuas Hoftor war verriegelt und niemand reagierte auf sein Klopfen. Vor Wochen schon hatten die Nachbarn in aller Frühe ein Auto wegfahren sehen. Von dem Juden hörte Simon nichts mehr.
Irgendwann begann der Schmied damit, sich die Amerikareise einzureden. Hoffte, auf diese Weise seinen Schmerz unterdrücken zu können. Josua hatte doch einen Traum, wie er sagte: Nach Amerika wolle er unbedingt einmal auswandern. Vielleicht ging eben dieser Traum noch rechtzeitig in Erfüllung.

So oft schon hatte Simon das Schicksal seines Freundes mit Amerika verknüpft, dass er eine Zeit lang fast daran glaubte. Aber irgendwann musste er sich eingestehen, dass es sich dabei um Wunschdenken handelte. Josua hätte ihn nämlich bei der letzten Begegnung im Stall mit Sicherheit darauf angesprochen.

***

Simon bekam vor kurzem ein Foto in die Hände, auf dem Juden in Eisenbahnwaggons gepfercht waren; wie bei einem Viehtransport. Der endete in der Regel im Schlachthof. Inzwischen wusste er, wo die Bahngleise der Judentransporte endeten. Das traurige jiddische Lied fiel ihm ein. Josua hatte es damals gesungen; das Lied vom Kälbchen. Es lag gebunden mit einem Strick auf dem Schlachtbock und schrie.
„Arme Kälbchen darf man binden,
man verschleppt und schlachtet sie, ...“
In der nächsten Strophe wünschte der Sänger dem schreienden Kälbchen, es würde noch schnell in einen Vogel verwandelt, dessen Flügel ihn nach oben trügen in die ewige Freiheit.
Der alte Schmid war am Ende seiner Erzählung angelangt. Fragte sich wieder einmal, ob der Jude damals bereits ahnte, was er sang. Mit trauriger Stimme und dem Stern auf der Brust. Er war nicht in Amerika.
„Jetzt lebt er frei in seinem himmlischen Jerusalem“, hörte Werner dann den Großvater mit gebrochener Stimme sagen. Sah ihn zum ersten Mal weinen und weinte mit ihm.

Die Schachtel hinter dem Mostfass

Sie saßen auf dem Sockel des Sandsteinkreuzes, dessen Kruzifix teilweise mit feinem Moos überzogen war und blickten die Dorfgasse hinab. Ein junger Hund trieb eine Gänseschar vor sich her und die Buben lachten über das aufgeregte Geschnattere. Auf dem Feldweg links vom Kreuz kehrte ein Fuhrwerk aus dem Wald zurück. Über eine Viertelstunde warteten sie schon auf Horst, der sicherlich noch Hausaufgaben erledigen musste. Er war älter als die anderen aus der Clique und besuchte seit ein paar Jahren das Gymnasium. Endlich! Es wurde auch höchste Zeit, denn man hatte noch etwas Wichtiges zu tun, bevor die Bauern mit den Krügen ihren Most für die Abendbrotzeit holten. Geschickt ließen sie sich vom Steinblock herabgleiten und begrüßten den Kameraden. Vorwürfe konnten sie sich nicht erlauben, denn sie benötigten wieder einmal seinen Rat.

Die Jungen machten sich mit ihrem Werkzeug auf den Weg in Richtung Obstplantagen, die sich über die Südhänge entlang des Flusses erstreckten. Schon ein paar hundert Meter vom Kreuz entfernt stieg das Gelände steil an. Hier verbargen sich hinter Holztüren die Felsenkeller der Bauern. Sie wurden vor mehreren Generationen in das weiche Gestein getrieben und eigneten sich gut für die Lagerung von Most, den man alljährlich Ende Oktober in die großen Holzfässer füllte. Manche Bauern bewahrten dort auch Konservendosen mit Fleisch und Wurst von der Hausschlachtung auf. Diese Bergkeller kühlten nämlich auch im Sommer ausgezeichnet, weil oben über dem Sandstein eine Lehmschicht lag, bewachsen mit Bäumen, Weißdorn, Ginster und Schlehen.

Der steinige Abhang konnte landwirtschaftlich nicht genutzt werden. Zum Feldweg hin wucherten die Dornenhecken besonders dicht und die Buben waren fest davon überzeugt, dass Erwachsene sich von diesem wilden Gestrüpp fernhielten.

Deshalb erkoren sie die Hügel zu ihrem Reich. Hier spielten sie Räuber und Gendarm und irgendwo im Dickicht richteten sie sich in einer Steingrotte ihr Lager ein. Die Keller darunter hatten sie nie interessiert.
Das änderte sich schlagartig, als einer von ihnen vor ein paar Tagen beim Versteckspiel eine Entdeckung machte: Unter Heidelbeersträuchern und Moospolstern tauchten Ziegelsteine auf. Man legte sie frei und zum Vorschein kam ein rechteckiges Mäuerchen, dessen Steine präzise ausgerichtet und mit Mörtel verbunden waren. Das überraschte in dieser Wildnis. Auf einer Seite des Sockels hatte man einen Ziegel ausgespart. In dieses Loch griff eine neugierige Kinderhand, spürte einen Luftzug, suchte danach einen Kieselstein und ließ ihn fallen. Keine Sekunde verging und er schlug in der Tiefe auf. Für die Buben erübrigte sich nun jede Diskussion, denn sie erkannten schnell, dass sie sich direkt über einem Keller mit einem merkwürdigen Zugang befanden. Das regte ihre Phantasie an. Allerdings wollten sie nichts überstürzt unternehmen, sondern erst Horst einweihen.
Heute war es so weit. Er betrachtete das geheimnisvolle Mäuerchen, verstand aber auch zunächst nicht seinen Sinn und Zweck. Also plante man weitere Erkundungen. Im Umkreis der Ziegelsteine mussten Sträucher ausgegraben und der Boden unmittelbar davor ein wenig abgetragen werden. Vorsichtig entfernte man noch ein paar Steine um das kleine Loch, bis ein Oberkörper hindurch passte. Der Lichtkegel der Taschenlampe tastete den Hohlraum nach unten ab und fiel schließlich auf ein Holzfass. Mehr konnte die Lampe nicht erfassen. Aber was Horst sah, reichte aus:
„Es handelt sich hier um einen Lüftungsschacht, der aussieht wie ein Kamin. Er ist notwendig, weil sonst zu viel Feuchtigkeit da unten steht. Für die Holzfässer aber wäre das schlecht.“
„Uns interessiert nur der Most!“
Bernhards Kommentar brachte die Runde zum Lachen. Die Frage war nur, wie man am besten an dieses Getränk herankam.

Verschiedene Vorschläge wurden hin- und hergewendet und wieder verworfen. Nach einiger Zeit sah jeder ein, dass das Problem nicht so einfach zu lösen war und eine sorgfältig durchdachte Strategie erforderte. Man ging auseinander mit dem Vorsatz, sich das Mostunternehmen in den nächsten Tagen durch den Kopf gehen zu lassen. Die Buben versammelten sich immer wieder in ihrem Lager und diskutierten die einzelnen Ideen.

Irgendwann stand der Plan fest: Einer sollte im Schacht abgeseilt werden, um mit einem Kanister den Most zu holen. Für diese Aktion kam nur Gerds Bruder Alex in Frage, weil nur er wegen seiner schlanken Figur durch die enge Öffnung passte. Aufmerksam hörte dieser zu, als sie ihm erklärten, worauf er im Ernstfall zu achten hatte: Mit dem Seil um die Hüften galt es, sich während der Abwärtsbewegung vorsichtig mit den Füßen gegen die Vorderwand zu stemmen, damit der Körper dort nicht anstieß. Die eine Hand umfasste das Seil über dem Kopf, die andere hielt den Kanister. Eine Taschenlampe, an der Stirn befestigt, würde genügend Licht zur Orientierung geben. Ohne Fehler sollte alles ablaufen und doch so schnell wie möglich. Wichtig aber war vor allem das Zapfen des Mostes. Dabei musste man beachten, dass der Hahn am Fass unbedingt wieder exakt in die Ausgangsposition zurückgedreht wurde und nicht tropfte. Unachtsamkeit würde beim Bauern Misstrauen hervorrufen. Da aber die Mostaktion regelmäßig wiederholt werden sollte, durfte man kein Risiko eingehen. Horst führte deshalb dem Flüchtlingsjungen an einem Holzhahn, den er von daheim mitgebracht hatte, mehrmals vor, wie er funktionierte.

Endlich konnte man das Mostunternehmen starten und es lief wie geplant ab. Alex berichtete, dass unten im Keller noch drei weitere Fässer mit diesem köstlichen Getränk lagen. Der Klang beim Klopfen mit den Fingerknöcheln gegen das Holz bestätigte das. Der Most, den sie sich fortan für ihre Treffen im Lager organisierten, schmeckte vorzüglich. Noch besser als der, den die Bauernbuben zuhause ab und zu kosten durften. Vor allem

aber verfehlte er seine Wirkung nicht. Und so ging es manchmal recht lustig zu in ihrem Versteck.
Beim ersten Abstieg in den Keller hatte Alex hinter einem der Fassfüße eine Schachtel entdeckt, die mit einem Gummiband zugeschnürt war. Irgendetwas raschelte, wenn man sie schüttelte. Sie enthielt bestimmt ein Geheimnis und so nahm er das Kästchen mit hinauf. Vor lauter Begeisterung über den Most aber vergaßen die Buben es, bis Theo zufällig wieder darauf stieß und es öffnete. Zum Vorschein kamen ein Schwarz-Weiß-Foto einer jungen Frau, mehrere Zettel und alte Zeitungsausschnitte. Belangloses Zeug schien das zunächst zu sein. Aber bald erkannten sie, dass diese Papiere Zeugnis über schreckliche Ereignisse ablegten. Man musste die einzelnen Dokumente nur richtig ordnen, dann entstand ein klares Bild. Doch wer war die Frau? Mit Sicherheit handelte es sich nicht um die Ehefrau des Hümmer-Bauern, dem der Keller gehörte. Eigentlich hieß Sonjas Mann gar nicht Hümmer, sondern Richard Kölbl. Er war erst vor ein paar Jahren in ihr Dorf gekommen und hatte in den Hümmer-Hof eingeheiratet. Seither nannte man ihn nach dem uralten Hofnamen. Keiner konnte sagen, aus welcher Gegend er stammte und einige Leute fanden es recht merkwürdig, dass er sich in Schweigen hüllte, was seine Herkunft betraf. Einer der Buben drehte das Foto um. Dort stand in blasser Tinte: „Mai 1932. In Liebe, Deine Ruth“
Es folgten Gelächter und Kommentare, die üblicherweise junge Männer dieses Alters abgeben, wenn es um die Liebe geht.
Die Stimmung schlug jedoch jäh um, als sie die wenigen Blätter, die von einer Klammer zusammengehalten wurden, überflogen. Eines schien hastig aus einem Buch herausgerissen worden zu sein; entweder in Eile oder aus Wut. Sein beschädigter Rand belegte das. Horst las die Stelle laut vor, die seitlich mit einem dicken Rotstift markiert war:
„ ... Man halte sich die Verwüstung vor Augen, welche die jüdische Bastardierung jeden Tag an unserem Volke anrichtet und man bedenke, daß diese Blutvergiftung nur nach

Jahrhunderten oder überhaupt nicht mehr aus unserem arischen Volkskörper entfernt werden kann. ... "
Horst vermutete, dass diese Sätze aus Hitlers ‚Mein Kampf' stammten und wollte morgen mit Studienrat Hübner darüber reden.
Dann fanden sie einen vergilbten Zeitungsausschnitt. Wiesent-Bote hieß das Blatt.
„Breitenlesau, 24. Juli 1933. Vor Tagen wurde ein Einwohner aus dem hiesigen Ort in Schutzhaft genommen, der sich in ungebührlicher Weise an der rassischen Zersetzung des deutschen Volkes beteiligt hatte."
Die Buben stürzten sich auf das nächste Dokument. Sie hielten es für sinnvoll, wenn Horst weiterhin laut vorlas.
Oben links stand das Datum: 24.9.1952. Daneben befand sich ein Stempel des Stadtarchivs Kassel. Dann folgte der Text:
„Augenzeugenbericht von Herrn F. Sander über den Ablauf am 24. Juli 1933:
Nach einer Stunde wurde R. K. aufgerufen und in einen Keller geführt. Danach erhielten die SA-Leute den Befehl: Zufassen! Sie bearbeiteten R.K.`s Rücken, Gesäß und Beine etwa zehn Minuten lang mit Knüppeln."
Betretenes Schweigen in der Runde, bis Theo das Namenskürzel wiederholte, laut und betont R.K. sagte.
„Ich weiß, was du denkst", antwortete Bernhard.
„Wir denken es alle. R. steht für Richard und K. für Kölbl. Damit ist der Hümmer-Bauer gemeint."
„Und was haben diese Zettel mit dem Foto zu tun?", wollte Alex wissen.
„Die Frau hieß Ruth und war bestimmt eine Jüdin."
„Ein deutscher Mann durfte bei den Nazis keine jüdische Braut haben."
Dieser Fund in der Schachtel machte sie sehr betroffen. Nach ein paar Tagen jedoch stand das Mostabenteuer wieder im Vordergrund. Schließlich waren mehrere Fässer voll bis zum Rand.

***

Der Hümmer-Bauer kannte auch die Gepflogenheit des Fassklopfens und wusste den Klang des Holzes zu interpretieren. Nur noch im unteren Drittel des geöffneten Fasses befand sich Most. Doch das konnte nicht sein. Normalerweise gab es zum gegenwärtigen Zeitpunkt überhaupt keinen Grund, den Pegelstand zu überprüfen. Er hatte dieses Fass erst vor einem Monat angezapft, stellte aber schon seit geraumer Zeit fest, dass der Druck auf den Hahn deutlich nachließ und somit die Flüssigkeit langsamer in den Krug floss. Der Bauer überschlug, wie viel Liter Most er bisher aus diesem Fass geholt hatte und kam zu der Überzeugung, dass es außer ihm noch andere Schankkellner geben musste. Er überprüfte Schloss und Riegel an der Kellertür, fand aber dort keinerlei Auffälligkeiten. Das steigerte seine Neugier und er nahm sich vor, diese eigenartige Mostzecherei aufzuklären. Dann machte er eine Entdeckung, die ihn schockierte. Seine Schachtel war weg. Mit Sicherheit hatte sie der Mostdieb mitgenommen und er musste sie unbedingt zurück haben.

Am übernächsten Abend wusste er schon erheblich mehr. Auf dem Boden des Kellers, den er mit Ruß bestreut hatte, hoben sich Fußspuren ab, die viel kleiner als die seinen waren. Merkwürdig mutete auch ihre Lage an. Sie verliefen nicht von der Eingangstür zum Fass, sondern vom Fass weg genau in die andere Richtung. Nach zwei Metern mündeten sie in eine auffällig ausgetretene Rundung unterhalb des Lüftungsschachtes. Weitere Fußspuren waren nicht zu sehen.

Der Hümmer-Bauer ahnte, was sich in seiner Abwesenheit hier im Keller abspielte. Dabei konnte es sich nur um Lausbubenstreiche handeln, über die man besser schmunzeln sollte. Zwar wusste er inzwischen einiges, doch wollte er unbedingt alles wissen. Vor allem wollte der Bauer eine Rechnung begleichen und er hatte eine klare Vorstellung davon.

Das erforderte zwar einen erheblichen Arbeitsaufwand, doch der schien es ihm wert. Nach Einbruch der Nacht holte er den großen Holzbottich aus dem Schuppen. Dieser wurde ausschließlich für die Hausschlachtungen benötigt. Das tote Schwein legte man zum Brühen in diesen Trog, der mit kochend heißem Wasser gefüllt war. So konnte man die Borsten des Tieres leichter abschaben. Zum jetzigen Zeitpunkt war allerdings kein Schlachttag auf dem Hof geplant. Vielmehr brauchte der Bauer den Bottich für seine Abrechnung im Felsenkeller. Deshalb lud er ihn auf den Handwagen, fuhr ihn dorthin und stellte ihn unmittelbar unter den Lüftungsschacht. Dann trug er mehrere Eimer Wasser vom Hof hinauf zum Keller. Das dauerte seine Zeit und kostete Kraft. Aber die Bilder, die sich in seinem Kopf aufbauten, ließen ihn die Mühe vergessen. Mehrmals wartete er an den folgenden Tagen vergeblich im Keller hinter einem der Fässer. Doch dann bestätigte sich das Sprichwort vom Krug, der so lange zum Brunnen geht, bis er bricht.
Alex ließ sich routiniert im Schacht herab. Die eine Hand umfasste das Seil über dem Kopf, die andere hielt den Kanister. Seine Füße waren inzwischen mit jeder Unregelmäßigkeit an der Schachtmauer vertraut. Wie meistens löste er, wenn er in Sprunghöhe angelangt war das Seil, um auf dem Boden aufzusetzen. Diesmal aber landete er nicht auf festem Grund. Der Junge schrie entsetzlich. Das lag nicht nur am kalten Wasser im Trog, sondern vor allem daran, dass er zutiefst erschrak. Er wollte wie immer Most holen und hatte nicht im geringsten mit einem Bad gerechnet.
Die Buben oben am Schachtausgang waren keine Feiglinge. Deshalb trafen sie ein paar Minuten später im Keller ein; jetzt durch die offene Tür. Der Hümmer-Bauer schimpfte nicht und drohte nicht. Wollte nur die Schachtel wieder bekommen, und zwar so schnell wie möglich. Außerdem hielt er eine gerechte Strafe für angebracht. Schließlich hatten sie alle von seinem Most getrunken. Und nicht wenig. Darum sollten sie eine

Woche lang am Abend beim Stallausmisten helfen. Vor allem musste ihm jeder versprechen, über die Sache mit der Schachtel Stillschweigen zu wahren. Diese Tragödie vor Jahren ging niemanden im Dorf etwas an.
Als sie die Schachtel am nächsten Tag zurückgaben, suchten sie das Gespräch mit dem Erwachsenen. Horst verwies auf einen der vergilbten Zettel und meinte:
„Mein Geschichtslehrer hat mir diesen Ausschnitt aus Hitler's ‚Mein Kampf' erklärt, in dem von ‚jüdischer Bastardierung' und von ‚Blutvergiftung' die Rede ist. Im Dritten Reich war es strengstens verboten, sich mit Jüdinnen einzulassen. Und wer das dennoch tat, wurde schwer bestraft. Bist du deshalb gefoltert worden?"
„Ja. Als meine Ruth und ihre Familie ins KZ gebracht wurden, ist für mich eine Welt zusammengebrochen."
Werner fragte den Bauern, ob er immer noch traurig sei wegen seiner Freundin. Daraufhin zog Richard Kölbl das Hemd aus, zeigte ihm die Narben auf seinem Rücken und sprach:
„Diese Wunden. Hier im Dorf weiß nur ich, woher sie stammen. Sie sind längst verheilt. Aber die in meinem Herzen werden es niemals sein."

So weit die Füße tragen

Paula stand heute sehr früh auf, denn sie wollte wie jeden Freitag in die Stadt auf den Markt. Dieser Tag war für sie der schönste in der Woche; aber nicht, weil sie sich dort amüsierte oder Einkäufe erledigte. Vielmehr bot sie Obst und Gemüse aus dem Garten und vom Feld feil.

Das Sortiment bestimmten Natur und Jahreszeiten: Im Mai handelte sie ausschließlich mit frischem Spargel, der zwar viel Pflege benötigte, dafür aber einen guten Preis erzielte. In den Sommermonaten packte sie Zwiebeln, Knoblauch, Tomaten, Petersilie und zum Schluss ein Glas Honig in ihren Flechtkorb. Diesen Honig wollte sie unbedingt verkaufen, weil der Erlös ihren Mann mit Stolz erfüllte. Franz nämlich schleuderte selbst und er widmete sich in jeder freien Minute seinen Bienenstöcken. Zur Erntezeit im Herbst fiel es ihr oft schwer, die rechte Auswahl zu treffen. Walnüsse und gedörrte Zwetschgen waren bei den Städtern sehr begehrt und brachten einen hohen Ertrag.

Paulas Mann hielt sich noch im Stall auf. Am Freitag arbeitete er dort länger, weil er für seine Frau das Melken übernahm. Sie musste sich schließlich schön herrichten, denn das gehörte zum Geschäft. Wenn Paula ihr Trachtenkleid anzog, um auf dem Marktplatz einen guten Eindruck zu machen, war das durchaus zu verstehen. Wenn sie aber aus Eitelkeit lange Zeit vor dem Spiegel saß, um sich mit Mutters glühender Brennschere Löckchen zu formen, konnte er nur schmunzeln.

„Suchst dir wohl einen feinen Pinkel in der Stadt?“, fragte er sie einmal und in seiner Stimme klang ein wenig Eifersucht mit.

„Und wenn ich nicht mehr zurückkäme?“, war die kecke Antwort.

„In der Stadt würdest du doch eingehen wie eine Primel ohne Wasser. Du brauchst das Leben auf dem Land genauso wie ich.“

Paula wusste, dass er recht hatte. So schön es auch am Freitag in der Stadt war, länger als einen Tag würde sie es dort nicht aushalten. Im übrigen gab es keinen Grund, den Ehemann zu verlassen. Sie legte den Kamm beiseite, streifte sich noch ein Jäckchen über, schulterte den vollbepackten Korb und verabschiedete sich von ihrem Franz. Schwer beladen brach sie auf, lief die Fischgasse hinunter, überquerte den Bach und erreichte nach ein paar Minuten das Ortsende. Hinter den Weinbergen ging gerade die Sonne auf und die ersten Vögel begannen zu singen. Der Fluss lag träge in seinem Bett und schien noch zu schlafen. Über dem Wasser hingen Nebelschwaden und irgendwo dahinter krächzte ein Fischreiher.
Die Frau mit dem Korb bog nun nach Westen ab, folgte zunächst einem Feldrain bis zum Bahndamm, neben dem sie dann Richtung Stadtrand marschierte, knapp acht Kilometer entfernt. Es war durchaus vernünftig, am Bahngleis entlang zu gehen. Zum einen fand sie dort einen trockenen und einigermaßen sauberen Weg vor, zum anderen hielt ihn ihr Mann für den kürzesten und vor allem für den sichersten, weil an den Gleisen in mehreren Abschnitten zwischen ihrem Dorf und der Stadt in aller Frühe schon gearbeitet wurde und auch häufig Gleisläufer auf der Strecke unterwegs waren, um die Schrauben an den Schienen zu kontrollieren. Paula stellte zufrieden fest, dass sie im Korb die Gewichte gleichmäßig verteilt hatte, so dass dieser nicht hin und her rutschte. Bei einer so langen Strecke musste man unnötige Behinderungen vermeiden.
Vor ihr verließen zwei Rehe ein Getreidefeld und schreckten sie auf. Die Tiere verweilten für einen kurzen Moment, blickten zur Frau, um anschließend in den Wald zu wechseln.
Sie empfand den Markttag beinahe als Erholung. Zwar stand man fast den halben Tag auf den Beinen, musste mit den Leuten feilschen, Waren einpacken und abrechnen. Aber was bedeutete das schon im Vergleich zur Schinderei auf dem Feld: Mit der Gabel den Mist ausbreiten, bevor er eingepflügt werden konnte;

stundenlang den harten Boden aufhacken, um das Unkraut zwischen den Runkelrübenpflanzen abzutöten; die schwere Blechwanne über den Acker schleppen und mit den Händen den Kunstdünger verstreuen. Sie arbeitete durchaus gerne als Bäuerin, häufig handelte es sich jedoch um Männerarbeiten, die Frauen körperlich sehr anstrengten. Dennoch wurden sie von ihr erledigt, weil Franz wegen seiner Kriegsverletzung dazu nicht mehr imstande war.

Markttag. Aus freien Stücken ging sie nicht in die Stadt, sondern vor allem aus wirtschaftlichen Gründen, denn der Freitag brachte ihr immer sechs bis acht Mark ein und dieses Geld steckte sie in den Haushalt. Im Frühjahr hatte sie sich neue Vorhänge zugelegt und eine Tischdecke. Wenn das Geschäft weiterhin so gut lief, konnte sie sich bald ihren Traum erfüllen und eine Nähmaschine erwerben.

Paula setzte den Korb ab und legte eine kurze Verschnaufpause ein. Drüben auf dem Fluss fuhren inzwischen die ersten Schleppkähne, die es wie sie in die Stadt zog. Dasselbe traf auch auf den Frühzug zu, der normalerweise in ein paar Minuten hinter ihr auftauchte. In der Regel überholte er sie zwischen der Bahnschranke, an der sie gleich vorüber gehen würde, und den Pappeln, die noch ein gutes Stück entfernt waren. Die Frau nahm ihren Korb wieder auf den Rücken und marschierte weiter. Trödeln konnte sie sich nicht leisten, weil sonst jemand anderer ihren Standplatz, der für gute Geschäfte ideal lag, übernähme.

Markttag. Warum sollte sie leugnen, dass er auch eine willkommene Abwechslung in ihren Alltag brachte? Vor allem galt das für den Nachmittag, wenn sie ihre Ware verkauft hatte und sich noch zwei Stunden genehmigte, die ihr ganz allein gehörten. Diese freie Zeit machte jeden Freitag zu einem ganz besonderen Tag, auf den sie sich die ganze Woche freute. Bevor sie den Heimweg antrat, wollte sie sich noch ein bisschen die Stadt anschauen. Der Ehemann gönnte ihr dieses Vergnügen, auch wenn es für ihn zu Hause zusätzliche Arbeit bedeutete.

Zunächst suchte Paula stets die Kirche neben dem Marktplatz auf, setzte sich in die erste Bankreihe vor dem Hochaltar und dankte dem Herrgott, dass ihre Geschäfte wieder einmal erfolgreich waren. Hier konnte sie sich etwas ausruhen, denn vom langen Stehen auf den Pflastersteinen schmerzten die Füße. Die Bauersfrau liebte aber auch die Stille des Gotteshauses nach dem lauten Getöse und hektischen Treiben zwischen den Buden, Kisten, Körben und Tischen. Erst das „Vater unser" wie immer. Dann schaute sie sich in der Kirche um, bewunderte die farbenprächtigen Bilder und prunkvollen Stuckarbeiten über den Altären und war jedesmal aufs Neue fasziniert vom Deckengemälde, das eine Höhe vortäuschte, die es in Wirklichkeit nicht haben konnte. Christus saß an der Seite seines Vaters hoch über den Wolken im Himmel auf einem Thron und regierte die Welt. Nur ein Genie konnte so etwas malen. Grundsätzlich ließ sich diese Kirche nicht mit der in ihrem Dorf vergleichen.
Paula wählte an jedem Freitag eine andere Sehenswürdigkeit zur Besichtigung aus. Einmal führte sie der Weg in den Rosengarten, ein andermal in die Residenz oder sie nahm sich das Alte Rathaus beziehungsweise den Dom vor. Danach schlenderte sie noch eine Weile durch die Straßen und genoss jetzt den Trubel in der Stadt: die Menschenmenge, die sich auf den Gehsteigen scheinbar ziellos hin und her schob, die zahlreichen Motorräder und Autos sowie die schmucken Pferdedroschken. Besonders hatten es ihr die Schaufenster angetan. Vieles, was sie dort sah, passte nicht in ihre Welt. Aber sie durfte träumen und vielleicht konnte sie in ein paar Jahren auch einmal in so einem Geschäft eine Kleinigkeit einkaufen; etwas, das ausschließlich Freude bereitete, das man nicht zum Lebensunterhalt brauchte. Gegenwärtig mussten sie und ihr Mann nicht nur hart arbeiten, sondern auch zu Opfern bereit sein, wenn sie auf dem Hof vorwärts kommen wollten. Wenigstens hatte sie sich seit geraumer Zeit durchgerungen, den letzten Freitag im Monat zu einem besonderen Markttag zu

machen. Wenn ihr Korb leer war, gönnte sie sich nämlich an diesem Tag ein Lachsbrötchen, das sie von einer Kollegin neben ihrem Standplatz zu einem Sonderpreis erhielt. Fünfzehn Pfennige waren zwar immer noch viel Geld. Dafür aber handelte es sich eben um zarte, rote Lachsstückchen, die köstlich und vor allem so ganz anders schmeckten als die Speisen, die zu Hause auf den Tisch kamen. Sie setzte sich gerne am Fluss in der Nähe einer herrschaftlichen Villa auf eine Bank, aß mit Bedacht ihren Lachs und beobachtete die vorbeiziehenden Schiffe. Schwänen, die es gewohnt waren, von den Menschen auf den Bänken gefüttert zu werden, gab sie niemals etwas von ihrer Semmel ab, auch wenn sie ihr gierig die Hälse entgegenstreckten. Anfangs hatte sie gezögert, war aber dann doch hart geblieben, obwohl es ihr nicht leicht fiel, denn sie bewunderte diese Vögel insbesondere wegen ihrer edlen Körperhaltung. Eine Lachssemmel erschien ihr allerdings zu wertvoll, um sie mit Tieren zu teilen. Sie hatte ohnehin schon ein schlechtes Gewissen, weil sie Geld für Leckerbissen ausgab, die nicht unbedingt sein mussten. Schließlich nahm sie sich doch Essen und Trinken von daheim mit.

Heute war Paula wieder unterwegs in Richtung Stadt. Die Geräusche des nahenden Morgenzuges unterbrachen ihre Gedanken. Immer lauter wurde das rhythmische Stakkato der Dampflok und allmählich vibrierten die Schienen. Dann zog majestätisch die schwarze Lokomotive mit ihren großen roten Rädern und den blitzenden Schwungscheiben an ihr vorüber. Aus dem offenen Fenster winkte der Lokführer lächelnd und sie grüßte wie stets zurück. Seine Schirmmütze stand ihm gut, doch passte ihrer Meinung nach die Brille, die er trug, nicht zu seinem rußverschmierten Gesicht. Wie jeden Freitag rief er ihr von oben etwas zu, jedoch konnte sie seine Worte bei diesem ohrenbetäubenden Lärm kaum verstehen. Dann verschwand der Mann, dem sie seit über einem Jahr regelmäßig hier auf dem freien Feld begegnete und der doch fremd für sie blieb, wieder aus ihrem Blickfeld. Es folgte der Heizer auf dem Kohlenwagen

dahinter, der sie nie zu beachten schien und immer mit seiner Schaufel herumhantierte. Ein Waggon nach dem anderen ratterte vorbei; Köpfe und Zeitungen hinter Fenstern; sodann die Schlussleuchte, die kleiner und kleiner wurde und bald zusammen mit den dumpfen Geräuschen vom Horizont verschlungen wurde.
„Mit dem Zug müsste man halt fahren, allein schon, weil der Korb so schwer ist", murmelte Paula vor sich hin.
Das aber blieb für sie Wunschdenken, denn die Fahrkarte vom Dorf in die Stadt und wieder zurück kostete fast ein Viertel ihrer Freitagseinnahmen. Vielleicht ließ sich diese Vision irgendwann einmal verwirklichen. Jetzt jedenfalls war sie auf ihre Füße angewiesen.
Unmittelbar hinter einer Kurve bekam sie den Zug, der sie erst vor ein paar Minuten überholt hatte, erneut zu Gesicht. Er war nämlich zum Anhalten gezwungen worden. Sie erreichte mit ihrem Korb die Rückleuchten und passierte die einzelnen Wagen, aus denen ein paar Fahrgäste neugierig auf sie blickten. Der Heizer arbeitete auf der anderen Seite des Tenders und der Lokführer fluchte, weil das Signal seiner Ansicht nach viel zu lang auf Rot blieb. Er trat ans Fenster und stellte fest, dass die Frau neben dem Bahndamm über ihn lachte. Sie sah gut aus trotz ihrer vom Laufen geröteten Wangen und der Schweißperlen auf der Stirn. Diese merkwürdige Frau mit ihrer Last auf dem Rücken, die neben dem Zug her lief, anstatt damit zu fahren, diese Frau war ihm von den vielen Freitagen inzwischen recht vertraut geworden. Dabei konnte er sie bei der Begrüßung stets nur für einen kurzen Moment sehen.
„Komm steig ein, ich nehm dich mit!"
„Nein, nein, das bringt mir nichts."
„Bei mir ist es doch viel bequemer. Jeden Tag halte ich an den Bahnhöfen eurer Dörfer und jeden Freitag warte ich auf dich. Du aber gehst lieber zu Fuß. Versteh` ich nicht!"
„Weil du mir zu langsam bist und immer wieder anhalten musst. Doch ich hab's eilig."

Diese Antwort verblüffte ihn derart, dass er nichts zu erwidern wusste. Ein wenig ärgerte sie ihn auch, denn für ihn und seine Lokomotive gab es keine Alternative, sie mussten dem Haltesignal gehorchen.
„Weiber...!“
Abrupt wandte er sich von ihr ab. Tat so, als müsste er die Armaturen kontrollieren und befahl seinem Heizer, ordentlich Kohlen nachzulegen, auch wenn es gar nicht nötig war. Paula zuckte die Achseln und machte sich wieder auf den Weg. Endlich sprang das Signal auf Grün. Schwarzer Rauch quoll aus dem Schornstein, Kolben und anderes Eisenzeug dröhnten und zischten, als würde soeben ein Vulkan ausbrechen. Die Lokomotive donnerte an der Frau mit dem Korb vorüber, ohne dass sich der Lokführer sehen ließ. Er bemerkte sie sehr wohl unten am Feldrain und bediente das Zugseil über seinem Kopf. Ein gellendes Pfeifen setzte ein, das fast eine halbe Minute lang andauerte.
„Oh ihr Männer!“, schrie sie ihm nach und beschleunigte ihre Schritte. Irgendwann bedauerte sie ihre schnippischen Worte. Er hatte es schließlich gut gemeint. Aber sie konnte ihm doch nicht die Wahrheit sagen. Sie durfte nicht mit ihm fahren, obwohl sie es gerne getan hätte; auch heute nicht, selbst wenn sie kein Billet mehr nachlösen musste. Aber er ging dann sicherlich davon aus, dass sie in Zukunft regelmäßig den Zug benutzte. Und daran war überhaupt nicht zu denken, die Fahrkarte war einfach zu teuer.
Paula schaute nach vorne zum Wäldchen. Von dort aus konnte man schon die Türme des Doms sehen.

Auf der Suche nach dem verlorenen ‚Ich'

Er wurde durch die vertrauten Pfeiftöne, die draußen im Garten erklangen, von seinen düsteren Gedanken abgelenkt. Endlich waren die Stare wieder zurückgekehrt. Diese Vögel liebte Rupert, weil sie ihm so anhänglich erschienen und jedes Jahr im Frühling ihren alten Nistplatz am Scheunengiebel gegenüber seinem Zimmerfenster aufsuchten. Er zögerte einen Augenblick, denn er scheute die Strapazen. Entschloss sich dann aber doch, aus dem Bett zu steigen, um die Ankömmlinge zu begrüßen.

Zunächst galt es, den schwenkbaren Balken mit der Holzfigur über dem Bett zur Seite zu schieben; sich anschließend auf beide Arme zu stützen; an den Rand der Matratze zu rutschen, um mit dem Fuß des gesunden Beines den Boden zu erreichen. Es kostete Rupert viel Kraft, in dieser Position den Oberkörper aufzurichten. Für einen Moment hielt er inne, um sich zu erholen. Dann konzentrierte er sich darauf, ja nicht das Gleichgewicht zu verlieren. Endlich konnte er die beiden Krücken, die sein Vater angefertigt hatte ergreifen und sich auf den Weg machen.

Das lahme Bein schwang zwischen den hölzernen Stempen mit, entfernte sich im Maß einer Elle Stück für Stück vom Bett, setzte immer wieder behutsam auf Fußbodenbrettern auf, die leicht federten und knarrten. Der Mann blieb stehen, da er dringend eine Pause benötigte. Wischte sich keuchend die Schweißperlen von der Stirn und schaute hinüber zu seinem Hund, der ihn nicht aus den Augen ließ. Baro spürte, wie sein Herr litt. Dieser wandte sich abrupt vom Tier ab und starrte zur Decke, ärgerte sich über die körperliche Schwäche und den stechenden Schmerz im Rücken. Noch mehr aber erzürnten ihn die quälenden Gedanken, die ihn immer wieder überfielen und sein Herz wie Eisenketten umschlangen. Dann brüllte er wie so oft seine Verzweiflung hinaus:

„Verflucht, mich kotzt dieses Leben so an."

Kein Mensch hörte ihn, um ihn zu trösten. Darauf konnte er auch gerne verzichten, denn nichts hasste er mehr als das Mitleid der Angehörigen. Darum riss er sich auch stets zusammen, wenn sich einer von ihnen in der Nähe aufhielt. Nur dem Hund gestattete er, vollends Anteil an seinem Seelenzustand zu nehmen. Nur der vernahm das jämmerliche Klagen in den schlaflosen Nächten und kein anderer sah die Tränen in verzweifelten Augen. Auch jetzt teilte er das Leid seines Herrn, saß vor ihm, blickte zu ihm auf und winselte.
„Ach Baro, dieser verdammte Krieg hat meinen Körper ruiniert und was viel schlimmer ist: auch meine Seele."
Traurige Augen trafen sich und als der Hund aufsprang, um dem Gepeinigten nahe zu sein, presste dieser die Lippen zusammen und mühte sich, den vierbeinigen Freund zu streicheln.
Plötzlich wurden sie durch schrilles Vogelgezeter aufgeschreckt. Der Hund begann zu bellen und Rupert drehte sich zum Fenster. Über dem Scheunengiebel wirbelten zwei zänkische dunkle Federknäuel gefährlich durch die Luft und schlugen mit ihren gelben Schnäbeln wütend aufeinander ein. Die Stare kämpften wie feindliche Jagdflieger, der eine über dem anderen, sich mehrmals drehend im Kreis. Dann stiegen sie, ineinander verbissen, fast senkrecht in die Höhe. Stürzten anschließend ein gutes Stück vor Erschöpfung ab, zogen sich eine Weile zurück und bekriegten sich erneut mit giftigem Geschrei.
Rupert humpelte auf seinen Krücken hastig zum Fenster, riss es auf und atmete gierig die würzige Luft ein, die nach Erde und Regen roch. Er entdeckte einen der Vögel, der mit dem Schnabel das zerzauste Gefieder in Ordnung zu bringen versuchte auf dem nahen Birnbaum. Später flog der Star zum Scheunengiebel zurück und setzte sich als triumphierender Sieger auf sein Holzhaus, das er erfolgreich gegenüber dem Fremden verteidigt hatte. Rupert bewunderte die gesprenkelten Deckfedern, die im hellen Sonnenlicht glänzten und sich deutlich vom übrigen schwarzen Gefieder abhoben. Er

schmunzelte, als der Vogel mit den Flügeln schlug und erneut zu jubilieren begann.
Vor dem Krieg hatte er den Starenkasten dort drüben mit seinem jüngeren Bruder aus ein paar Brettern, die ihnen der Schreiner schenkte, zusammengezimmert und über dem First an einer meterhohen Holzlatte befestigt. Diese Platzierung in luftiger Höhe hatten sie gewählt, damit die Katze nicht vom Dach aus mit ihren scharfen Krallen die jungen Vögel herausholte.
Der Mann mit den Krücken bemerkte, dass eine Seitenwand des Vogelkastens leicht nach außen klaffte. Vermutlich fehlte ein Nagel. Wenn die Starenfamilie den Kasten verließ, weil er für sie zu klein und überflüssig wurde, sollte der Bruder ihn herunterholen und genau unter die Lupe nehmen. Gleich heute Abend wollte er ihn darauf ansprechen.
Sein Bruder und er. Von frühester Kindheit an hatten sie so manchen Streich ausgeheckt. Die Großmutter bezichtigte sie einmal der Dummheit, weil sie im Kartoffelkeller rauchten, wo doch jeder wüsste, dass der Qualm in die Höhe steigt und irgendwann durch die Ritzen der Kellertür dringt. Vieles unternahmen sie gemeinsam. Das betraf nicht nur das Vergnügen, sondern galt auch für die Arbeit auf dem Feld und daheim. Er erinnerte sich, dass sie manchmal Heinzelmännchen spielten. Sehr früh musste man dabei aufstehen und niemand von den Erwachsenen durfte es merken. Auf leisen Sohlen schlichen sie in den Stall und freuten sich dann, wenn die Eltern später überrascht feststellten, dass schon ausgemistet war. Die Schwester schimpfte, weil man sie nicht aufweckte. Aber Heinzelmännchen konnten nur männlich sein, sonst hätte man sie doch nicht so benannt. Längst waren alle drei Geschwister erwachsen und die Arbeit hatte ihren Spielcharakter verloren. Bruder und Schwester leisteten etwas in ihrem Beruf. Das stand außer Zweifel.
Rupert hüpfte wieder langsam zu seinem Bett zurück, setzte sich hin, hielt sich am Galgen fest und ordnete die Kissen so an, dass der Oberkörper leicht aufgerichtet war. In dieser Position konnte

er am bequemsten seine Tätigkeit im Bett ausüben. Außerdem ermöglichte sie es ihm, aus dem Fenster zu schauen. Sein Star schien die Frühlingssonne zu genießen, denn er saß immer noch auf dem First und schwatzte. Rupert fragte sich, wo die Vögel sich wohl versteckt hielten, als vor nicht allzu langer Zeit das bellende Flakgeschütz im Garten hinter der Scheune auf die vorüberziehenden feindlichen Bomber schoss.
Behutsam zog er das dünne Zigarettenpapier durch den Schachtelschlitz und konzentrierte sich darauf, den feinen Tabak gleichmäßig auf dem weißen Streifen zu verteilen. Aber er beherrschte diese Technik noch lange nicht zu seiner Zufriedenheit. Das ärgerte ihn. Ständig fielen wertvolle Tabakkrümel aus der Papierrinne neben das Bett auf den Boden und er musste sich hinabbeugen, um sie wieder aufzulesen. So wurde das Zigarettendrehen zu einem qualvollen Unternehmen.
Rupert beschloss, in Zukunft doch die Filterzigaretten des Amerikaners anzunehmen, der mehrmals in der Woche mit dem Jeep draußen vorfuhr und an ihrer Haustür läutete. Er mochte ihn nicht besonders, war aber inzwischen zu der Überzeugung gelangt, dass das mit seiner Uniform zu tun hatte. Gegen die Person selbst gab es nichts einzuwenden. Der Soldat war stets freundlich und hilfsbereit. So hatte er dem Vater eine Bohrmaschine aus der Kaserne mitgebracht und sie ihm eine Woche lang ausgeliehen. Der Mutter schenkte er regelmäßig Bohnenkaffee und Zucker. Dennoch war es unverständlich, dass sich seine Schwester ausgerechnet mit einem Amerikaner einließ und am Abend mit ihm zum Tanzen ins Kasino ging, das kein deutscher Mann betreten durfte.
Rupert dachte an Erna. Seit Wochen schon besuchte sie ihn nicht mehr und das tat weh. Während seines letzten Fronturlaubs hatten sie sich verlobt. Eine gemeinsame Zukunft wollte er mit ihr aufbauen, wenn das Grauen hinter ihnen lag. Heute konnte er mit seiner Behinderung nicht einmal Blues und Rock'n Roll tanzen. Wie sollte aber vor allem ein Mann wie er, der nur noch ein brauchbares Bein hatte und dessen zerschossene Wirbelsäule

teuflisch schmerzte, wenn er sich aufrichtete - wie sollte so ein Typ eine eigene Familie ernähren?
Er blickte wieder aus dem Fenster, sein Guckloch zur Welt; eine Welt, die für ihn seit ein paar Jahren recht klein geworden war. Manchmal bolzten Kinder mit ihrem Ball gegen das Scheunentor, ab und zu polterte ein Fuhrwerk vorbei und im Laufe des Vormittags lehnte der Postbote sein Fahrrad draußen an die Mauer, wenn es bei ihnen etwas abzugeben galt. Jetzt waren die Stare wieder da.
Eine reizvolle Abwechslung war es auch, täglich der Nachbarin beim Umziehen in ihrem Schlafzimmer zuzuschauen, wenn sie vom Metzger heim kam, wo sie als Verkäuferin arbeitete. Um die halbnackte Frau dort beobachten zu können, war es aber notwendig, den eigenen Körper seitlich an den Rand des Bettes zu schieben. Anschließend musste das Kissen in den Nacken gedrückt werden, damit der Kopf in die richtige Position gelangte. Der Feldstecher war stets griffbereit, wenn Ursel drüben auftauchte. Beim bloßen Gedanken an sie empfand Rupert eine angenehme Spannung.
„Das ist verrückt. Ich bin zwar ein Mann und doch keiner mehr. Bin ein Krüppel. Bin hilflos, auf andere angewiesen, kann nichts dagegen tun. Gar nichts!“, jammert er laut vor sich hin.
Dann wischte er die Tränen aus dem Gesicht, dachte an seinen Star und suchte dessen tröstenden Anblick. Mit einer Schnur zog er das letzte Stück Vorhang nach außen und entdeckte den gefiederten Freund auf einem Birnbaum.
Vom Westen her begannen feine Wölkchen ein Fischgrätmuster zu weben, das immer weiter über den blauen Himmel zog; ein sicheres Zeichen für einen bevorstehenden Wetterwechsel. Aufgrund der Kriegsverletzung war er jedoch nicht mehr auf solche alten Bauernregeln angewiesen, denn sein geschundener Körper entpuppte sich inzwischen als ein zuverlässigerer Wetterprophet. Seit gestern Nacht hatte er große Narbenschmerzen am Oberschenkel, die immer unerträglicher wurden. Deshalb erwartete er ungeduldig die Rückkehr der Schwester

aus der Stadt. Sie arbeitete dort und würde ihm hoffentlich bald die Tabletten von der Apotheke bringen, wo sie die Medizin im Austausch gegen einen Räucherschinken erhielt.
Rupert drückte die Zigarettenkippe aus, um sich erneut seiner Holzfigur zu widmen. Was er mit dem Messer tat, machte ihm durchaus Spaß, doch zweifelte er immer wieder am Sinn und Zweck dieser Tätigkeit. Eigentlich konnte man sie nicht als Arbeit bezeichnen, auch wenn Eltern und Geschwister ihm das regelmäßig einzureden versuchten. Seine Schwägerin hingegen war offensichtlich die einzige, die ihm nichts vorspielte. Sie sagte zwar nie etwas, ließ ihn aber deutlich spüren, dass sie nicht viel von seiner Schnippelei am Stück Holz über dem Bett hielt, weil er damit nicht wirklich etwas leistete. Das stimmte letztendlich auch, denn mit dieser Beschäftigung war keinem auf dem Hof gedient. Er war ja nicht einmal in der Lage, die Schweine zu füttern. Aber mit zwei Krücken, einem kaputten Bein und dem zerschossenen Rücken konnte niemand auf der Welt einen Eimer tragen, der bis zum Rand mit wässriger Kleie gefüllt war.
„Baro, ich bin eine Null! Bin zu nichts mehr zu gebrauchen. Absolut zu nichts!“
Zornig schleuderte er eine der Holzkrücken gegen die Wand. Der Hund erhob sich sofort von seinem Lager, nahm die Stütze ins Maul und brachte sie seinem Herrn ans Bett zurück, wie immer bei derartigen Wutausbrüchen.
Ursprünglich sollte Rupert den Hof übernehmen. Aber damit war er inzwischen überfordert und sein Bruder stand jetzt hinter dem Pflug oder schwang die Sense. Das Wohnrecht im Elternhaus hatte er auf Lebzeiten erhalten. „Für alle Fälle“, wie seine Mutter erklärte. Er benötigte nämlich stets fremde Hilfe. Jemand, der bei der Arbeit auf dem Bauernhof nicht mehr seinen Mann stellte, war im Grunde genommen überflüssig und er bedauerte es, damals aus dem Koma erwacht zu sein. Das Leben, das er jetzt führte, ergab kaum einen Sinn. Zwar band er wenigstens jede Woche einen Besen aus Reisig, den die

Schwester in der Stadt verkaufte und der ein paar Pfennige einbrachte; fast der einzige Gegenwert dafür, dass seine Familie ihn ernährte und mitschleppte. Vielleicht aber nur duldete?
Nein, das war ungerecht. Selbst die Schwägerin schätzte es, wenn er die Weidenzweige zuschnitt, bündelte und oben mit Bast abband. Stumpfsinnig empfand er diese paar Handgriffe, aber beim Besenbinden handelte es sich wenigstens um Arbeit. Die Sache mit den Messern hingegen hielt er zwar für spannend und manchmal faszinierte sie ihn sogar. Doch war eben diese Sache in erster Linie als eine Art Beschäftigungstherapie für ihn ausgedacht worden, damit er auf andere Gedanken käme und sich allmählich von seiner ständigen Niedergeschlagenheit befreite. Niemand im Dorf aber würde ihn ernst nehmen wegen dieser Tätigkeit außer ein paar alte Frauen. Der Pfarrer erwähnte ihn wahrscheinlich bald lobend in einer Sonntagspredigt, im Wirtshaus hingegen hatten sie sicher nur ein mitleidiges Lächeln für ihn übrig.
Rupert holte den Klüpfel vom Nachtkästchen und schlug damit vorsichtig auf das Heft des Hohleisens. Man konnte dem Hund ansehen, dass ihm die Hammerschläge missfielen, weil sie beim Dösen störten.
Eine Falte am unteren Ende des Gewandes erschien dem Mann im Bett noch etwas zu dickwulstig. Deshalb schnitt er das entsprechende Stück Holz mit dem gekrümmten Federmesser nach. Jetzt benötigte er den Fräsling für die Oberkante, dann war wieder das normale Schnitzmesser gefragt ...

***

Eines Tages hatte der Pfarrer den Schwerverletzten aufgesucht, um ihm ein persönliches Anliegen vorzutragen, wie er sich ausdrückte: Die kahle weiße Wand zwischen dem Hochaltar und der Sakristeitür sei eine Zumutung für den Herrgott, der unmittelbar daneben im Tabernakel thronte. Schon immer wollte er dort eine Heiligenfigur aufstellen, aber das Geld reichte nicht.

„Rupert, schnitz du mir eine, du schaffst das! Warst bereits als Schulbub ein kleiner Künstler“, hatte er hintersinnig gesagt und den Bettlägerigen damit derart überrascht, dass der nicht widersprach, sondern nur lachte. Zwar wusste, dass er recht ordentlich zeichnen und basteln konnte und durchaus in der Lage war, seine Gitarre selbst zu reparieren. Aber einen Heiligen zu schnitzen, der überdies in der Kirche jeden Tag und von jedermann betrachtet würde, erforderte doch einen Fachmann, der für dieses Handwerk die herkömmliche Lehrzeit absolvierte und darüber hinaus etwas von Kunst verstand. Andererseits hätte ihn die Aufgabe schon gereizt, wenn das Angebot ehrlich gemeint gewesen wäre. Ein derart aufdringliches Mitleid jedoch konnte der Krüppel nicht ausstehen. Allerdings durfte er sich auch nicht weiter so gehen lassen und schon in aller Frühe die Schnapsflasche öffnen. Der Pfarrer wünschte sich den heiligen Franziskus, weil auf der rechten Seite des Altarbildes auf einem Zweig ein paar Vögel saßen.

Nach langem Zögern stimmte Rupert zu. Zumindest wollte er versuchen, aus Holz eine Figur zu schneiden, die einem Menschen ähnelte. Sicherheitshalber konnte man ja den Namen des Heiligen aus Assisi auf den Sockel unterhalb der Füße pinseln.

„Schnitz ihn so, dass er das Gesicht den Vögeln zuwendet und die Leute in den Bänken glauben, er würde mit ihnen sprechen!“, bat der Pfarrer noch.

Die Grundtechniken des Schnitzens hatte ihm der Schreiner beigebracht, der seit Jahren in der Freizeit Krippenfiguren für die Verwandten anfertigte. Dieser hielt seinen Lehrling für ein Naturtalent, lobte die rasche Auffassungsgabe und bewunderte dessen aufmerksamen Augen ebenso wie die geschickten Hände. Rupert machte das Schnitzen Freude und irgendwann wollte er wissen, was in ihm steckte. Er blätterte in Büchern, studierte Skizzen und tastete einige der Heiligenfiguren in der Kirche konzentriert ab. Inzwischen beherrschte er das

Schnitzhandwerk recht ordentlich, jedoch quälten ihn weiterhin Selbstzweifel und Zukunftsängste, auch wenn Eltern und Geschwistern gefiel, was seine Hände bisher aus dem Stück Holz geformt hatten. Der Heilige nahm in der Tat von Tag zu Tag immer klarere Konturen an.

Vorsichtig stieg Rupert aus dem Bett, sicherte sich nach hinten mit den Krücken ab, zog an zwei Stricken, brachte die Holzfigur dadurch in Schräglage und ließ sie dann mit anderen Seilen ein klein wenig nach unten sinken. Der Bruder hatte wie jeden Morgen seinen Franziskus an mehreren Flaschenzügen aufgehängt, die an einem seitlich verschiebbaren Balken befestigt waren. Der Heilige schwebte über dem Bett vor seinem Oberkörper, wenngleich so fest verzurrt, dass er beim Arbeiten nicht nachgab. Man konnte den Eindruck gewinnen, als sei jener vom Himmel auf die Erde herabgestiegen, um dem einsamen Mann in seinem Zimmer einen Besuch abzustatten. In Wirklichkeit jedoch diente diese Hängekonstruktion aus Tragbalken, Flaschenzügen und Seilen, die sich der Bruder ausgedacht hatte dazu, dass Rupert trotz seiner körperlichen Behinderung in einigermaßen angenehmer Haltung effizient das Holz bearbeiten konnte.

Vor Stunden hatte er sich vornehmlich mit dem Verzieren der Sandalen beschäftigt und das erforderte große Konzentration, auch wenn nur ein paar Kleinigkeiten mit dem Punziereisen nachzubessern waren. Nun aber wollte er sich nochmals das Gesicht vornehmen und er war sich darüber im Klaren, dass es den Höhepunkt seines Schaffens an dieser Heiligenfigur darstellte; eine Feinarbeit, die letztlich darüber entschied, ob er nur ein guter Handwerker oder ob er Künstler war.

Rupert machte sich bewusst, wie sehr das Gesicht Stimmungen und Charakterzüge eines Menschen ausdrücken konnte. Die Mundwinkel, die Falten auf der Stirn, vor allem aber die Augen spiegelten oft wider, was Kopf und Herz bewegte. Das konnte Freude und Glück, aber auch Angst und Verzweiflung sein; Gefühle, die sich auf die eigene Person bezogen. Doch es konnte

sich auch um Toleranz, Hilfsbereitschaft und Liebe, aber ebenso um Ablehnung und Hass handeln; Einstellungen und Haltungen, die anderen galten und meist mit entsprechenden Handlungen verbunden waren. Was der Mönch aus Italien fühlte, dachte und tat, stand in vielen Texten. Er war kein gewöhnlicher Mensch, sondern ein Heiliger und genau das sollte man auch seinem Abbild aus Holz ansehen. Aus all dem gewann Rupert eine Erkenntnis, die er, wie häufig, sofort seinem Hund mitteilte:
„Weißt du, Baro, das Gesicht ist entscheidend. Ich muss das passende Gesicht finden. Unbedingt!"
Der Pfarrer hatte ihm ein Buch geschenkt, das sich mit jenem asketischen Mann beschäftigte und das er seit Wochen vor dem Einschlafen studierte. Franziskus achtete und liebte nicht nur seine Mitmenschen, sondern ebenso Tiere und Pflanzen. Im berühmten „Sonnengesang", einem Gebet, nannte er Sonne, Mond und Wind, Feuer und Wasser und sogar den Tod seine Brüder.
Ein gewisser S. Martini hatte ein Bild vom heiligen Franz in der Unterkirche der Basilika in Assisi an die Wand gemalt. Rupert las diesen Namen unter dem entsprechenden Foto im Buch. Das Gesicht auf dem Bild war zwar recht ausdrucksstark, dennoch erschien es ihm für den Heiligen zu ernst und vor allem zu streng. Wenn sich Tiere in freier Natur einem Menschen derart furchtlos anvertrauten und unmittelbar vor seinen Füßen verweilten, musste er ein ganz anderes Gesicht im Holz darstellen, und zwar eines, aus dem zumindest Wärme und Güte sprachen. Hilfreich wäre es für ihn gewesen, wenn er ein reales menschliches Antlitz als Vorlage gehabt hätte, um es nachzuschneiden. Doch ihm fiel keines ein und er wusste auch nicht, wo er suchen sollte.
Rupert schaute nachdenklich aus seinem Fenster. Drüben auf dem Scheunengiebel saß jetzt das Starenpärchen. Der Wind rüttelte an den kahlen Ästen des Birnbaumes. Am Himmel trieben dunkle Wolken gen Osten Richtung Russland und seine Gedanken flogen mit ihnen ...

***

Er war als Meldereiter der Kavallerie wieder einmal nach vorne geschickt worden, um zu erkunden, was der Iwan plante. Dumpfes Donnergrollen lag über der Steppe und ihn irritierte, dass sein Pferd verstört wieherte. Plötzlich explodierte eine Granate unmittelbar vor ihm, das Tier stieg in die Höhe, schlug rücklings auf dem Boden auf und lag bleiern schwer über ihm. Die Füße wollte er aus den Steigbügeln ziehen, konnte jedoch seinen Oberkörper nicht mehr bewegen. Es folgte erneut eine gewaltige Detonation und dann war nur noch das Nichts. Irgendwann hörte er flüsternde Stimmen, tastete Laken ab und schlug die Augen auf. Direkt über sich sah er das Gesicht einer Frau, die auf dem Kopf eine weiße Haube mit einem roten Kreuz trug. Aus ihren Ohren schienen Gummischläuche zu wachsen, die zu seiner Brust führten. Um ihren Mund spielte ein weiches Lächeln. Vor allem fielen ihm die Augen auf. Er hatte den Eindruck, dass diese zwar mit ihm litten, aber sie strahlten darüber hinaus etwas aus, das ihm die Angst nahm und ihn beruhigte ...

***

Rupert überlegte, wie er diesen Gesichtsausdruck von damals beschreiben sollte, jedoch ließ er sich nicht so einfach in Worte fassen.

„Das Gesicht dieser Ärztin! Klar, das ist es. Nur das kann es sein."

Zumindest wollte er sich beim Schnitzen an dessen Sanftheit und Güte sowie an den sprechenden Augen orientieren, wohl wissend, dass er es niemals schaffen konnte. Fieberhaft arbeitete er mit dem Federmesser und dem Geiß, glättete die Nasenspitze, überschnitt leicht die Oberlippe und betonte die Augenbrauen.

Inzwischen hatte es zu regnen begonnen und wahrscheinlich kehrten die Angehörigen bald vom Feld zurück. Er schaltete ein zusätzliches Licht ein, weil es im Zimmer nicht mehr hell genug war, prüfte kritisch sein Werk und kam zu der Überzeugung, dass der Mund noch nicht lebendig genug wirkte. Man musste ihn ein wenig mehr öffnen, schließlich redete der heilige Franz mit den Vögeln. Rupert nahm seine Schmerzen kaum mehr wahr.

Am Abend klopfte jemand an die Zimmertür und er erkannte an den Schritten die Schwägerin. Tat so, als sei er völlig in seine Schnitzerei vertieft und würde sie nicht bemerken. Doch als der Hund auf die Bäuerin zulief, um sie zu begrüßen, hatte er keine andere Wahl und riskierte ihren geringschätzigen Blick. Die junge Frau aber schaute nur auf die Holzfigur, die vor ihm in der Luft an den Seilen hing. Dann trat sie an die Kopfseite des Bettes hinter seinen Rücken und schwieg noch eine Weile, weil es ihr sehr schwer fiel auszusprechen, was ihr auf dem Herzen lag:

„Dieses Gesicht! Es ist der heilige Franz. Man kann genau sehen, dass er jedes einzelne Geschöpf mag."

„Ja, dieses Gesicht. Nach diesem Gesicht habe ich gesucht und ich habe es gefunden. Jetzt bin ich nur noch auf der Suche nach mir selbst, nach meinem eigenen ‚Ich'."

„Rupert, brauchst nimmer suchen, hast dich doch schon gefunden. Schau nur deinen Franziskus an. Du bist wirklich ein Holzschnitzer, ein richtiger Künstler."

Er war in der Tat auf einem guten Weg, sein ‚Ich' wieder zu finden, auch wenn es sich nicht um dieselbe Identität wie vor dem Unfall handelte. Der Körper bereitete ständig Schmerzen und folgte dem Willen nur mehr beschränkt. Mensch sein reduzierte sich aber doch nicht darauf, mit heilen Knochen und kräftigen Muskeln den Alltag zu meistern. Sein Kopf arbeitete normal und seine geschickten Hände waren in der Lage, ein Stück Holz zum Leben zu erwecken. Künstler hatte ihn die Schwägerin genannt. Dieses Lob gerade aus ihrem Mund

erfüllte ihn mit Stolz und machte ihm Mut, denn er spürte, dass man Kunst nur schaffen konnte, erst dann zum Künstler wurde, wenn sich auch die Seele am Schaffen beteiligte. Im Grunde war sie es, die Kunst gebar.
Rupert betrachtete den Gesichtsausdruck des Heiligen und mehr und mehr spiegelte sich dessen sanftes Lächeln im eigenen Gesicht. Seine Seele, im Krieg schwer verletzt, war dabei zu heilen. Trotz manch trüber Stunden, die ihn sicherlich weiterhin erwarteten, wollte er von nun an seine Zukunft bejahen. Sein Dasein hatte wieder einen Sinn erhalten.

Feindbilder

Sergeant Colman wollte so schnell wie möglich mit dem Jeep auf die Anhöhe, weil er dort oben den besten Überblick gewinnen konnte. Die neuesten Informationen, die er soeben über das Feldtelefon erhalten hatte, klangen besorgniserregend. Der Feind beabsichtigte, ausgerechnet an seinem Frontabschnitt anzugreifen und ihm wurde bewusst, dass sie die Stellung nicht lange halten konnten.

Der Feind: Das war die blaue Partei, sie hingegen stellten die Roten dar. Wer zu wem gehörte, ließ sich leicht ausmachen, denn jeder Soldat trug die entsprechend farbige Binde am Oberarm seiner Uniform. Diese militärischen Manöver wurden von den Amerikanern regelmäßig durchgeführt, weil die Zonengrenze, die Deutschland seit ein paar Jahren teilte, nicht weit entfernt und russische Panzerrohre Richtung Westen ausgerichtet waren.

Colman fluchte. Behäbig kletterte vor ihm die Lastwagenkolonne mit ihren Haubitzenanhängern den Hohlweg hinauf zum Wald. Ein Überholvorgang war nicht möglich. Deshalb befahl er seinem Fahrer, den Feldweg seitlich zu verlassen und eine Abkürzung durch das offene Gelände zum Berggipfel zu nehmen. Eine Viertelstunde lang kamen sie zügig voran, obwohl sich das Fahrzeug durch tiefe, weiche Erde kämpfen musste.

Auf dem Rübenacker zur Linken schimpfte der Mühl-Bauer, als er den Jeep inmitten seiner frisch gepflügten Felder sah:

„Mutwillig machen sie alles kaputt, diese Besatzer."

„Du bekommst doch eine großzügige Entschädigung dafür bezahlt", konterte seine Tochter.

„Ich weiß, dass euere Generation zu den Amis hält, schon allein wegen ihrer merkwürdigen Musik."

Helga fand Jazz und Rock alles andere als merkwürdig. Louis Armstrong und Jerry Lee Lewis hörte sie besonders gern und ihr gefiel auch der Sound von Glenn Miller. Darum ging es ihr jetzt aber nicht. Es ärgerte sie, dass ihr Vater mit hochrotem Kopf über die Amerikaner lästerte und wieder einmal seine formelhafte Redewendung vortrug, Hitler habe in vielen Punkten schon recht gehabt ... Diese Einstellung konnte sie nicht verstehen nach all den Verbrechen. Zu gerne hätte sie ihn jetzt etwas gefragt, aber sie hielt sich zurück. Ein offenes Gespräch über die jüngste Vergangenheit endete meist in einem heftigen Streit. Den aber wollte sie jetzt nicht riskieren, dazu war der Vater viel zu aufgebracht. Sie musste an die Aktionen des Großvaters in den letzten Kriegsmonaten denken, von denen ihr der alte Pfarrer erzählte: Immer dann, wenn Bomber der Alliierten in großer Höhe über dem Dorf die Städte im Südwesten anflogen, rannte er hinauf in den Speicher, um sie unter Heil-Hitler-Rufen mit der Schrotflinte zu beschießen. Und der Geistliche ergänzte dann in Anspielung auf den Vater das Sprichwort vom Apfel, der nicht weit vom Stamm fällt.

Inzwischen war der Jeep am Steilhang angekommen und nun wurde der GI am Steuer ernsthaft gefordert. Das Fahrzeug stieg nämlich vorne immer wieder in die Höhe wie ein scheuendes Pferd, das sich mit den Vorderläufen vor einer Bedrohung aufbäumt. Die Füße des Fahrers wechselten ständig die Pedale und die Arme rissen von Zeit zu Zeit ruckartig das Lenkrad bis zum Anschlag in beide Richtungen, um sich mit den Vorderrädern in der Erde festzukrallen und damit ihre Bodenhaftung zu sichern. Ein gutes Stück weiter oben wurde die Fahrspur ein wenig griffiger, weil der Untergrund mit Ginster bewachsen war. Mit heulendem Motor quälte sich der Geländewagen den letzten steilen Abschnitt hinauf. Endlich hatten sie es geschafft.

Es überraschte Sergeant Colman, was er gerade im Fernglas sah. Sie griffen frontal an und kamen sogar über den Main. Trotz der prekären Situation musste er schmunzeln. Captain Harte, sein Vorgesetzter, schien doch nicht unfehlbar zu sein. Zum erstenmal hatte ein Gegner im Manöver dessen taktische

Planungen durchkreuzt. Der Sergeant zählte zwölf Panzer, die sich am anderen Ufer bereits der Pontonbrücke näherten. Ein gegnerisches Aufklärungsflugzeug kreiste über den roten Stellungen auf den bewaldeten Hügeln und drehte wieder ab. Kurz danach wurde sein Abschnitt vom Feind mit Leuchtkugeln fixiert und der Angriff begann. Sie stießen keilförmig vor. Die Spitze bildete die Panzereinheit vom Fluss, die im Osten und im Westen von Infanterie flankiert wurde.
Colman hatte die Situation richtig eingeschätzt. Nur mit seinem Zug war der vorgelagerte Frontabschnitt erheblich zu schwach besetzt. Der Gegner würde an dieser Stelle durchbrechen und so die Chance nützen, die gesamte rote Brigade in den Wäldern einzukesseln. Er musste sofort reagieren. Deshalb griff er zum Feldtelefon und befahl, mit Nebelbomben den gefährdeten Hügelabschnitt dem Blickfeld der Blauen zu entziehen und besser abgesicherte Positionen einzunehmen. Noch einmal der Griff zum Fernglas, dann raste der Jeep davon.
Die Buben spürten, dass sich das Klima von einer Sekunde auf die andere verändert hatte. Plötzlich wirkten die Soldaten gereizt und wiesen sie an, sofort die militärischen Stellungen zu verlassen. Diese Aufforderung schüchterte sie keineswegs ein, denn sie wussten sie richtig zu deuten. Zu oft schon waren sie willkommene Gäste bei den Amis in ihren Feldlagern während der Manöver; allerdings nur in den Phasen vermeintlicher Ruhe und Passivität. Ebenso durften keine höheren Vorgesetzten und insbesondere keiner von der MP, der Military Police, anwesend sein.
Die Soldaten mochten die Buben. Sie spielten mit ihnen Karten, ließen sie in den Militärfahrzeugen herumklettern und zeigten ihnen die Waffen. Vor allem aber schätzten sie die Dienstleistungen der Jugendlichen. Die nämlich organisierten frische Lebensmittel und Bier aus dem Dorf. Sie selbst zahlten dafür großzügig und beschenkten ihre Händler stets mit Kaugummi und Zigaretten, Trockenmilch und Kaffee. Wenn jedoch über Funk oder Telefon Befehle eintrafen, die

militärisches Handeln erforderten oder wenn Feindberührung bevorstand, mussten die Jungen sofort das Manövergebiet verlassen. Eben dieser Fall war jetzt eingetreten.
Auf dem Weg zu ihren Fahrrädern beobachteten sie, wie die Soldaten die Tarnnetze einholten und verstauten. Die Maschinengewehre wurden abgebaut, die Haubitzen an die Lastwagen gehängt und die Motoren angeworfen. Man drehte die Panzer im Stand in Fahrtrichtung und der Konvoi setzte sich schon nach kurzer Zeit in Bewegung. Auch die Buben hatten es eilig; nicht weil sie fürchteten, zwischen die Fronten zu geraten. Das war im Grunde ungefährlich. So viel wussten sie inzwischen. Und wenn einmal das amerikanische Militär mit scharfer Munition schoss, konnte sich niemand aus dem Dorf im Manöverbereich aufhalten, denn er wurde weiträumig abgesperrt und von der MP streng bewacht. Doch das kam sehr selten vor.
Nun aber ging es den Jugendlichen darum, eine Begegnung mit höheren Offizieren zu vermeiden, denn die vielen leeren Bierflaschen, die sie zum Alten Wirt zurückbringen wollten, waren nicht zu übersehen. Wenn sie entdeckt wurden, gab es großen Ärger und erfahrungsgemäß beeinträchtigte das ihre Geschäfte gehörig.
Plötzlich vernahmen sie im Wald einen lauten Knall. Das klang nicht nach einem Schuss, sondern eher nach einem Unfall. Sie ließen Fahrräder und Bierflaschen zurück und liefen neugierig in die vermutete Richtung. Dann sahen sie unten in der Schlucht zwei Soldaten vor ihrem Panzer stehen. Eine Kette war gerissen und somit das schwere Gerät nicht mehr einsatzfähig. Schnell nach Hause, galt es doch, die Freunde zu informieren. Vom nächsten Tag an verbrachte die Clique ihre Freizeit bei den GIs mit dem kaputten Panzer.
Marc lag rücklings am Boden und versuchte eine Schraube zu lösen. Aber sie hatte sich festgefressen. Deshalb bat er John um ein anderes Werkzeug. Drei Tage lang hingen sie schon hier im Wald herum und beschäftigten sich damit, die Teile mit den

gesprengten Kettengliedern abzumontieren. Das war nicht einfach, denn das Fahrzeug befand sich in einer ungünstigen Hangposition. Überdies musste man äußerst vorsichtig sein, weil ein Stück der Kette aufgrund des Gewichts, das auf ihr lag, noch unter Spannung stand.
Inzwischen hatte sich das Manöver in eine andere Region verlagert und beide Soldaten blieben vorerst auf sich allein gestellt. Der Funkspruch, den sie vor einer Stunde aus der Kaserne erhalten hatten, deprimierte sie zusätzlich: Das benötigte Ersatzteil traf erst übermorgen hier ein. Nur gut, dass die Boys aus dem Dorf regelmäßig vorbeikamen und sie mit Bier versorgten. Leider brachten ihre neuen Freunde niemals Girls mit, obwohl man sie täglich dazu aufforderte.
Michael und Theo saßen im Inneren des Panzers. Sie rauchten und hörten Musik, die sie so laut aufdrehten, dass die beiden GIs unter dem Kettenfahrzeug den Song von Bill Haley mitsingen konnten. Werner und Bernhard hatten sich ein Stück abseits im Wald mit einer Kabeltrommel eine Telefonleitung gelegt und unterhielten sich miteinander. Robert ärgerte sich über John, weil er ihm verbot, mit dem Gewehr zu schießen. Schließlich war er doch kein kleines Kind mehr. Die übrigen lungerten im Zelt der Soldaten herum und blätterten Zeitschriften durch. Am meisten interessierten sie die Magazine mit den Aktfotos von Frauen. Jeder wünschte sich, dass der Panzer noch möglichst lang an der Böschung hing.

***

Lehrer Schober schrieb seinen Lehrnachweis, das Protokoll des Unterrichts während der letzten Woche. Diese Aufzeichnungen, die viel Zeit in Anspruch nahmen, waren in erster Linie für seinen Vorgesetzten bestimmt. Schober mochte diese Arbeit nicht und hielt sie in dieser Form für überflüssig, weil sie dem Schulrat wenig vom wirklichen Schulalltag vermittelte. Sinnvoller wäre es, er würde ihn regelmäßig im Unterricht besuchen, gab es doch einige aktuelle Probleme zu diskutieren.

Ein hartnäckiges Pochen an der Haustür schreckte ihn aus seinen Gedanken. Er sah auf die Uhr und wunderte sich über einen Besuch zu dieser fortgeschrittenen Stunde. Der Mühl-Bauer trat ein und Schober wusste sofort, was der von ihm wollte, denn er hielt ein Glas Honig in den Händen.

Stets war es dasselbe: Wenn die Bauern um Unterrichtsbefreiung für ihren Sohn oder ihre Tochter baten, brachten sie dem Lehrer Speisen oder Getränke von zu Hause mit. Das konnte ein selbst gebrannter Schnaps oder eine Flasche Most sein, manchmal auch ein Räucherpressack oder ein Stück Schinken. Der Mühl-Bauer betätigte sich auch als Imker und wusste, was er zu tun hatte.

Es fiel auf, dass die Bauern bei ihren spätabendlichen Besuchen in der Lehrerwohnung die Präsente meist schon am Anfang des Gesprächs auf den Tisch stellten. Der Lehrer fragte sich immer wieder, ob sie wohl glaubten, er sei bestechlich. Aber es konnte durchaus ein vorzeitiges Dankeschön an ihn bedeuten, weil er nämlich solche Freistellungen vom Unterricht fast immer gewährte. Die Bauern trugen in der Regel solche Bitten ja nur in ganz dringenden Fällen vor.

Auch heute traf das zu. Günther, sein Sohn, sollte dem Müller morgen bei der Waldarbeit helfen. Dafür waren mindestens zwei Personen erforderlich. Doch die Ehefrau hatte sich am Fuß verletzt und mit der Tochter ließen sich nach seiner Erfahrung diese Aktionen nicht durchführen. Lehrer Schober hörte sich geduldig jede Einzelheit an, obwohl er längst seine Einwilligung gegeben hatte. Eine Eiche wollten sie fällen. Das Langholz musste anschließend mit dem Pferd hinaus auf den Waldweg gezogen, die Rinde entfernt und dann der Baum zur Schneidsäge transportiert werden. Es galt, sobald als möglich einen morschen Balken im Mehlspeicher der Mühle auszutauschen.

Der Lehrer machte seinen Besucher mehrmals darauf aufmerksam, dass er noch viel Schreibarbeit zu erledigen habe.

Doch dieser beabsichtigte keineswegs, sich schnell zu verabschieden, denn ihn quälte noch ein Problem und er hatte sich fest vorgenommen, mit dem Lehrer auch darüber zu reden. Es ging um den Panzer, der in seinem Wald festhing. Dass die vielen Militärfahrzeuge während des Manövers die Felder und einen Großteil des Jungholzes im Wald ruiniert hatten, reichte schon. Aber jetzt benahmen sich die zwei Wachposten da draußen wie Vandalen, ganz ohne soldatische Disziplin und Ordnung. Unvorstellbar wäre das bei der deutschen Wehrmacht gewesen. Der Lehrer wandte ein, dass für den Müll rund um den Panzer doch wohl auch die Buben aus dem Dorf verantwortlich seien. Aber der Bauer wollte das nicht gelten lassen.
„Herr Lehrer, ich hass die Amis!“
„Man muss sie ja nicht mögen, aber warum denn gleich hassen?“, entgegnete der Lehrer.
„Die ham mich nach dem Krieg ins Internierungslager g‘steckt; ein halbes Jahr lang, obwohl i doch nur mei Pflicht getan hab’.“
„Müller, versuchten wir uns denn nicht alle mit diesem Argument zu rechtfertigen, als alles vorbei war?“
„Ich muss mi net rechtfertigen. Die Burschen von der Hitlerjugend wollt‘n sich davor drück‘n, unser Dorf zu verteidigen, als die Amis anrückten. Da hatte ich gar keine andere Wahl, ich musste das unserem Kreisleiter melden.“
Schober antwortete ihm nicht, denn er wusste von seinen Schafkopf-Partnern, dass die Wahrheit damals ein wenig anders aussah. Zog einen Schlussstrich unter dieses bedrückende Thema, indem er noch einmal darauf hinwies, sein Sohn sei vom Unterricht befreit, um ihm bei der Arbeit zu helfen.
Am nächsten Morgen machte sich Günther mit seinem Vater auf in den Wald. Der Müller schaute die Eiche, die er vor kurzem ausgewählt hatte, noch einmal genau an. Seine Entscheidung war richtig gewesen. Aus diesem Baum ließ sich gut der Balken schneiden, den er in der Mühle so dringend brauchte. Der Durchmesser passte, vor allem aber war der Stamm gleichmäßig gewachsen. Was ihm Kummer bereitete, war der Standort. Der

Baum befand sich nämlich an einem Steilhang und es würde sehr schwierig werden, seine Fallrichtung exakt festzulegen. Sorgfältig prüfte er die Wipfel der umliegenden Bäume und entdeckte eine geeignete Schneise. Als erstes schnitt er hangabwärts einen Keil in den Stamm. Genau hier würde dieser nachgeben, wenn er sein Gleichgewicht verlor, weil der Druckwiderstand von unten infolge des Keilschlitzes fehlte.
„Günther, hol die Zugsäge! Jetzt packen wir ihn."
Sie setzten die Säge auf der anderen Seite des Stammes genau der Kerbe gegenüber an. Das war die Arbeit, für die der Bauer um Unterrichtsbefreiung gebeten hatte. Die lange Handsäge konnte nur von zwei Personen bedient werden. Der Vater zog sie an seinem Handgriff in die eine Richtung, der Sohn anschließend in die andere. So lief sie hin und her und fraß sich immer tiefer in das Holz. Günther wollte dem Vater seine Kraft demonstrieren und versuchte deshalb, die Züge zu forcieren. Der aber machte ihm klar, dass er den falschen Weg wählte:
„Du musst die Säg gleichmäßig führ´n und darfst ihr kan Druck auf´s Holz geben. Wenn sie weich laufen kann, schneidet sie besser."
Nach einiger Zeit hatten die zwei Holzfäller eine Pause nötig und sie setzten sich auf den Waldboden. Der Junge sah hinab in die Schlucht, wo der Panzer stand. Einer der Soldaten trat aus dem Zelt.
„Hallo Marc!", rief Günther hinunter und winkte ihm zu.
„Hallo Günther!", antwortete der andere von unten und das Echo im Wald wiederholte diese Begrüßung.
Der Mühl-Bauer wurde zornig. Zunächst beschimpfte er seinen Sohn, dann waren die Amerikaner an der Reihe. Günther war froh, dass seine Freunde unten am Panzer die unflätigen Bemerkungen nicht verstehen konnten.
Nach diesem Wutausbruch sägten beide weiter. Sie wechselten kein Wort mehr miteinander, bis der Eichenwipfel sich bewegte. Nun wurde die Säge herausgezogen und gezielte Axtschläge bedeuteten den endgültigen Tod für den Baum. Dieser kam ins

Taumeln, kippte langsam zur Seite und sauste in voller Länge durch die angepeilte Schneise nach unten. Plötzlich rutschte der Stamm an der Schnittstelle ab, drehte sich und einer seiner Äste verfing sich in einem Nachbarbaum. Spontan stieg Günther auf den gefällten Baumstamm, der jetzt schräg in der Luft einige Meter über dem Boden hing. Wie ein Seiltänzer bewegte er sich auf dem Holz nach vorne in der Absicht, den hinderlichen Ast mit dem Fuß wegzudrücken und schnell abzuspringen. Sein Vater rief ihn zurück, aber Günther hörte nicht. Da passierte es: Der Ast brach ab und Günther wurde mit dem Stamm in die Tiefe gerissen. Auf einen schmerzvollen Schrei folgte qualvolle Stille. Der Vater eilte den Hang hinab und sah den schweren Baum auf dem Oberkörper des Sohnes, der sich nicht mehr bewegte. Blut lief aus seinem Mund. Der Mann befürchtete das Schlimmste. Verzweifelt versuchte er, den Jungen von dem gewaltigen Gewicht zu befreien, aber es gelang ihm nicht.
Auf einmal standen sie vor ihm in ihrer grünen Khaki-Uniform und packten zu. John fühlte Günthers Puls und nickte. Die beiden Soldaten schauten sich kurz an und rasten zum Panzer. Der eine kam mit einer Decke an den Unfallort zurück, der andere setzte sich ans Funkgerät. Nun warteten sie schweigend und voller Ungeduld auf Hilfe. Endlich landete der Sanitätshubschrauber aus der Kaserne und brachte den Buben in das Militärkrankenhaus. Am nächsten Morgen stand fest, dass Günther überleben würde.
Ein paar Tage später wollte der Mühl-Bauer zu den zwei Soldaten. Am Waldrand angekommen stellte er enttäuscht fest, dass der Panzer nicht mehr da war. Setzte sich dann auf einen Baumstumpf und starrte eine Zeit lang hinunter in die Schlucht.

Das Wort über dem Spiegel

Marion stieg langsam die zwei Stufen des Eisenbahnwagens hinauf. Der Zug war wieder einmal überfüllt, denn viele Pendler, die tagsüber in der Stadt arbeiteten, fuhren jetzt heim in ihre Dörfer.
Auf der Suche nach einem Sitzplatz öffnete sie die Zwischentür zum nächsten Waggon. Hier bot sich jedoch dasselbe Bild. Einige Leute standen sogar im Gang und sie stellte sich enttäuscht dazu. Ihr blieb keine andere Wahl, auch wenn ihre Füße schmerzten.
Kurze Zeit später entdeckte sie am Ende des Abteils doch noch eine Sitzgelegenheit. Auf einer der Holzbänke gab es einen freien Platz. Das war ungewöhnlich für den Siebenuhr-Zug. Dort saß heute nur eine einzige Person: ein Soldat mit schwarzer Hautfarbe.
Marion setzte sich links neben ihn und schloss die Augen, um sich zu entspannen. Es war anstrengend, einen ganzen Tag lang im Kaufhaus zu stehen und Kunden zu bedienen. Sie freute sich auf den Feierabend. Den Roman wollte sie weiter lesen und ein Glas Wein dazu trinken.
Endlich! Ein Ruck und der Zug bewegte sich langsam vorwärts. Der Wagen wurde leicht hin- und hergeschüttelt als die Räder, begleitet von einem gleichmäßigen Rumpeln, ihren Weg durch das Weichengewirr unter den Füßen der Fahrgäste nahmen. Hinter der Rückwand schlugen die Eisenpuffer der Waggons mehrmals gegeneinander. Jeden Abend ging das so um diese Zeit und an diesem Ort. Marion mochte das vertraute Geräusch, vor allem dann, wenn der Zug stadtauswärts fuhr.
Sie hatte sich in den letzten Minuten nochmals mit ihrem Arbeitstag beschäftigt. Deshalb war ihr die Anwesenheit des Amerikaners neben ihr gar nicht mehr recht bewusst. Als der sich räusperte, öffnete sie die Augen, sah aus dem Fenster und erschrak, als plötzlich die Umrisse eines anderen Zuges unter

ohrenbetäubendem Getöse in der Gegenrichtung vorbeirasten. Nur ein paar Sekunden dauerte dieses aufdringliche Spektakel. Bald verteilten sich die zahlreichen Schienenstränge stadtauswärts in verschiedene Richtungen und ihr Zug machte sich zu ihrem Heimattal auf.
Da der Nachbar abermals hüstelte, wandte sich die junge Frau ihm zu. Er trug eine grüne Ausgehuniform mit einem goldfarbenen Emblem auf der Schulter. Dieses Abzeichen drückte den Dienstgrad eines Soldaten aus. Davon verstand sie nichts. Aber sie verstand etwas von Kleidung, schließlich verkaufte sie Anzüge. Es war ihr schon beim Hinsetzen sofort aufgefallen: Seine Uniform saß wie angegossen und stand ihm gut. Der gestärkte Hemdkragen kontrastierte mit der dunklen Farbe des Halses und erschien dadurch besonders weiß und sauber. Die Hose wies präzise Bügelfalten auf und die schwarzen Lackschuhe glänzten.
Der Zug hielt inzwischen zum erstenmal an und ein paar Leute stiegen aus. Marion lenkte ihre Gedanken wieder auf den Nachbarn. Sie überlegte, wohin er wollte. Für sie stand fest, dass er aus der US-Kaserne kam, heute Abend Ausgang hatte und irgendwo seine Freundin besuchte.
Die jungen Männer in den Dörfern mochten amerikanische Soldaten in Ausgehuniform nicht so gern, weil sie es auf ihre Mädchen abgesehen hatten. Und Schwarze mochten sie schon gar nicht. Wenn eine Deutsche sich mit so einem einließ, konnte es sich wohl nur um eine Schlampe handeln.
Der Schaffner kontrollierte die Fahrkarten. Ohne aufzuschauen hob sie das Billet hoch und steckte es wieder in die Handtasche zurück, nachdem er es abgeknipst hatte. So wie jeden Tag. Am Abend, wenn der Zug in die eine und am Morgen in die andere Richtung unterwegs war. Der Soldat händigte dem Schaffner seinen Fahrausweis aus.
„Please, Sir!“, hörte sie ihn sagen. Der Beamte in der blauen Uniform gab kurz danach die Karte wortlos zurück.

Erst jetzt entdeckte Marion den kleinen Spiegel über der Bank gegenüber. Und darin das Gesicht des jungen Mannes.
„Er schaut gut aus", ging es ihr durch den Kopf. Die Blicke trafen sich und die Frau drehte sich verlegen zur Seite. „Und er hat sanfte Augen", dachte sie bei sich.
Draußen fuhren mehrere Lastkähne, beladen mit Kohle und Erz vorbei. Die Abendsonne färbte den Fluss purpurrot. Marion liebte ihn und beobachtete gerne die Schlepper und Boote, die von ihm getragen wurden. Das tat sie nicht nur vom Zug aus. Oft saß sie mit ihrem Freund am Ufer und träumte davon, dass die Schiffe sie beide in ferne Länder mitnähmen. Oder sie genossen zusammen das gleichmäßige, gemächliche Fließen des Wassers und die Stille der umliegenden Auen.
Heute jedoch gelang es dem Fluss nicht, sie in seinen Bann zu ziehen, weil der Mann neben ihr sie ablenkte. Die Innenflächen seiner Hände waren, verglichen mit der übrigen Haut ziemlich hell und den rechten Mittelfinger zierte ein goldener Siegelring mit einem eingravierten Wappen. Wieder trafen sich ihre Blicke und Marion wich nun den anderen Augen nicht mehr aus.
Plötzlich sah sie es. Ein gutes Stück über dem Spiegel hatte es jemand auf die Holztäfelung geschmiert. In schwarzer Schrift stand dort Nigger. Der Soldat nahm zur Kenntnis, dass sie es bemerkt hatte und unruhig wurde. Von diesem Zeitpunkt an fixierten beide Augenpaare immer wieder den schwarzen Schriftzug und trafen sich schließlich im Spiegel. Marion stellte fest, dass sie sich irrte. Er hatte keine sanften Augen, sondern traurige. Sie schämte sich, obwohl die Schmiererei nicht von ihr stammte. Hinter den Fensterscheiben war die Landschaft plötzlich farblos und trist. Und das mitten im Sommer. Zumindest kam es ihr so vor. Erneut begegneten sich die dunklen und die blauen Augen. Marion konnte den diffamierenden Schriftzug über dem Spiegel nicht mehr länger ertragen. Deshalb öffnete sie ihre Handtasche, nahm ein Taschentuch heraus, befeuchtete es mit Speichel und wollte das Wort auf dem Holz abwischen. Doch sie schaffte es nicht. Sie

sah den Amerikaner verunsichert an und spürte, wie sie rot wurde. Nun versuchte sie es noch einmal. Der schwarze Schriftzug ließ sich jedoch nicht entfernen. Marion zuckte resigniert mit den Achseln. Ein solches Wort verschwand eben nicht mit ein paar Wischbewegungen. Sie setzte sich wieder hin und nahm jetzt ein Lächeln auf dem Gesicht ihres Nachbarn wahr. Der Zug hielt an und sie musste aussteigen. Als sie sich von ihm verabschiedete, sagte der Soldat:

„Thank you, Madam! Good bye."

Die junge Frau machte sich auf den Weg nach Hause. Die Abendsonne tauchte die Wiese neben den Gleisen in ein letztes mildes Licht und es schien, als ob die vielen Löwenzahnblüten heute besonders intensiv leuchteten.

Der Steinkönig

Jedem im Dorf waren die regelmäßigen Klopftöne vertraut, die man täglich in der Nähe des Baches hörte. Vor dem Gartenzaun der Huberin arbeitete Niko. Sein Bruder brachte ihn am Morgen mit einem kleinen Handwagen hierher und holte ihn bei Einbruch der Dunkelheit wieder ab. Da saß der junge Mann fast den ganzen Tag inmitten eines Steinhaufens auf einem Strohsack unter einem alten, zerschlissenen Sonnenschirm. Diese Stelle nannte er seinen Thron und sich selbst hielt er für einen König, der über ein Reich aus Steinen herrschte. Für ihn waren es aber keine gewöhnlichen Steine, sondern wertvolle Güter, weil er überzeugt war, dass die Bauern ohne sie und ohne seine Arbeit ihren Beruf schwerlich ausüben konnten. Er lebte in seiner eigenen Welt, die mit der wirklichen wenig gemein hatte, war er doch von Geburt an geistig und auch körperlich behindert. Die Leute grüßten ihn beim Vorbeigehen mit „Herr Steinkönig“; wollten ihm mit dieser Anrede eine Freude bereiten. Einmal in der Woche wurde er mit Arbeitsmaterial versorgt, indem man neben ihm eine Fuhre Sandsteinquader ablud.

Niko wurde mit dreizehn Jahren nach seiner Entlassung aus der Volksschule vom Bürgermeister als Steinklopfer angestellt. Er war nun eine wichtige Person im Dorf und sich dessen durchaus bewusst. Die Steintrümmer, die er mit dem Hammer herstellte, wurden nämlich benötigt, um die tiefen Schlaglöcher auf den Feldwegen aufzufüllen. Wenn er Steine klopfte, sorgte er also dafür, dass die Bauern mit ihren schweren Fuhrwerken, die im Sommer mit Heu oder Getreide und im Herbst vor allem mit Kartoffeln oder Rüben beladen waren, nicht in diesen ausgefahrenen Löchern stecken blieben oder gar Achse und Räder brachen. Und trotzdem konnte der Gemeindearbeiter nicht verstehen, dass man für diesen Zweck kein anderes Material verwendete. Seine edlen Steine hatten wahrlich Besseres verdient.

Die Abendsonne, die sich eine Zeit lang hinter dem Hausdach der Huberin versteckt hatte, stand inzwischen über dem Garten und warf ihr weiches Licht auf den Steinhaufen. Für Niko war das ein sicheres Zeichen dafür, dass ihm jetzt noch genügend Zeit blieb, einen weiteren Steinblock zu verarbeiten. Er wählte den aus, der seiner Meinung nach wie ein Schafskopf aussah, rollte ihn an den Strohsack heran, überprüfte die Oberfläche und setzte den Meisel gezielt auf einem Haarriss an. Ein paar Schläge mit dem Hammer ließen den Koloss in mehrere Stücke bersten.
„Toll, wie du die Steine anschlägst!"
Niko blickte auf und sah Michael vor sich stehen. Der nahm neben ihm Platz und schaute aufmerksam beim Steineklopfen zu. Dabei handelte es sich keineswegs um einen simplen Kraftakt. Vielmehr war ein gewisses Maß an technischem Geschick vonnöten, wenn man Leistung erzielen wollte. Darauf aber legte Niko großen Wert, schließlich wurde er dafür bezahlt. Seine Augen konzentrierten sich stets von Neuem auf Kerben, Furchen und Risse. Dann folgten präzise, schnelle Hammerschläge, die die einzelnen Steinbrocken in unterschiedliche Formen und Größen verwandelten.
„Bist tüchtig und fleißig", rief Michael laut, um das rhythmische Klopfen zu übertönen.
„Niko immer tüchtig und Niko immer fleißig", antwortete der andere stolz und wischte sich dabei mit der freien Hand den Staub aus dem Gesicht. Er legte das Werkzeug beiseite, zog den Ledergurt am Gelenk der Schlaghand nach und sammelte mehrere farbige Steinchen ein, die um den Strohsack lagen.
„Michael, schau, ich schenk' dir ein paar Diamanten, weil du bist mein Freund."
Der bedankte sich und verstaute behutsam die roten und gelben Steinsplitter in der Hosentasche.
„Michael, was habt ihr heute in Schule gemacht?"
„Ein Diktat geschrieben."
„Sag Lehrer Schober, das ist nicht gut!"

„Ich werd's ihm sagen", entgegnete Michael und musste schmunzeln.
Er verabschiedete sich und machte sich wieder auf den Weg, weil ihn sein Vater auf dem Feld brauchte.
Jeder im Dorf kannte Niko; schon damals, als er noch keine Steine klopfte. Er hatte unterschiedlich lange Beine, von denen das rechte seit der Kindheit gelähmt war. Da sich außerdem die Füße nach innen drehten, konnte er nicht normal gehen. Der Junge stützte sich auf einen Haselnussstock und hüpfte mit dem gesunden Bein, das andere am Boden hinterherschleifend, um so kurze Strecken zu bewältigen. Wenn ihn aber Abenteuerlust überfiel oder er beabsichtigte, im Ort auf Entdeckungsreisen zu gehen, setzte er sich auf seinen Handkarren, lenkte die Deichsel mit den Füßen und trieb den Wagen an, indem er mit beiden Händen in die Vorderräder griff.
Niko war fast in jedem Anwesen zu Hause und wenn er irgendwo auftauchte, sorgte er sehr oft für Aufregung, weil er sich wieder einmal in große Gefahr gebracht hatte. Einmal lag er in Bremers Stall am Boden zwischen den Jungbullen, denn er wollte sie am Bauch streicheln. Aber die Tiere schlugen mit den Füßen nach ihm und verletzten ihn schwer. Ein andermal zog er sich in Theos Hof eine Leiter hoch bis zur mittleren Sprosse und sprang seitlich herab, in der Hand einen aufgespannten Regenschirm. Doch anstatt in der Luft dahinzuschweben, plumpste er in die offene Jauchengrube und wäre fast ertrunken. Oder er verschwand im Inneren der Dreschmaschine und es dauerte Stunden, bis man ihn aus dem engen Schacht am Boden befreite. Zwar machte niemand dem Buben Vorwürfe. Schließlich konnte er die Konsequenzen seines Handelns gar nicht richtig einschätzen. Trotzdem war jeder erleichtert, als er eines Tages in ein Heim gesteckt wurde.
Drei Jahre später kehrte er wieder nach Hause zurück. Jetzt durchschaute er seine Alltagssituationen erheblich besser und setzte sich nicht mehr derartigen Gefahren aus. Von nun an besuchte er die Dorfschule bei Lehrer Schober. Der wusste,

warum der Bub, 1942 geboren, damals nicht als Euthanasie-Fall eingestuft wurde. Sein Vater hatte als Ortsgruppenleiter gute Beziehungen nach oben. Deshalb wurde der behinderte Sohn nicht von Nazi-Ärzten für medizinische Versuche missbraucht, die meistens mit dem Tod endeten.
Der kleine Niko führte auf seine Art ein durchaus glückliches Leben. Das galt auch für die Schulzeit. Zwar erzielte er keine größeren Lernerfolge im Lesen, Schreiben und Rechnen, aber Lehrer und Mitschüler nahmen in trotz seiner geistigen und körperlichen Behinderungen ernst. Man mochte ihn und er war gleichberechtigtes Mitglied der Klassengemeinschaft. An einen bestimmten Jahrgang war Niko nicht gebunden und er durfte sich auch im Klassenzimmer weitgehend frei bewegen, vorausgesetzt er störte nicht. Am Unterricht nahm er nur dann teil, wenn die Lernprozesse Muskelkraft erforderten. So bauten beispielsweise die Schüler im Sandkasten den Lauf ihres Heimatflusses Main von der Quelle bis zur Mündung nach und markierten die Dörfer und Städte rundum mit Holzklötzchen. In der Geometrie wurde ein Kubikmeter veranschaulicht, indem man einen Würfel aus Holzlatten zimmerte. Ebenso waren geschickte Hände nötig, wenn man für das Theaterstück der Nikolausfeier eine Art Bühne errichtete oder die Schüler das Osternest des Lehrers, das dieser am letzten Tag vor den Ferien suchen musste, während der Pause in eine Nische der Waschküche einmauerten.
Sobald im Unterricht aber Bücher, Tafel und Hefte eingesetzt wurden, schwand Nikos Interesse. Dann verzog er sich in seine Ecke; denn Lehrer Schober hatte ihm erlaubt, sich dort überwiegend handwerklich zu betätigen. Dabei verbrachte er die Zeit aber keineswegs sinnlos oder spielte wie ein Kind. Er lernte wie die anderen, nur eben mehr ausgerichtet an seinen besonderen, wenngleich eingeschränkten Fähigkeiten.
Aus dem Schüler von einst war inzwischen ein Steinklopfer geworden, der auch heute mit großem Eifer seine Tätigkeiten ausführte, so wie er das jeden Tag tat. Gedankenversunken saß

er vor dem Garten unweit vom Haus der Huber-Bäuerin und bearbeitete Steine, die im milden Sonnenlicht geheimnisvoll schimmerten. Viele waren rot, andere gelblich oder grün und manche schmückte ein farbiger Punkt oder ein bunter Streifen.
Niko war zwar nicht in der Lage zu lesen, dennoch wusste er genauestens über Sindbads Abenteuer Bescheid. Sein Bruder las ihm nämlich die spannenden Geschichten häufig am Abend zum Einschlafen vor. Die Erzählung von der Höhle, in der die Riesenschlange wohnte, mochte er am liebsten und genau daran dachte er jetzt:
Eines Tages entdeckten der Kaufmannssohn aus Bagdad und seine Freundin, die Rabendame Sheila auf dem Boden jener Höhle viele Diamanten. Diese waren jedoch an ihrer Oberfläche matt und schauten so recht unscheinbar aus. Deshalb riet ihm Sheila, sie aufzuschlagen, damit sie ihre wirkliche Schönheit und ihren wahren Wert erlangten. Das tat Sindbad und auf einmal leuchteten die Diamanten in prächtigen Farben, vor allem in Rot, Gelb oder Grün ... Genauso wie seine Steine hier vor dem Gartenzaun.
„Beim Bart des Propheten! Niko, jetzt du bist ein reicher Mann“, rief der Steinklopfer voller Freude.
Abrupt wurde er durch ein Geräusch aus seinen Träumen gerissen. Auf der anderen Seite des Baches tauchte ein Bauer mit seinem Fuhrwerk auf, schimpfte laut und schlug mit der Peitsche wütend auf seine Kühe ein. Niko schockierte dieses Verhalten. Er konnte nicht begreifen, warum man Tiere schlug. Inzwischen hatte das Fuhrwerk die Brücke passiert und das Tongässchen verlassen. Kurz darauf näherte es sich dem Steinhaufen. Jetzt sah Niko den kleinen Florian hinter seinem Vater sitzen. Er hatte eine Holzfigur in der Hand. Und weil sich seine Lippen bewegten, kam der Steinkönig zu dem Schluss, dass der Kleine mit dieser Figur sprach; mit einer einfachen, grob geschnitzten Puppe, die nicht einmal ein richtiges Gesicht hatte; nur eine Kugel aus Holz, die den Kopf darstellen sollte. Plötzlich glitt Florian die Figur aus der Hand, fiel zu Boden und

wurde vom Eisenring des linken Hinterrades zertrümmert. Der Junge sprang entsetzt vom Wagen und lief zu der zerstörten Holzpuppe zurück. Er starrte sie an und schrie laut.
Niko ahnte, was jetzt in dem Buben vorging. Sein kleiner Freund aus Holz war tot; gestorben bei einem schrecklichen Unfall. Er legte den Steinhammer beiseite, weil seine Schlaghand zu zittern begann. Ihm tat der Junge leid, wusste er doch, wie einem zumute ist und wie man litt, wenn man plötzlich einen Freund verlor. Letztes Jahr wurde sein Kater von einem Traktor überfahren und auch er musste das unmittelbar mitansehen.
Der Bub kniete nieder und sammelte schluchzend die Holzstücke auf. Seinen Vater hörte er nicht. Der hatte längst das Gespann angehalten und dem Kind verärgert befohlen, umgehend zurück auf den Wagen zu kommen. Aber Florian hörte ihn immer noch nicht. Deshalb rannte der Bauer zu seinem Sohn und rief in barschem Ton:
„Wie kann man sich nur so aufführen wegen so einem dämlichen Stück Holz? Hör jetzt endlich auf zu heulen und steig sofort wieder auf; wir müssen weiter."
Florian blickte mit großen, tränennassen Augen nach oben in das strenge Gesicht. Er konnte den Zorn seines Vaters nicht verstehen. Der hatte doch miterlebt, was soeben passiert war.
Niko begann vor sich hin zu stammeln, wie er es immer tat, wenn er sich erregte. Eigentlich sollte er jetzt Florian beistehen, ihn verteidigen. Er war jedoch emotional zu sehr von diesem Vorfall berührt, war wie gelähmt. Wollte eingreifen, dem Kleinen helfen, fühlte sich aber in diesem Moment nicht dazu in der Lage. Dann dachte er an morgen und an übermorgen. Möglicherweise gab es niemanden mehr, mit dem der Junge über seine Probleme sprechen konnte. Von nun an lag der Freund aus Holz nachts nicht mehr neben ihm im Bett. Der Steinklopfer war sich ziemlich sicher, dass es sich so verhielt und es machte ihn traurig, dass Erwachsene wie dieser Vater ein

so hartes Herz hatten. Dessen Herz war ja noch härter als seine Steine.
Der Bauer zerrte nun den Buben zum Wagen. Inzwischen hatte Niko sich wieder gefangen und wäre gerne dem Knaben nachgelaufen, sah aber sofort ein, dass das mit seinen Beinen nicht möglich war. Überlegte deshalb, was er Florian nachrufen könnte; Worte, die ihn ein bisschen trösteten. Leider fiel ihm so schnell nichts Passendes ein. Darum nahm er sich vor, für den Buben eine neue Holzfigur zu schnitzen. Diese würde er ihm aber erst dann schenken, wenn Schmerz und Trauer über den toten Freund nachgelassen hatten.
Der Steinkönig versuchte, sich wieder auf seine Arbeit zu konzentrieren, war er doch verantwortlich dafür, dass die Bauern keine Schwierigkeiten mit ihren Fuhrwerken bekamen. Während er einen großen Steinbrocken zerschlug überlegte Niko, wie die Puppe, die er schnitzen wollte, aussehen sollte. Vielleicht wie Onkel Ali, der mit seinem Schiff Sindbad über alle sieben Weltmeere führte ...

Auch so ein Mann mit den Messern

Der Tierarzt drückte seinen Stempel auf die Schulter des toten Schweines, das mit einem Flaschenzug, den Kopf nach unten und inzwischen ohne Borstenfell, am Tennenbalken in der Scheune aufgehängt worden war. Der Mann hatte vorher akribisch in sein Mikroskop geschaut und dafür sogar eine besondere Brille aufgesetzt, um im Fleischteilchen zwischen den zwei rechteckigen Gläsern nach Trichinen zu suchen, wie es das Gesundheitsamt bei Hausschlachtungen vorschrieb.

„Baptist, du kannst jetzt mit deiner Arbeit fortfahren, die Sau ist gesund", sagte er zum Metzger.

Hastig kippte der Veterinär den Kornschnaps hinunter und fuhr weiter ins Nachbardorf zu einem anderen Bauernhof, um auch dort seine Kontrollen durchzuführen.

Der Metzger trennte den Schweinskopf vom Körper, übergab ihn der Bäuerin zum Kochen und räumte sein Handwerkszeug zusammen: den Schussapparat, das Stechmesser, das Hackbeil und die Kelle, mit der die gebrühten Borsten des Tieres von der Haut abgeschabt werden. Nach dem Reinigen der Därme, die man für die Würste benötigte, zog er die steife Gummischürze aus, zündete sich eine Zigarre an und wartete auf der Treppe vor der Haustür, während das Fleisch im Kessel durchgarte.

Eine knappe Stunde später setzten die Schindlers ihren Schlachttag in der Stube fort. Zunächst rückten sie das Sofa in die Ecke, weil sie mehr Bewegungsfreiheit für die Arbeit brauchten. Die Tischplatte wurde mit dem Schlachtbrett abgedeckt, um den Wachstuchbelag zu schonen. An den Brettrand stellte die Bäuerin mehrere Gläser und Teller mit Salz und Pfeffer, gerösteten Zwiebeln, Knoblauchzehen und geriebenen Muskatnüssen. Später legte der Metzger noch ein Köfferchen mit geheimnisvollen Gewürzdosen dazu.

Hausgemachte Würste wurden wegen ihres ausgezeichneten Geschmacks seit jeher als Besonderheit dieser fränkischen

Region geschätzt und was das Würzen des jeweiligen Wurstbreis betraf, entwickelte jeder Metzger in den Dörfern seine eigene Mischung und Dosierung, die er niemandem preisgab. So auch Baptist, der den Schindlers stolz erzählte, dass sogar die Städter ihn aufsuchten, um seine Pressackspezialitäten zu kaufen.

„Vorsicht, geht zur Seite, ich komm' jetzt!", rief der Bauer im Treppenhaus und alle machten Platz, damit er ohne Behinderung eintreten konnte. Sein Gesicht verriet, dass die Schüssel mit dem dampfenden Schweinskopf, die er in den Händen hielt, recht schwer sein musste. Der gekochte Kopf landete auf dem Schlachtbrett.

Verführerisch duftete das frische Kesselfleisch und es schmeckte auch ausgezeichnet. Diese delikate Speise konnte man nur bei einer Hausschlachtung genießen. Deshalb wurde ein derartiges Unternehmen auch Schlachtfest genannt. Doch die Familienangehörigen waren frühmorgens keineswegs festlich gestimmt. Vielmehr wirkten die Erwachsenen niedergeschlagen und die Kinder traurig. Schließlich wurde eines ihrer Tiere getötet.

Den Bauern war das Vieh vertraut und oftmals ans Herz gewachsen. Für Sohn Horst traf das im besonderen Maße zu. Haustiere wie Hund und Katze nahmen natürlich eine Sonderstellung ein. Aber er mochte auch die Zwei- und Vierbeiner, die in den Ställen lebten, selbst die Schweine. Wenn man wie seine Familie nur ein paar davon hielt, entstand beim Füttern, Ausmisten und Strohaufschütten so etwas wie ein persönlicher Kontakt. Manchmal redete der Junge mit ihnen, wenn er in den Stall trat und sie schienen zu antworten, denn sie hoben den Kopf, schauten ihn an und grunzten.

Horst verabscheute das Töten. Niemals konnte er mitansehen, wenn der Vater eine Gans oder einen Stallhasen abstach und er rannte deshalb immer davon. Doch es half alles nichts. Man musste schlachten, weil man das Fleisch zum Essen brauchte und außerdem wurden Schweine auf dem Bauernhof nach

Ansicht der Erwachsenen nur zu diesem Zweck gehalten. Horst hingegen dachte ganz anders darüber.
Nun kam wieder die Zeit des Metzgers und sein Auftreten machte allen in der Stube bewusst, dass er sich für unersetzlich hielt. Im Grunde stimmte das ja auch, denn er allein war der Fachmann, der in den Wintermonaten fast jede Woche irgendwo im Dorf ein Schwein schlachtete.
Baptist hatte sich inzwischen eine bequemere Leinenschürze umgebunden und schritt nun würdevoll hinüber zur Kommode, auf der sein Allerheiligstes aufgebaut war: das Messeretui.
Horst kannte mehrere Arten von Messern. Das lange Brotmesser benötigte man vor allem zum Anschneiden eines neuen Laibes. Für das Mittagessen gab es eigene Messer, die er ungern so benutzte, wie Mutter das wollte. Er liebte Taschenmesser, weil man damit fast alles erledigen konnte, was für Buben wichtig war. Die Lehrersfrau hatte ihm einmal gezeigt, wie man den Karpfen mit dem breiten Fischmesser zerlegt und seine Klavierlehrerin schälte ihre Orange stets mit einem kurzen Obstmesser, während er um die richtigen Tasten kämpfte und sie den Takt laut mitzählte. Solche Messer hielt Horst für harmloses Spielzeug im Gegensatz zu den gefährlichen Schlachtmessern der Bauern, die sie für Gänse, Enten und Kaninchen verwendeten.
Aber beim heutigen Schlachttag hatten die Messer drüben auf der Kommode mit den herkömmlichen Schlachtmessern wenig gemein und sie zogen den Jungen magisch an. Da lagen sie wohlgeordnet in ihrem Etui wie die Schraubenschlüssel beim Schmied, zwölf Stück an der Zahl. Alle verfügten über den gleichen dunklen, hölzernen Schaft, aber jedes einzelne war mit einer anderen Klinge ausgestattet. Zwar funkelten sie allesamt stählern und ihre Schnittkanten ließen vermuten, dass sie sehr scharf waren. Die Form der Klinge jedoch verlieh jedem dieser Messer seinen eigentümlichen Charakter. Ganz oben im Etui lagen die mit den breiten Klingen, dann folgten gekrümmte, geschwungene und gezackte, während sich unten zwei

befanden, die so dünne Klingen aufwiesen, als seien sie zum Operieren oder Sezieren bestimmt.
Baptist strich mit der Hand über seine Messer, als ob er sie zärtlich streicheln wollte, drehte sich dann abrupt um und drohte mit ernster Stimme:
„Die rührt mir keiner an!"
Er suchte sich zwei davon aus, schritt hinüber zu seinem Arbeitsplatz am Schlachtbrett, drückte wie auf Knopfdruck seine Wirbelsäule durch, um stramm zu stehen, wie es sich für einen altgedienten Ulanen-Reiter der Kavallerie gehörte. Schnalzte mit der Zunge, als wolle er seinem Pferd die Angst vor der beginnenden Schlacht nehmen. Doch das lag viele Jahre zurück.
„Packen wir's an", sprach er sodann und fügte wie einst hinzu: „Für Kaiser, Gott und Vaterland!"
Nun ergriff er eines der beiden Messer und zerlegte mit geschickten Händen den Schweinskopf, indem er ein Fleischstück nach dem anderen vom Schädel löste. Ab und zu schob er den umherstehenden Familienmitgliedern gönnerhaft ein Stückchen zum Verzehr hin, wenn er es für besonders schmackhaft hielt. Doch er ging recht sparsam mit dem Austeilen um, denn man brauchte dieses wenige Fleisch vom Kopf unbedingt für die Leberwürste. Er sah die Enttäuschung in ihren Gesichtern und erklärte deshalb:
„Später gibt`s noch genügend Kesselfleisch vom Bauch!"
Der Metzger wechselte nun das Messer und zerkleinerte die Fleischteile. Horst war beeindruckt, wie der Mann mit seinem Werkzeug hantierte. Mit der Linken hielt er das Fleisch fest und bearbeitete es mit dem scharfen Schneidegerät in der Rechten. Aufreizend schnell setzte er die Klinge dicht vor die Fingerspitzen, die sich ständig nach rückwärts bewegten, verfolgt vom gefährlichen Stahl, ohne dass der jemals die andere Hand erreichte. War der Haufen mit den Fleischwürfeln groß genug, landeten diese in einer Metallwanne oder in den Schüsseln, die auf zusammengerückten Stühlen um den Tisch

standen. Am Schluss wurden sie zu Pressack und zu Leberwurst weiterverarbeitet. Erneut nahm er einen großen Fleischfetzen, zerstückelte ihn und warf die Brocken in die Behälter.
Horst wollte es ausprobieren und ging das Risiko ein. Er griff nach einem Stück Fleisch und nach dem anderen Messer, das auf dem Tisch lag.
„Lass das, Bub!“, fuhr ihn der Metzger barsch an und Horst setzte sich erbost auf das Sofa in der Ecke.
Inzwischen halfen Vater, Mutter und Oma mit, das Kesselfleisch zu zerlegen. Dabei benutzten sie ihre eigenen Messer, die man in der Küchenschublade aufbewahrte. Die Bauersleute bemühten sich sehr, konnten jedoch dem Arbeitsrhythmus des Metzgers nicht folgen. Und das lag nicht nur an den Messern.
Horst reizten nur die auf der Kommode. Mit ihnen war sicher noch viel mehr anzufangen als mit Taschenmessern. Immer wieder schielte er hinüber und als der Metzger für kurze Zeit die Stube verließ, um die Schweineblase für den großen Pressack nochmals zu reinigen, stand er schnell auf, holte eines nach dem anderen aus dem Etui und schaute es sich ganz genau an. Plötzlich drehten ihn derbe Männerhände um, rissen ihm das Messer aus der Hand und es folgte eine schallende Ohrfeige. Der Junge blickte benommen drein und schwieg. Dann lief er aus dem Zimmer und rannte zu Heiner, der im Nachbarhaus wohnte. Ihn interessierte das Schlachtfest jetzt nicht mehr und das Kesselfleisch konnte ihm für heute gestohlen bleiben.

***

Heiner war Horst’s bester Freund. Das hatte auch damit zu tun, dass beide das Gymnasium in der Stadt besuchten, nur lag Horst einen Jahrgang zurück.
Heiner hörte aufmerksam zu und meinte dann nur:
„Aha, auch so ein Mann mit den Messern!“

Diese Reaktion verstand Horst nicht. Sein Freund schien ihn nicht ernst zu nehmen und er sagte ihm das. Schließlich hatte ihn dieser Schlächter beleidigt und vor allem brutal geschlagen.
„Ach weißt du“, beschwichtigte Heiner ihn lächelnd, „mir ist soeben die Kurzgeschichte von Heinrich Böll eingefallen, die wir vor ein paar Wochen im Deutschunterricht beim Widmann behandelt haben. Sie hat den Titel ‚Der Mann mit den Messern‘.“
Ohne zu fragen holte er das Buch vom Regal, suchte die Geschichte und fing an, laut vorzulesen:
„Jupp hielt das Messer vorne an der Spitze der Schneide und ließ es lässig wippen; es war ein langes, dünn geschliffenes Brotmesser, und man sah, daß es scharf war. Mit einem plötzlichen Ruck warf er das Messer hoch, es schraubte sich mit einem propellerartigen Surren hinauf, während die blanke Schneide in einem Bündel letzter Sonnenstrahlen wie ein goldener Fisch flimmerte, schlug oben an, verlor seine Schwingung und sauste scharf und gerade auf Jupp's Kopf hinunter....“
„In welcher Zeit spielt denn diese Geschichte?“
„Gleich nach dem Zweiten Weltkrieg.“
„Gib mal her!“
Horst nahm das Buch, las still weiter und der andere konnte beobachten, wie die Zeilen ihn fesselten.
„Sehr interessant. Hab' Böll's Roman ‚Ansichten eines Clowns‘ gelesen. Ich mag, wie er schreibt.“
„Ich auch“, antwortete Heiner.
Er zitierte erneut eine bestimmte Textstelle:
„Es war ein herrliches Gefühl; währte vielleicht zwei Sekunden, vielleicht zwanzig Sekunden, ich weiß es nicht. Während ich das leise Zischen der Messer hörte und den kurzen heftigen Luftzug, wenn sie neben mir in die Kulissentür schlugen, glaubte ich auf einem schmalen Balken über einem unendlichen Abgrund zu gehen. Ich begriff erst eine Stunde später, daß ich nun einen richtigen Beruf hatte ...“

Momente der Stille, weil die Gedanken faszinierende Bilder malten. Dann präsentierte Horst dem Freund seine spontane Idee, die er Böll verdankte und die Heiner durchaus zusagte. Die Kunst des Messerwerfens gegen den menschlichen Körper beherrschten sie zwar nicht, aber sie wollten es von nun an trainieren und sofort damit an einer der Schweinehälften beginnen, die am Flaschenzug drüben in der Scheune hingen.
Die Jungen schlichen um das Haus, in dem immer noch das Fleisch verarbeitet wurde. Stellten fest, dass der Metzger inzwischen in der Küche mit einer speziellen Maschine die Blechdeckel auf die Wurstdosen drehte und holten sich heimlich vier Messer von der Kommode in der Stube. Die sollten genügen. Das Scheunentor lehnten sie an, um ungestört üben zu können.
Mit Messern zu werfen war den Buben nicht fremd. Oft schon hatten sie ihre Taschenmesser zum Spaß in das Scheunentor gerammt. Die Klingen bohrten sich in das Holz, schwangen zunächst widerwillig hin und her, um sich allmählich zu beruhigen und fest im Brett haften zu bleiben. Natürlich hatten die Freunde dabei stets ein Ziel im Auge. Aber wenn sie nicht trafen, war das ohne Bedeutung, schließlich handelte es sich ja nur um ein Spiel. Das sollte sich von heute an ändern.
Heiner und Horst schleuderten Baptist's heilige Messer in Richtung des Schweinekadavers. Aber diese Messer gehorchten ihnen nicht. Die Technik des Werfens war im Grunde recht einfach: den Oberkörper möglichst ruhig halten, ein leichtes Wippen aus den Kniekehlen heraus, dann mit entspanntem Arm und gleichmäßigem Schwung das Messer auf die Reise schicken.
Jetzt flog es nach vorne, zunächst in wunderbarer Stetigkeit; kippte jedoch knapp vor dem Ziel hinten am Schaft leicht nach unten; berührte mit der Klinge zwar das Fleisch, drang aber dort nicht tief genug ein, so dass die Schwerkraft des Wurfgeschosses stärker war als die Haftung seiner scharfen Spitze im

Muskelgewebe und das Gerät deshalb immer wieder zu Boden fiel.
Baptist's Messer reagierten wahrlich ganz anders als ihre Taschenmesser. Da sie sich insbesondere hinsichtlich der Länge und des Gewichts von den eigenen unterschieden, erforderte der Umgang mit ihnen möglicherweise eine andere Wurftechnik. Deshalb galt es, in Zukunft regelmäßig zu üben. Am besten an Schweinen, wenn sie bei den Bauern im Dorf am Schlachttag tot in der Scheune hingen. Diese Tiere hielten sie für das Wurftraining gut geeignet. Auf ihre hellen, glatten Rücken ließen sich der Umriss eines menschlichen Körpers zeichnen und exakte Einschlagpunkte festlegen. Vor allem aber konnten sie sich so allmählich an nackte Haut gewöhnen, die man im Ernstfall nicht mehr und nicht weniger als um Haaresbreite verschonen musste.
Auf einmal stand er hinter ihnen in der Tür. Sie entdeckten seinen Schlagschatten an der Seitenwand auf der Höhe des toten Tieres. Die Buben zögerten einen Moment, sich zu ihm umzudrehen, sahen dann ein dunkelrotes Gesicht und einen geöffneten, stummen Mund.
„Ich habe ihn dazu angestiftet."
„Nein, Heiner, brauchst nicht die Schuld auf dich nehmen. Baptist weiß genau, dass ich mich für seine Messer interessiere."
Die schmalen Holzgitter des Leiterwagens vor den Köpfen der Jugendlichen wirkten im kümmerlichen Licht des hohen Raumes plötzlich wie das Skelett eines Ungeheuers, das sie mit seinem langen Deichsel-Spieß zu durchbohren drohte.
„Dann kommt mal, Bürschchen! Schauen wir, was eure Eltern dazu sagen."
Sie zuckten zusammen, als die dunkle Stimme durch die düstere Scheune donnerte. Heiner versuchte in die Offensive zu gehen, erzählte dem Metzger die Geschichte von Böll; dass die eigentlich ihre Aktion ausgelöst habe; dass Messerwerfer doch auch für sie ein faszinierender Beruf sein könnte. Er hoffte, dass

der Alte jetzt wenigstens ein klein wenig Verständnis für sie aufbrachte.
Der Mann neben ihnen schwieg und schmunzelte wohlwollend. Ohne zu überlegen rannte Heiner hinüber in sein Elternhaus, kam mit der Schullektüre zurück und begann den Originaltext laut vorzulesen. Baptist hörte zu und die Jugendlichen gewannen den Eindruck, dass auch ihm Böll gefiel. Als Heiner seinen Vortrag beendet hatte, fing der Metzger laut an zu lachen und schlug sich dabei auf die Schenkel. Gellendes Gelächter eines schier Verrückten, das nicht mehr zu enden schien. Die beiden verstanden das nicht.
„Buben, wartet hier! Ich komme gleich wieder."
Er lief ins Haus und kehrte mit seinen restlichen Messern zurück. Legte sie akkurat auf eine Bank, die er von der Wand in die Mitte der Scheune gezogen hatte, ungefähr sechs Meter vom Schwein entfernt. Dann holte er aus seiner Hosentasche einen Stift, zeichnete damit jeweils eine Linie von oben nach unten auf beide Seiten des Tierrückens und stellte sich hinter den wohlgeordneten Messern auf. Er drückte ruckartig die Wirbelsäule durch und stand stramm, wie es sich für einen Ulanen kurz vor dem Aufsitzen geziemte, bevor er zur Attacke ritt, um mit dem Säbel zu töten. Auf sein ernstes Gesicht legte sich etwas seltsam Magisches; spiegelte Kälte, aber auch einen Hauch Besessenheit, die die Jungen erschreckte. Dann zog er blitzschnell seine Messer, die kurz nacheinander dem Rücken des toten Schweines entgegenrasten, sich in gleichmäßigen Abständen genau auf den vorgezeichneten Linien festbohrten und dort gehorsam verweilten, wie ihnen ihr Herr befahl.
„Ich bin nach dem Krieg in so einem Variete-Zirkus aufgetreten, genau wie die Männer bei eurem Dichter. Hab' so mein erstes Geld verdient Anfang Dezember 1918."
Die Jugendlichen fanden diese Nachricht sensationell. Dass Baptist mit Messern umgehen konnte, wusste Horst bereits von der Arbeit auf dem Schlachtbrett. Aber das hier war ja wohl

etwas ganz anderes. Sie fragten, wann er diese grandiose Fertigkeit erlernt habe.
„Während meiner Lehrzeit im Schlachthof in den Mittagspausen."
Und er riet den Buben, durchaus weiterhin an toten Schweinen zu üben wie er es früher auch getan hatte, wenn sie unbedingt in einem Variete ihre Wurfkünste vorführen wollten. Sie sollten sich bloß nicht erwischen lassen. Schon gar nicht mit seinen Messern.
Jetzt lachten Heiner und Horst erleichtert auf. Beide gingen davon aus, dass das angedrohte Tribunal nicht mehr stattfinden würde.

Die verweigerte Schlachtschüssel

„Gelobt sei Jesus Christus“, riefen die Kinder im Chor, als Pfarrer Mondfelder das Schulzimmer betrat.
„In Ewigkeit. Amen“, war seine Antwort darauf, und die klang recht aggressiv. Angewidert verzog er das Gesicht und jedem war klar, was ihm nicht passte. Nach dem Gebet schlug er die Bibel auf und las laut vor:
„Als Jesus die vielen Menschen sah, stieg er auf einen Berg. Er setzte sich, und seine Jünger traten zu ihm. Dann begann er zu reden und lehrte sie. Er sagte: Selig, die arm sind vor Gott, denn ihnen gehört das Himmelreich.“
Nein, so funktionierte das nicht! Abrupt erhob sich der Geistliche, schüttelte den Kopf und forderte die Schüler auf, alle Fenster zu öffnen. Danach fuhr er mit der Bergpredigt fort:
„Selig die Trauernden, denn sie werden getröstet werden.
Selig, die keine Gewalt anwenden, denn sie werden das Land erben ...“
Er unterbrach erneut und ihm war jetzt durchaus nach Gewaltanwendung zumute. Verärgert verließ Hochwürden seinen Platz, lief durch die Reihen der Schüler, blieb ab und zu stehen und schnüffelte einen nach dem anderen ab. Als er bei Sepp ankam, hielt er sich demonstrativ die Nase zu und drehte sich von ihm weg.
„Ich hätte es mir ja denken können. Hast wieder mal ein Kilo Knoblauch verdrückt.“
„Na, Herr Pfarrer, bestimmt net! Ein Kilo - des is doch fast a ganze Schüssel voll und da tät’s einen zerreißen. Mehr als fünf oder sechs Zehen, des schafft kanä.“
Im Gegensatz zum Pfarrer erheiterte die Mitschüler Sepps Erklärung. Ihr Gelächter steigerte nur noch dessen schlechte Laune. Zornig stapfte er vor dem Pult auf und ab und grübelte. Dann verkündete er seine Entscheidung:

„Ihr lest jetzt leise den Bibeltext weiter, denn ich muss dringend in die Sakristei."
An der Tür blieb er kurz stehen und sagte:
„Übrigens Sepp, fremdes Eigentum wegnehmen, das nennt man stehlen."
Keiner verstand diese Bemerkung außer Sepp.
Die Schüler warteten gespannt auf die Rückkehr des Priesters und als er nach einer Weile wieder ins Klassenzimmer kam, ahnte jeder, was Mondfelder vor hatte: In der linken Hand hielt er den vergoldeten Becher mit den Weihrauchkörnern, in der rechten das Fass. Stellte vorsichtig die Kultgeräte ab, schritt zum Eisenofen, holte mit der Schaufel ein paar glühende Kohlen heraus und belegte damit das Weihrauchfass. Nun wandte er sich der Klasse zu:
„So, Bruno und Franz, jetzt seid ihr an der Reihe!"
Die beiden verstanden sogleich, denn sie waren Oberministranten und deshalb Fachleute, was die Erzeugung des Wohlgeruchs in der Kirche betraf. Jetzt bot sich für sie eine gute Gelegenheit, den anderen zu imponieren, vor allem den Mädchen.
Bruno zog an der Kette und der Deckel des Weihrauchgefäßes stieg in die Höhe. Hochwürden wollte sofort übernehmen.
„Nein, Herr Pfarrer, so wird das bestimmt nichts."
„Was soll denn das heißen?"
„Die Kohlen sind doch viel zu groß."
Der Geistliche überlegte. Wahrscheinlich hatte der Ministrant recht. Er selbst wusste zwar, was am Altar zu tun war, aber mit den Kohlen des Weihrauchfasses beschäftigte er sich wahrlich nicht.
„Und was machen wir jetzt, Bruno?"
„Wir müssen die Kohlen mit der Schaufel zertrümmern."
Hochwürden nickte zufrieden und die beiden Jungen legten sich heftig ins Zeug. Legten die rotgrauen Steine auf dem Blech vor dem Schürloch ab und zerkleinerten sie akribisch in winzige Stücke. Es dauerte nicht lange, bis dunkle Rauchschwaden über

den Schulbänken standen. Und was den Geruch betraf, konnte sich jeder sein eigenes Urteil bilden. Die meisten Schüler jedenfalls hielten den Knoblauchduft für das kleinere Übel.
Der Pfarrer wirkte nervös und drängte die Ministranten zur Eile. Als sie das Weihrauchfass erneut belegt hatten, griff er hastig danach, doch Bruno hielt es zurück.
„Herr Pfarrer, davon verstehen sie wirklich nicht viel. Wir müssen doch erst die Kohlen wieder zum Glühen bringen, sonst kann man nicht räuchern."
Das leuchtete ein. Der Oberministrant wirbelte nun das Gerät durch die Luft, dass es eine Freude war, ihm zuzuschauen. Endlich konnte Franz den Weihrauch mit dem Schäufelchen einfüllen und dabei sparte er keineswegs an jenen wertvollen Körnern angesichts des Gestanks, der trotz weit aufgerissener Fenster immer noch im Raum lag.
Schließlich ging Mondfelder zu Werke. Er nahm das Fass in beide Hände und bediente es, wie er das stets tat. Jeder Kirchgänger kannte diesen Schwenkrhythmus: Zweimal kurz und dann nach vorne durchziehen. So lief das jedesmal ab, egal ob er die Monstranz vor sich hatte oder die Gläubigen im Kirchenschiff. Den Schülern gefiel die Weihrauchzeremonie hier im Klassenzimmer erheblich besser als während des Hochamtes. Würdevoll zog der Geistliche an den Bankreihen vorbei, vergaß auch die vier Ecken des Zimmers nicht, schnupperte prüfend in alle Richtungen und wiederholte vorsichtshalber nochmals den gesamten Vorgang. Endlich schien er zufrieden. Die unangenehmen irdischen Gerüche, die Knoblauch und Kohle erzeugten, hatten sich in einen himmlischen Wohlgeruch verwandelt.
Mit den Seligpreisungen wurde es heute nichts mehr. Der Priester bat seine Ministranten, die Kultgeräte zurück in die Sakristei zu tragen und verschwand ohne das übliche Schlussgebet.
Als Lehrer Schober nach der Pause das Schulzimmer aufsuchte, wunderte er sich sehr. Das konnten die Schüler gut verstehen. Er

vermutete, dass der Herr Pfarrer heute im Religionsunterricht eine Andacht abgehalten habe. Doch das traf nicht zu und man klärte ihn auf.
„Aha, der Sepp wieder mal“, bemerkte der Lehrer in ironischer Tonlage.
„Der Mondfelder hat sich halt g`ärgert, weil er gestern sei Schlachtschüssel hat net essen könna.“
„Warum denn das? Bei euch war doch gestern Schlachttag. Du hast mir ja selbst etwas vom Kesselfleisch gebracht.“
Es war nämlich seit langem Brauch im Dorf, dass die Bauersleute, die in der Nähe der Kirche und Schule wohnten, dem Pfarrer und dem Lehrer frischgekochtes Bauchfleisch schenkten, wenn bei ihnen ein Schwein geschlachtet wurde.
Sepp dachte kurz nach und antwortete dem Herrn Lehrer:
„Ja mei. Den Pfarrer mog ich net, der hackt dauernd auf mir rum. Vorgestern hat er mi schwer beleidigt. ‚Du bis dumm und frech und außerdem ein stinkfauler Schüler.’ Genau des hat er g’sagt. Drum hat er die Schüssel nur anschaun könna und net gekriegt.“
„Was soll denn das heißen?“
„Na ja. I war scho’ drüben bei ihm. Aber i hab ihm die Schüssel net gäm, sondern des Kesselfleisch vor seine Augen selber g’fressen.“
Die Schüler rundum bogen sich vor Lachen.
„Und warum jetzt auch noch deine Stinkaktion mit dem Knoblauch?“, fragte der Lehrer.
„Weil der Pfarrer glei danach zu meine’ Eltern ham is’ und mi stinkfaulen Schüler an Dieb g’nennt hat. Des hat mir gewaltig g’stunken und des soll er a riechen.“
Da gerieten die Buben und Mädchen vollends außer Rand und Band und ihr ausgelassenes Verhalten ließ keinen Zweifel aufkommen: Jetzt konnte sich fürwahr keiner mehr auf das Prozentrechnen konzentrieren.

Feuer und Eis

Im Winter kam der zugefrorene Dorfweiher den Kindern und Jugendlichen wie ein kleines Paradies vor. Man konnte auf den Schuhsohlen über die spiegelglatte Eisfläche rutschen. Und wenn der Anlauf gut gelang, erstreckte sich die Rutschbahn über viele Meter. Ebenso fuhr man allein mit den Schlittschuhen Kreisel oder sprang Pirouetten. Wer sich für Fangspiele auf der Eisfläche interessierte, brauchte dazu jedoch wenigstens einen Partner. Das Eishockeyspiel ging zur Not zu fünft, wenn beide Mannschaften auf ein Tor spielten. Anders verhielt es sich mit dem Eisbiegen. Dafür benötigte man eine größere Gruppe. Sie waren zu acht und das reichte aus.
Dieses Vorhaben bedeutete ein Kräftemessen mit der Natur in Form einer Eisschicht von etwa dreißig Zentimetern oder mehr, je nachdem, wie lange die Kälteperiode im Winter andauerte. ‚Biegeis', wie die Buben es nannten, war nur zu schaffen, wenn sie im Team arbeiteten und das erforderte große Geschicklichkeit. Es verhielt sich ähnlich wie beim Rudern im Sommer auf dem Fluss: Man hatte erst dann Erfolg, wenn sich jeder der gemeinsamen Aufgabe unterordnete und sich präzise an den Rhythmus hielt. Eisbiegen hieß Kampfsport. Sie kämpften gegen das Eis und das Eis gegen sie. Und dieser Kampf barg durchaus Risiken. Es genügte also nicht, eine bestimmte Anzahl von Buben für das Spiel zu finden. Vielmehr durfte sich die Mannschaft nur aus mutigen und erfahrenen Eissportlern zusammensetzen.
Sie stellten sich in einer Reihe in Tuchfühlung nebeneinander auf, hakten gegenseitig die Arme unter und bildeten damit eine Einheit wie Glieder einer Kette. Sobald man die Körper der Kameraden auf beiden Seiten spürte, fühlte man sich stärker. Vor allem aber sicherer und allmählich nahmen Beklemmung und Furcht ab. Jeder wusste: Wenn einer einbrach und die gefährliche Eiswelle sich dem Schienbein näherte, würde er von

den Nachbarn hochgezogen und nicht unter Eisfläche und Wasser gedrückt werden. Die Armkette war auch deshalb wichtig, um den gemeinsamen Takt in der Bewegung zu finden. Nur wenn jeder im selben Moment seinen Körper exakt wie der andere einsetzte, konnte man das Eis in die Knie zwingen.

Nachdem alle anderen Personen die unmittelbare Gefahrenzone auf dem Eis und die allzu Ängstlichen den Dorfteich gänzlich verlassen hatten, konnte es losgehen. Heiner stand als erster in der Reihe und erteilte das Kommando. Zunächst galt es, den rechten Fuß nach vorne zu stellen, dann folgte der Start.

„Dreizehn - vierzehn. Dreizehn - vierzehn“, schrie Heiner in zeitlich regelmäßiger Abfolge. Die eine Zahl bedeutete einen Schritt nach vorne mit dem linken, die andere mit dem rechten Fuß. Bald bewegten sich die Buben im Gleichschritt. Eine Zeit lang reagierte das Eis nicht. Es tat so, als ob es die Aktionen der Menschen nicht ernst nahm. Oder heckte es einen heimtückischen Plan aus? Wollte Schlaf vortäuschen, um ganz plötzlich die Quälgeister überraschen zu können; und zwar dadurch, dass es sich vor den Füßen der Jungen spaltete und diese dann in das kalte Wasser unter seine gläserne Decke zog.

Langsam und gleichmäßig stampften die vielen Füße auf das Eis, folgten dem Takt der Zahlen, den Heiner festlegte. Schwerfällig und monoton sahen sich diese Schrittfolgen an. Aber eben deshalb erzielten sie nach wenigen Minuten die gewünschte Wirkung: Das Eis ächzte und krachte, erweckte den Eindruck, als ob es sich zunächst vor Zorn oder Schmerz aufbäumte, weil die Spannung immer unerträglicher wurde. Letztendlich gab es dann doch nach und gehorchte. Bog sich in unmittelbarer Nähe der Schuhe extrem nach unten durch, als wollte es sich vor den Läufern verbeugen, um direkt hinter den Körpern bis zu zwanzig Zentimeter wieder hochzusteigen wie eine Welle, und das in der Länge der Menschenkette. Unglaublich, wie geschmeidig das an sich starre Eis reagieren konnte, wenn man mit ihm geschickt umging. Jetzt sangen sie alle im Chor:

„Einundzwanzig - zweiundzwanzig. Einundzwanzig ...“
Und entsprechend langsamer kam die Reihe vorwärts, so wie es der neue Vier-Silben-Takt vorschrieb. Die Buben faszinierte, wie das Eis sich sofort ihrem Rhythmuswechsel anpasste und sie waren stolz, als die Mädchen am Ufer Beifall klatschten. Dennoch schien die glasige Fläche unberechenbar und deshalb war größte Vorsicht geboten. So friedlich und unschuldig sie sich vor ihnen auch ausbreitete, urplötzlich konnten sich Risse abzeichnen, die die Augen nicht richtig einschätzten und eine falsche Reaktion der Körper löste sofort Unheil aus.
Doch das Eis wollte kein Spielverderber sein. Es ordnete sich den Bewegungen der Beinkette unter, ging vor den Buben demütig in die Knie, um ein paar Zentimeter hinter den Schuhen wieder in die Höhe zu steigen. Die Jungen hatten ihr Eis zum Biegen gebracht, ihr ‚Biegeis' erreicht und sie genossen ihren Triumph. Manchmal deutete das Eis Kampfbereitschaft an. Zog dann lange Bruchlinien in die spiegelglatte Decke. Aber meistens benützte es eine ehrliche, klare Schrift, die die Buben eindeutig zu lesen vermochten. Ergeben wölbte es sich wieder und immer wieder dem Rhythmus der Füße folgend auf und nieder. Heiner beschloss nach einiger Zeit, das Eisbiegen zu beenden. Deshalb forcierte er den Takt und je schneller die Schrittfolge wurde, desto flacher wurde die Welle aus Eis in unmittelbarer Nähe der Füße, bis sie ganz verschwand und die Oberfläche wieder völlig glatt war.

***

Bruno stimmte es traurig, dass man vom nächsten Tag an für eine Weile auf das Eisbiegen verzichten musste, weil die Erwachsenen sich mit ihrem Eis beschäftigten. Er verabschiedete sich von den Freunden und als er daheim ankam, läutete die Glocke zum Ave-Gebet. Im Haus brannte kein Licht und die Angehörigen arbeiteten vermutlich noch im Stall. Ihm kam das gelegen, denn er wollte jetzt seine Ruhe haben und mit der Dunkelheit allein sein. Vorsichtig tastete er sich in die Küche, zog die Schuhe aus und setzte sich auf einen Stuhl, um die durchgefrorenen Füße der wohligen Wärme entgegenzustrecken, die der Kachelofen verströmte. Von hier konnte man unten das Feuer hinter der Glastür beobachten, das die Kacheln aufheizte. Die Wärme tat gut. Zumindest galt das für seinen Körper. Aber sie half nicht gegen das dumpfe Gefühl in seinem Innern.

Jedes Jahr nach Weihnachten spürte er um den Dreikönigstag eine gewisse Unruhe und er kannte den Grund genau. Die Ferien waren vorbei und übermorgen begann wieder die Schule. Für die meisten Schüler stellte ein derartiger Termin ein Ärgernis dar und er rechnete sich dazu. Am schlimmsten empfand er das Ende der Weihnachtsferien. Das hing vor allem mit den Werktagen in eben diesen Ferien zusammen. Während nämlich in den übrigen Ferien des Schuljahres Werktage für die Kinder auf dem Land vor allem Arbeitstage waren, erlangten sie im Winter einen sehr positiven Stellenwert, weil sie Freizeit bedeuteten. Außer der Stallarbeit standen so gut wie keine weiteren Verpflichtungen an. Schließlich regierte der Winter auf den Feldern.

Die Weihnachtsferien gefielen ihm auch deshalb so gut, weil es am Abend in der Stube immer sehr gemütlich war. Die Frauen lasen oder strickten und der Vater spielte mit seinen Buben Karten. Dazu erklangen aus dem Radio weihnachtliche Melodien. Manchmal sangen sie alle mit oder hörten Oma zu, wenn sie Geschichten aus ihrer Kindheit zum Besten gab. Oft wurden an diesen Abenden die Kerzen am Christbaum angezündet und die Kinder versammelten sich um die Krippe mit der heiligen Familie. Redeten über die Hirten, die sich mit ihren Schafen aufmachten zum Stall und freuten sich über die beleuchtete Herodesburg und den plätschernden Gebirgsbach.

Diese Krippenlandschaft hatte sein Onkel irgendwann einmal gebaut. Er kannte ihn nur von Fotos, genau wie seinen Großvater. Auf der Kommode in der Stube schienen sie im

Bilderrahmen immer gegenwärtig zu sein; vor allem für Oma: Der eine in steifer preußischer Haltung im grauen Feldrock, auf dem Kopf den schwarzen Helm, gekrönt von einer Eisenspitze. Ernst blickte er in die Kamera mit hochgezwirbeltem Schnurrbart. Vor ihm saß die Großmutter, den Kopf auf Brusthöhe des Ehegatten, der schützend seinen Arm auf ihre Schulter legte.
Im Bilderrahmen daneben der Sohn. Auch er in Soldatenuniform, allerdings in einem anderen Schnitt; den Adler vorne auf der Mütze mit weit ausgebreiteten Flügeln, in den Krallen eine Art Medaillon mit dem Hakenkreuz. Darunter ein blutjunges Gesicht mit lächelnder Miene.
Schnell kehrten Brunos Gedanken zu seiner Oma zurück, denn nur sie kannte er persönlich. Ihr Foto bewies, dass sie damals eine schöne Frau war. Im Grunde traf das heute in ihrem fortgeschrittenen Alter immer noch zu. Als Bäuerin setzte sie sich stets der Sonne und dem Wind auf den Äckern aus. Um so erstaunlicher fand er die Ebenmäßigkeit ihrer feinen Gesichtszüge und ihre glatte Haut. Sanft wirkten ihre Augen, die zwar manchmal auch streng blickten, jedoch meist Güte und Herzlichkeit ausstrahlten. Bemerkenswert waren ihre schmalen Hände mit den langen, feingliedrigen Fingern. Die Handflächen hingegen wiesen Risse und Schwielen auf; wurden von der Arbeit hart wie gegerbtes Leder. Eigentlich härter als Leder, waren sie doch in der Lage, ohne Folgen glühende Kohlen vom Herdfeuer in das Schürloch des Kachelofens zu tragen, um die Stube für den Abend aufzuwärmen. Und dennoch konnten diese Hände so zärtlich über seine Stirn und Wangen streichen.
Er liebte seine Oma und freute sich, dass sie noch lebte, auch wenn sie häufig traurig wirkte. Ihre beiden Männer in den Fotorahmen waren tot. Zumindest sein Großvater, der kurz vor Kriegsende in der Kammer neben der Küche gestorben war. Was den Onkel betraf, schrieben Leben und Tod eine komplizierte Geschichte: Zuerst hieß es, er sei vermisst, dann in Russland gefallen, was sich wiederum als Irrtum herausstellte. Anschließend galt er erneut als vermisst, bis sie eines Tages die

Mitteilung erhielten, er lebe als Kriegsgefangener in Sibirien. Irgendwann löste eine politische Nachricht Jubel in seinem Elternhaus aus: Adenauer hatte zehn Jahre nach Kriegsende die Freilassung zurückgehaltener deutscher Kriegsgefangener erreicht und ihr Bruno gehörte dazu.
Der Enkel bekam den gleichen Vornamen wie sein Onkel, wahrscheinlich zur Erinnerung an jenen, über dessen Existenz man damals nichts Genaues wusste. Wenn Oma von ihrem Sohn sprach, sagte sie immer mein Bruno, obwohl er selbst ihr doch auch sehr nahe stand. Ihm fiel ein, dass sie an diesem Heiligen Abend zum erstenmal nicht geweint hatte. Ihr Sohn lebte und er würde bald unter ihnen sein.
Bruno, der Junge, legte ein Holzscheit nach, setzte sich wieder ans Feuer und schaute den Flammen zu. Es gefiel ihm, wie sie sich regelmäßig hochreckten und für kurze Zeit in die Glut zurückfielen. Erneut geboren wurden; zuerst bläulich züngelnd, dann gelb und hellrot, um endlich dunkel anzuschwellen, wenn sie sich daran machten, das Holz zu fressen. Er fand, dass das Feuer im Ofen eine innere Ruhe erzeugte, ähnlich der beim Eisbiegen, wenn die Beine den Rhythmus gefunden hatten.
Das Eis auf dem Dorfweiher. Im Grunde bestand zwischen ihm und den Kindern ein freundschaftliches Verhältnis, ermöglichte es ihnen doch, sich auf seiner spiegelglatten Oberfläche zu vergnügen, wenngleich es Konzentration und Vorsicht von ihnen forderte. Aber eben das schätzten sie als Sportler.
Anders verhielt es sich bei den Erwachsenen. Für die stellte das Eis des Weihers einen materiellen Wert dar, den man sich zunutze machte. In wenigen Stunden ging es wieder los wie jedes Jahr um diese Zeit. ‚Eis machen' nannte man im Dorf die entsprechende Arbeit, die sich etwa eine Woche lang hinzog. Wie die meisten Buben und Mädchen ärgerte auch er sich darüber, dass man wieder einmal ihr Eis stahl und sie damit ihres Spaßes beraubte. Ihm war durchaus bewusst, dass die Eisschicht für die Erwachsenen große Bedeutung hatte. Gleich in der Früh würden die Männer mit der Eisernte beginnen. Es

wurde benötigt für das Kühlhaus in der Brauerei beim Alten Wirt. Ohne das winterliche Geschenk der Natur hätte man in den Sommermonaten die Gastwirtschaft schließen müssen. Undenkbar - Männer im Wirtshaus beim Schafkopfspielen mit leeren Maßkrügen und Gäste, die zum Essen erschienen, aber auf Fleisch- und Fischspeisen verzichten sollten.
Vor seinen Augen sah Bruno jetzt die Szenen, die sich von morgen an erneut im Dorf abspielten: Tonnenweise wurden die Eisschollen zur Brauerei gefahren, dort zu kleinen Brocken zerschlagen und in das Kühlbecken geschaufelt. Der Eisberg wuchs meterhoch an, wirkte wie ein kleiner Gletscher, der mit einer Chemikalie versehen und von einer Folie bedeckt in dem riesigen Raum das ganze Jahr über Getränke und Speisen kühl halten konnte, wenn nur der Winter kalt und das Eis dick genug war. Tage dauerte das Zertrümmern der Schollen in der Brauerei.
Aber zunächst musste es von der Wasseroberfläche entfernt werden. Auch das forderte vielen Männern körperlichen Einsatz ab. Meter für Meter arbeiteten sie sich vom Ufer bis in die Mitte des Teiches vor. Beile schlugen Eisplatten heraus, die man mit Hilfe langer Stangen, an einem Ende mit Eisenhaken versehen, an Land zog. Nach einiger Zeit musste man auf einem Eissteg hinaus auf die durchsichtige Fläche, um Eisflöße zu schlagen, die einzeln ans Ufer geschifft wurden. Im vergangenen Winter konnte dabei ein Arbeiter gerade noch vor dem Ertrinken gerettet werden, weil für derartige Unfälle stets eine lange Leiter am Ufer bereit lag. Waren die Eisflöße an Land, wurden sie für den Transport mit Sägen zerschnitten. Vom frühen Morgen an bis zum Einbruch der Dunkelheit fuhren die schwer beladenen Wagen vom Teich zum Alten Wirt und wieder zurück, begleitet vom Donnern der Pferdehufe und dem schrillharten Ton, den die Eisenräder auf der gefrorenen Dorfstraße verursachten.
Brunos Verärgerung über dieses heranrückende Ereignis ließ allmählich nach. Eigentlich brauchten auch die Erwachsenen das

Eis des Teiches und nicht nur die Kinder. Und wenn die Kälte anhielt, gehörte es ihnen bald wieder ganz allein.
Plötzlich wurde er aus seinen Gedanken gerissen, weil die Großmutter die Küchentür öffnete und das Licht einschaltete. Gestern Abend war sie kreidebleich aus dem Stall gekommen und wortlos weggegangen. Die ganze Nacht blieb sie fort und keiner wusste, wo sie sich aufhielt. Der Junge überlegte, was er zu ihr sagen sollte, und da sie jetzt in das Feuer starrte, sprach er sie mit unsicherem Tonfall an:
„Ich mag Feuer gerne anschauen. Es macht so heimelig."
„Ja Bub, aber Feuer kann ebenso Blut und Tod bedeuten."
„Vielleicht, wenn ein Haus brennt und die Menschen von herabstürzenden Balken erschlagen werden."
„Es kann dich sogar verbrennen, ohne dass es wirklich brennt."
„Oma, ich versteh' nicht, was du meinst."
Dann erzählte die Frau, was sie gestern Abend im Stall erlebt hatte. Das war allerdings so unglaublich, dass sie sich schwer tat, die richtigen Worte zu finden:
Sie war aus der Futterkammer gekommen und auf dem Weg in den Stall, um noch einmal nach den Kühen zu schauen. Schummriges Licht beeinträchtigte die Sicht, aber sie kannte ja jede Steinplatte auf dem Boden genau. Trotzdem nahm sie sich vor, in den nächsten Tagen den Glasschirm über der Lampe zu putzen, denn dort oben hatte sich eine dicke Schmutzschicht angesammelt, die einen Großteil der Helligkeit schluckte. Auf einmal wurde sie von einem merkwürdigen Licht aufgeschreckt. Es flackerte rötlich vom Stall her und warf gespenstische Schatten an die Wand des Ganges. Sie zögerte weiterzugehen. Was sie da vor sich sah, erinnerte ... Der Schreck schnürte ihr die Kehle zu. Das konnte nicht sein. Über dem Futterbarren brannte ein Feuer. Und plötzlich verwandelten sich seine lodernden Flammen in ein großes feuerrotes Kreuz. Sie rieb sich die Augen, schaute erneut an die Wand und sah wieder dieses Feuerkreuz. Erst jetzt fiel ihr auf, dass die Kühe überhaupt nicht auf dieses ungewöhnliche Lichtzeichen reagierten. Vor allem

galt das für Berta, ein sehr verängstigtes Tier, das dieses Kreuz unmittelbar vor Augen hatte. Eigentlich hätte diese Kuh in Panik mit den Vorderfüßen hinauf in den Trog springen müssen. Aber sie blieb merkwürdigerweise völlig ruhig.
Die Frau bemühte sich um Gelassenheit und versuchte zu denken. Langsam ging sie zum Wasserhahn hinüber und befeuchtete ihr Gesicht. Doch als sie sich wieder umdrehte, stand das feurige Kreuz immer noch über dem Barren. Handelte es sich wirklich um Feuer? Es sah eher aus wie Blut. Das Rot war ständig in Bewegung, floss pulsierend nach unten ab und löste sich in kleinere Punkte auf, Blutstropfen ähnlich. Nach einiger Zeit wagte sie sich näher heran und bemerkte, dass das Futter unterhalb des Kreuzes weder brannte noch feucht war. Dann legte sie die Hände auf den roten Balken an der Wand. Dieser fühlte sich weich und warm an, fast wie ein menschliches Gesicht. So wie damals, als sie beim Abschied das tränennasse Gesicht ihres Sohnes gestreichelt hatte, bevor er in den Krieg zog. Als ihre Finger erneut über den Balken glitten, schien es, als würde sie jetzt blutige Wangen streicheln. Angstschreie und sekundenlang Totenstille. Verzweifelt flüsterte sie seinen Namen und augenblicklich lösten sich Kreuz und Blut auf, verschwanden im Nichts. Sie bekreuzigte sich, verließ fluchtartig den Stall und lief auf die Straße.
Bruno hatte keine Lust mehr, sich die Füße zu wärmen und erhob sich vom Stuhl. Es überraschte ihn schon sehr, dass die Großmutter einen solchen Unsinn erzählte. Das passte absolut nicht zu ihr. Diese Frau war alles andere als hysterisch oder verrückt. Dennoch ging ihm eine spöttische Bemerkung durch den Kopf. Aber er hielt sie zurück. Später schmeckten ihm der Pfannkuchen und die Marmelade nicht so recht, obwohl er Süßspeisen am liebsten aß.

***

Jahre lag es zurück, vielleicht auch eine Ewigkeit, als sie fast verhungert und halb erfroren die Lena erreichten. Zu Beginn zählten sie dreihundert deutsche Kriegsgefangene, aber das qualvolle Leben in verschiedenen Lagern in der Wildnis Sibiriens hatte ihre Reihen ausgedünnt. Achtundfünfzig Männer waren sie inzwischen nur noch und keiner von ihnen wusste genau das Datum, als sie an diesem Ort ankamen. In Sibirien gab es keine Zeit. Am Ufer des Stromes, dort wo sich seine gurgelnden Wasser an steinigen Inseln und Sandbänken brachen, machten sie Halt. Auf der anderen Seite verlor sich der Fluss irgendwo in der Unendlichkeit. Er gehörte zu einer Holzschlagkolonne und es gab viel zu tun, denn sibirische Wälder hatten weder Anfang noch Ende. Auf einer leichten Anhöhe unweit der Lena rodeten sie mitten im Urwald eine Fläche für ihr neues Lager. Vierzehn Blockhütten wurden errichtet und später kamen Vorratslager und Kartoffelmieten dazu. Ihre Siedlung war in allen vier Himmelsrichtungen von mehreren Holzhäusern eingerahmt, in denen die russischen Posten wohnten. Den Zaun mit dem aufgesetzten Stacheldraht hatten sie längst abgerissen. Bewacht mussten die Gefangenen im Grunde nicht mehr werden, denn es machte keinen Sinn zu fliehen. Hitze und Sümpfe im Sommer, Schneewüsten und grimmige Kälte im Winter - Sibiriens grausame Natur lehrte sie recht schnell, dass Flucht, ob nach dreißig oder erst nach fünfhundert Werst den sicheren Tod bedeutete. Außerdem hatte sich das Verhältnis zu den meisten der russischen Soldaten im Laufe der gemeinsamen Jahre grundlegend geändert. Sie waren nicht mehr die verhassten Nemjetzkij - die Deutschen - wie zu Kriegsende, sondern eher Kameraden. Mit einigen hatten sie sich inzwischen sogar angefreundet. Er musste an Hauptmann Plachunow denken. Zuerst redete der ihn mit „deutscher Hund" an. Später war er der „Plenny 183", eben der Gefangene mit seiner Nummer. Jetzt sagte er „Bruno" zu ihm. Die unbarmherzige Taiga Sibiriens hatte es mit den Jahren geschafft, ehemalige Feinde zusammenzuschweißen.

Er lebte wieder einmal in der Vergangenheit und legte die Briefe aus Deutschland zur Seite. So oft schon hatte er in chronologischer Reihenfolge ihren Inhalt aufgesogen. Der letzte traf vor vier Wochen ein und er antwortete sofort am Abend mit dem Stift auf dem Papier, wie er es stets tat, obwohl er von der Waldarbeit sehr müde war.
Vor etwa einem Jahr kam aus Moskau das Signal für die Zeitenwende. Nun war der Kontakt mit ihren Angehörigen in der Heimat per Briefpost möglich. Sie galten nicht mehr als Kriegsverbrecher, sondern wurden als Menschen betrachtet. „Tauwetter" hieß diese Phase in der Sprache der Politik. Manches darüber erfuhr er von den Sowjet-Soldaten, das meiste jedoch aus den Briefen, die ihm vor allem seine Mutter schrieb. Zwar stimmten die russischen und deutschen Informationen nicht immer überein, aber eines galt als sicher: Irgendwann in den nächsten Wochen durften sie nach Hause.
Draußen heulte der Sturm, der an der Palisade vor dem Blockhaus Berge von Schnee anhäufte. Der strenge Winter hatte das Land fest im Griff wie jedes Jahr um diese Zeit. Vor gut einer Woche feierten sie in fröhlicher Stimmung Weihnachten. Er dachte an seine Krippe daheim; an die Herodesburg, an den plätschernden Gebirgsbach und an die Hirten am Lagerfeuer. Bruno hörte nebenan seine Kameraden schnarchen, er selbst aber war nicht fähig zu schlafen. Zu sehr wühlten ihn die Gedanken auf und die Wunschträume führten ihn weit weg nach Westen.
Seine Mutter hatte im letzten Brief wieder einmal von ihrem Kaufladen berichtet, den er seit seiner Kindheit so liebte. Fast immer begleitete er sie damals in den kleinen Raum neben der Wohnstube, wenn die Glocke bimmelte und ein Kunde eintrat. Alles sah er genau vor sich: Links von der Tür der große Salzbehälter, darüber die Fächer mit Waschpulver und anderen Reinigungsmitteln. Gegenüber hingen die Eisenwaren, im Sommer vornehmlich Sensen, Sicheln und Gabeln. Auf der anderen Seite der Tür lag die breite Theke aus Holz, hinter die

keine Kunden treten durften. Rechts stand die Waage mit den beiden Metallplättchen, die das Gleichgewicht anzeigten. Als Kind hatte er sich vorgestellt, es handle sich dabei um zwei Gänse, die sich mit ihren Schnäbeln zu küssen versuchten. In der Mitte unterhalb der Tischplatte befand sich die Kasse mit ihren geheimnisvollen Tasten, deren Druckkombination zum Öffnen ihm seine Mutter schon frühzeitig verraten hatte. Dann gab es die vielen Schubladen und Fächer, wo die Lebensmittel lagerten. Der Reihe nach zählte er sie auf: Reis, Zimt, Semmelbrösel, Haselnüsse, Nelken ...

Einer seiner Neffen ähnelte ihm sehr, schrieb die Mutter. Nicht nur, dass er denselben Vornamen trug, sich bewegte wie er und Süßspeisen mochte. Auch er war vernarrt in den Laden. Wie er selbst früher, half dieser jetzt seiner Oma beim Abfüllen der Tüten, hantierte geschickt mit den Gewichten, schrieb mit Kreide korrekte Rechnungen auf den Tisch. Und auch er stibitzte mitunter Bonbons, Lebkuchen und Zigaretten wie einst sein Onkel.

Der Laden. Jede Nacht, wenn er wach auf seiner Pritsche lag, schmiedete er Pläne für die Zukunft. Doch dem Laden galt sein Hauptinteresse. Der Vater hatte ihn mit eigenen Händen ausgebaut. In den Briefen hieß es, dass sich Deutschlands wirtschaftliche Lage allmählich erholte. Wenn er einmal zu Hause war und durchblickte, wie alles jetzt dort so lief, würde er seinen Laden auf den modernsten Stand bringen. Noch andere Wünsche und Sehnsüchte gingen ihm durch den Kopf, bis er endlich einschlief.

***

Sie räumten ihre Werkzeuge beiseite, denn Sergeij hatte mit seiner Trillerpfeife die Brotzeit angekündigt. Die Kriegsgefangenen setzten sich auf die Baumstämme um das Feuer und packten die Taschen aus. Im Vergleich zu früher lebten sie jetzt wie Götter. Auf eine Art Tischdecke, die über den Schneeboden gebreitet wurde, legten sie Salzfleisch, Hirsebrot, Trockenfisch, Bohnen, Schmalz und ein Glas Honig. Dazu gab es heißen Tee. Die Männer redeten über die Heimat und über ihre Arbeit. Sie hatten in den letzten Stunden bereits viel Holz geschafft und wenn sie das Tempo durchhielten, erreichten sie das Tagessoll schon um die Mittagszeit. Dann begann ihre Freizeit. Die Russen ließen sie inzwischen auch bei der Planung und Gestaltung der Arbeit an der langen Leine, wenn nur die Leistung stimmte.

Bruno trat näher ans Feuer und wärmte sich die klammen Hände, so wie als Kind zu Hause am Kachelofen. Und wie damals blickte er in die Flammen. Sah, wie sie die Holzscheite umschlangen und in verschiedenen Gelb- und Rottönen auf und nieder züngelten. Von allen Seiten packten sie gierig zu, als seien sie Kraken. Zuerst versengten sie die Rinde und die feinen Späne an der Innenseite, entfachten dann Glut, die sich mehr und mehr in das hellbraune Fleisch fraß und auf Vernichtung sann. Knistern und Zischen; Laute, die sich wie qualvolles Ächzen und Stöhnen anhörten. Am Ende blieb nur ein Haufen weißgrauer, lebloser Asche übrig.

Damals hatte ihn das Feuer fasziniert. Es wärmte nicht nur seine Hände, sondern auch sein Herz. Jetzt allerdings beunruhigten ihn diese Bilder, machten ihm Angst. Die Arbeit am Baum vertrieb sie hoffentlich schnell wieder.

Erneut kreischten die Sägen und die Äxte schlugen dazu einen unregelmäßigen Takt. Ein Baum nach dem anderen fiel tot um, wurde entastet und abgeschält. Die Stämme blieben hier bis zum Sommer liegen und wenn der Waldboden abgetrocknet war, wurden sie von Pferden hinab zum Strom gezogen.

Zwei Stunden später beendete Sergeij die Arbeitszeit, indem er das Signal blies. Sie hatten sich sehr geplagt und deshalb den freien Nachmittag verdient.

Bruno beschloss, seinen Freund Wassilij im nahegelegenen Dorf zu besuchen. Er kannte ihn schon lange. Als man die Deutschen im Waldlager noch als Unmenschen betrachtete, steckte der

Russe ihm heimlich Brot und manchmal auch ein Stück Dörrfleisch zu. Er selbst war darum bemüht, ihm das seit der politischen Tauwetterphase zurückzugeben, als die Gefangenen regelmäßig Ausgang bekamen. In der Freizeit suchte er den Russen häufig in seinem kleinen Haus am Ende des Dorfes auf und half ihm bei der Arbeit, während die Kameraden meist Karten spielten. Wassilij war für ihn wie ein Vater und entsprechend redete jener auch mit ihm:
„Bruno, du bist wie ein Sohn für mich, bist mein blonder deutscher Sohn!"
In letzter Zeit sprach er immer häufiger über seine Gefühle. Dass er, wenn sie aus dem Waldlager entlassen würden, zu ihm ziehen solle. Das Dorf hier in der Taiga sei doch im Laufe der letzten Jahre so etwas wie seine Heimat geworden. Aber beide wussten, dass das nicht der Wahrheit entsprach.
Der Deutsche war mit einem Schlitten auf dem Weg zur Siedlung und dachte wehmütig an den baldigen Abschied von seinem väterlichen Freund. Für den Alten würde es sicher schmerzvoll sein und er empfand Mitleid mit ihm. Inzwischen war er mit seinem Fuhrwerk am Bach angelangt. Im Sommer hatte er mit einem Kumpel dort unten oft mit den Händen Forellen gefangen, jetzt lag das Gewässer starr und ohne Leben vor ihm. Er stoppte den Schlitten, nahm das Panjepferdchen am Halfter und stapfte seitlich ein Stück in den Wald, um seine Fallen zu kontrollieren.
Kurze Zeit später begrüßten sich die beiden Männer mit einer langen und herzlichen Umarmung, wie sie es immer taten. Viel hatten sie sich zu erzählen. Dann machte Wassilij den Vorschlag, zum Eisfischen zu gehen und Jagd auf Pelztiere zu machen. Bruno war an diesem Tag nicht in der rechten Stimmung dazu, obwohl er beides in Sibirien zu schätzen gelernt hatte. Da er aber seinem Freund den Spaß nicht verderben wollte, willigte er dann doch ein.
Sie zogen hinaus auf die Lena, die zum größten Teil mit Schnee bedeckt war. Doch in westlicher Richtung, ein paar hundert

Meter entfernt, leuchtete ein schmaler Eisstreifen im Sonnenlicht. Er wirkte aus der Ferne wie ein bläulich schimmernder Spiegel aus Glas, der sich im harten Blau des Firmaments aufzulösen schien. Hier zog eine warme Strömung im Winter Fischschwärme an und deshalb wählte man diese Stelle zum Eisfischen aus. Wenn die Männer aus den umliegenden Dörfern dort drüben arbeiteten, schlugen sie in der Regel zunächst eine Wasserrinne frei, die aussah wie ein Bach und während man darauf wartete, dass ein Schwarm Fische sich in der Tiefe im Netz verfing, galt es Treibeis und Wasser ständig mit Stangen zu bewegen, um so ein Anfrieren zu verhindern. Sobald aber die Fischer damit aufhörten und sich anschickten, ihre Schlitten mit Fang und Gerät für die Heimfahrt zu beladen, wurden die Eisplatten, zunächst in unterschiedlichen Positionen hin und her schaukelnd und sich allmählich beruhigend, in wenigen Minuten von der grimmigen Kälte wieder miteinander verschweißt.

Wassilij und sein Freund standen inzwischen unmittelbar vor dem Gebilde verschobener und verkanteter Würfel, Prismen und unregelmäßiger Körper aus Eis, die wie Kristalle glitzerten, weil sie von der Sonne jeweils aus einer anderen Perspektive angestrahlt wurden. Diese verworfene, glänzende Oberfläche kam Bruno heute jedoch vor wie eine Wunde, die man dem Eis zugefügt hatte und die schlecht verheilt war.

Nun richtete der eine die Fanggeräte her, während der andere mit dem Beil Kerben in die Eisdecke schlug. Nach wenigen Hieben riss diese auf, zerbrach auf runder Fläche in zahlreiche Brocken, die auf dem dunklen Wasser zu kreisen begannen und von den Männern fortwährend in Bewegung gehalten werden mussten.

Nach einer Weile ließen beide das Netz in das größere Eisloch gleiten und legten die Angeln im kleinen daneben aus. Geduldig und meist schweigend warteten sie auf ihre Beute. Die Augen wanderten immer wieder hinüber zur nahen Steilküste der Insel, vor der das Eis rumorte. Dort war die Strömung derart stark und

ungleichmäßig, dass sich das Wasser an seiner Oberfläche nicht auf Dauer in eine feste Decke zwingen ließ, denn die hohen Wellen und kräftigen Wirbel drückten das Eis in die Höhe, es zerbarst, wurde vom Wasser aus der Tiefe überflutet, das sofort wieder gefror. Bizarre Brocken, die ständig anwuchsen und wieder zerbrachen, wenn sie an die Felswände geschmettert wurden und anschließend hinaus schwammen zu den Klippen. Dort sammelten sich die Eisschollen und schoben sich meterhoch übereinander zu gläsernen Bergen aus erstarrtem Wasser. Beeindruckend war dieses nie endende Schauspiel der Natur für den Betrachter. Sonnenlicht fiel auf das Eis und die Schollentürme leuchteten im Inneren wie lodernde Flammen.
„Sie schauen aus wie gefährliche Bestien", dachte Bruno. Das war nicht ihr Eis vom Dorfweiher. Das Eis der Lena verhielt sich heimtückisch und teuflisch.
Auf einer der Schollen lagen drei prächtige Fischottern, deren braunes Fell in der Sonne glänzte. Wassilij hatte sie zuerst entdeckt und wollte unbedingt die wertvollen Pelze. Der junge Mann versuchte seinen Freund umzustimmen, ihm sein Vorhaben auszureden, weil es viel zu riskant sei. Da lachte der Russe nur und klopfte ihm auf die Schulter.
„Bist halt doch nicht in Sibirien geboren. Ich dagegen bin ein Kind der Lena."
Er griff nach seinem Arm und zerrte ihn mit. Sie pirschten sich näher an die Beute heran. Den einen hatte das Jagdfieber gepackt, den anderen die Angst. Sie sahen, dass die Eisscholle auf sie zukam. Das erhöhte ihre Chancen. Der Russe schoss. Ein Otter blieb tot auf der Scholle, die beiden anderen tauchten in die Tiefe. Allerdings war es schwierig, das erlegte Tier zu erreichen, weil sich die Strömung plötzlich veränderte und die Eisplatte sich ständig drehte. Sie versuchten es mit der Stange, doch diese erwies sich als zu kurz. Obwohl Bruno ihn darum bat, wollte Wassilij nicht aufgeben. Nun probierten sie es von anderen Stellen aus. Weitere Eisschollen wurden herangetrieben, schaukelten auf dem Wasser und schlugen

aneinander. Der Alte legte sich auf den Bauch, die Arme weit nach vorne gestreckt, erneut bemüht, den Eisenhaken der Stange in die Scholle mit dem Otter zu rammen. Aber es fehlten die entscheidenden Zentimeter. Bruno sollte es versuchen, weil er längere Arme hatte. Der nahm nun die Position des Russen ein. Vorsichtig robbte er nach vorne und maß mit der Stange die Entfernung zur Eisscholle aus. Man konnte es schaffen. Er drückte sich mit der Linken vom Eis ab, um mit dem aufgerichteten Oberkörper mehr Schwung für den rechten Arm zu erhalten. Dann holte er aus. Und während die Stange nach vorne sauste, gab das Eis unter der linken Hand nach, riss in mehrere Richtungen auf und brach unter dem Körper auseinander. Bruno glitt in das Dunkel des kalten Wassers, trieb wieder in die Höhe und schlug mit dem Kopf gegen die harte Eisdecke. Suchte verzweifelt das Loch zur Wasseroberfläche, konnte es aber nicht finden, weil ihn die starke Strömung immer weiter weg zog. Allmählich begann die Lunge zu schmerzen und er hatte Mühe, die Gliedmaßen zu bewegen.

Plötzlich fühlte er seine Mutter nah bei sich, spürte, wie sie mit ihren anmutigen Händen seine Wangen streichelte und vernahm deutlich, wie sie ihn mit seinem Namen anredete. Da wurde er mit einem Mal innerlich ganz ruhig. Die Todesangst hatte ihn verlassen und es schien ihm, als schwebe er lautlos dahin, vielen leuchtenden Sonnen entgegen.

Wassilij starrte auf die kleine Wasseroberfläche und rief verzweifelt den Namen seines deutschen Freundes. Doch außer einem roten Flecken war nichts zu sehen. Der Alte wartete. Irgendwann wurde ihm bewusst, dass es vorbei war. Steif vor Kälte schrie er seinen Schmerz hinaus und von den Klippen her antwortete ihm höhnisch das krachende Eis.

***

Der zehnjährige Bruno in Deutschland machte in der Wohnstube seine Hausaufgaben. Wie stets saß er an der Tischseite, die ihm den Blick auf die Ladentür ermöglichte. Unmittelbar daneben befand sich über der Nähmaschine das kleine Zwischenfenster, hinter dessen Scheiben die Bonbongläser standen. Die schwarzbraunen Karamellen mochte er am liebsten. Als die Ladenglocke läutete, sprang er auf. Er wollte doch vor seiner Oma den Kunden begrüßen und ihn möglichst lange allein bedienen. Die alte Kathrin war gekommen und hielt eine Schüssel in der Hand. Der junge Verkäufer ahnte, was sie von ihm wünschte. Zuerst ging es um zwei Pfund Linsen. Die Großmutter trat erst ein, als die Tüte abgewogen war, obwohl sie sich in der nahen Küche aufgehalten hatte. Bruno wusste, dass sie sich Zeit ließ, weil er gerne allein den Kaufmann spielte. Die beiden Frauen unterhielten sich über Kartoffeln, die von den weißlichen Trieben zu befreien und anzuschneiden waren. Schließlich war es höchste Zeit, sie auf dem Feld in die frisch gepflügten Furchen zu stecken, damit sie dort mit Erfolg keimen konnten. Einen Soßenlebkuchen verlangte Kathrin jetzt und auch eine Schachtel Overstolz für ihren Mann, der das Rauchen nicht lassen konnte, obwohl er in letzter Zeit ständig hustete. Am Ende wollte sie zwei Bratheringe in ihre Schüssel haben, aber mit viel Soße. Bruno holte die große Blechdose und erfüllte auch diesen Wunsch.

„Sieben und acht sind fünfzehn. Fünf an, eins gemerkt“, rechnete er laut vor und schrieb die entsprechenden Ziffern mit Kreide auf den Ladentisch. Die Rechnung wurde schnell und korrekt erledigt, wie das meistens der Fall war. Erneut läutete es an der Außentür und der Postbote trat ein. Kathrin verabschiedete sich, weil sie noch einen Sack Saatkartoffeln herrichten wollte.

„Anna, ich hab’ einen Brief für dich. Aber du musst hier auf meinem Papier unterschreiben.“

Dann wollte er noch einen ‚Rauch’ mitnehmen, wie er sich ausdrückte. Es war immer dasselbe Ritual, das sich im Laden abspielte, wenn er vorbei kam, um Post abzugeben. Bruno kannte inzwischen seine Lieblingszigarren, holte deshalb eine

‚Weiße Eule' aus der Holzschachtel und kassierte dafür zwanzig Pfennig. Friedel hätte gerne länger mit der Frau geplaudert, ließ es aber bleiben, weil er erkannte, dass sie aufgeregt war und den Brief öffnen wollte. Sie hatten beide gesehen, dass er in Bonn abgeschickt wurde.

Als der Mann gegangen war, riss sie ihn auf und hastig überflogen ihre Augen den grausamen Text. Bruno bemerkte, wie ihre Hände zitterten und erschrak über das Gesicht. Es zeigte denselben Ausdruck wie damals um Dreikönig herum, als sie aus dem Stall gekommen und danach fortgegangen war. Am nächsten Abend hatte sie ihm dann die Sache mit dem Feuerkreuz im Stall erzählt.

Die Frau starrte über die Ladentheke, sperrte die Tür ab und stieg wortlos hinauf in ihre Schlafkammer.

Der Bub hob den Brief vom Fußboden auf und wusste sofort, dass seine Oma dessen Inhalt ihr Leben lang nicht vergessen würde. Die aber blieb stundenlang in ihrer verschlossenen Kammer und war nicht fähig zu weinen. Ihr einziger Sohn: Zuerst verschollen. Dann für tot erklärt und wieder geboren. Jetzt hatte man ihn ihr endgültig weggenommen.

Der Junge, der immer wieder an die Tür klopfte, hörte sie drin sprechen. Sie haderte mit dem hölzernen Kruzifix, das über dem Bett hing. Irgendwann ließ sie ihn herein.

„Oma, du hast doch noch mich. Ich bin doch auch dein Bruno."

Sie zögerte einen kurzen Augenblick, dann umarmte sie ihren Enkel und schloss die Augen.

Aug' um Aug' ...

Sepp verstand nicht, warum Erwachsene die Schule so wichtig nahmen. Zwar hatte er stets mit Abstand die meisten Fehler im Diktat, aber es berührte ihn kaum. Und was das Zinsrechnen betraf, konnte er nicht recht nachvollziehen, warum der Lehrer so viel Aufhebens darum machte. Als Bauer brauchte man das doch wohl nicht. Aber es gab durchaus Dinge, die nicht den geringsten Zweifel aufkommen ließen. Dazu gehörte seine Meinung über den Dorfgeistlichen:

„Den Mondfelder, den mog i net. Der is doch a richtigä ..."

Weiter wagte er nicht zu denken, weil der Herrgott das sicherlich mitbekam und dann sauer war. Einen Pfarrer beleidigen, das war bestimmt eine Sünde. Und die wiederum musste man genau dem beichten, dem die Schimpfwörter galten. Sepp zweifelte auch nicht im Geringsten daran, dass „der Typ" gestern entschieden „zu weit gegangen" war. Er hatte im Religionsunterricht seinen kleinen Bruder und dessen Freund gedemütigt.

„Dafür soll der büß'n!"

Möglichkeiten gab es genug.

Der Vorfall hatte sich bei Pausenbeginn in der Toilette ereignet. Wenn man diesen Ort dringend aufsuchte, war es notwendig, sich rechtzeitig auf den Weg zu machen. Die Entfernung vom Klassenzimmer bis dorthin erforderte fast hundert Schritte. Man musste die Treppe im Schulhaus hinunter eilen; einen langen Gang entlang laufen; mehrere Türen öffnen und schließen; den Hof des Lehrers überqueren und zu guter Letzt das Nebengebäude ansteuern. Das hatte drei Türen. Durch die vordere betrat man das Holzlager. Dort holten die Kinder im Winter vor dem Unterricht das Holz für den großen Eisenofen im Klassenzimmer. Die mittlere ging sie nichts an, weil diese zur Waschküche der Lehrerfamilie führte. Hinter der Tür ganz rechts, die ständig benutzt wurde, waren die Schülertoiletten.

Genau genommen stimmte das so nicht ganz. Wenn man nämlich diesen Raum betrat, sah man, dass es sich hier um zwei verschiedene Abteilungen handelte. Auf der linken Seite befand sich ein Schweinestall, der schon längere Zeit nicht mehr gebraucht wurde. Irgendwann vor dem Krieg hatte die damalige Lehrerfamilie dort Schweine gehalten.
Ein paar Schritte nach rechts, dann war man endlich am Ziel. Der lange Weg vom Schulzimmer bis hierher wurde vor allem für die Unterklässler oft zum Problem.
Edwin und sein Freund standen jetzt in der Pause an der Rinne, vor der Buben und Männer meistens stehen, wenn sie hierher kommen. Erzählten sich dämliche Witze und lachten immer wieder laut. Sie hatten bemerkt, dass im Gang daneben einige Mädchen vor ihrer Toilette warteten. Diese lag unmittelbar neben dem Sitzklosett der Knaben. Allerdings reichte die Zwischenwand nicht hinauf bis zur Decke. Plötzlich hatte einer der beiden Buben eine Idee, die man sofort in die Tat umsetzte: Sie stiegen auf ihre Klosettschüssel und zogen sich an der Zwischenmauer hoch. Doch der Ausblick enttäuschte sie, denn die Perspektive vom Mauersims nach unten war so gut nicht. Deshalb glitten sie nach kurzer Zeit an ihrer Wandseite wieder zu Boden.
Die Mädchen waren empört, dass die Buben sie beobachtet hatten. Daher gingen sie zum Pfarrer und berichteten von dem unangenehmen Erlebnis einer Mitschülerin. Dieser hielt sich im Schulhaus auf, weil er nach der Pause Unterricht hatte.
Hochwürden war schockiert. Man konnte es in seinem Gesicht lesen. Er überlegte, ob er mit Lehrer Schober darüber reden sollte. Verzichtete jedoch darauf, weil dieser den Vorfall bestimmt nur herunterspielen würde. Eigentlich wollte er mit den Kindern heute über den Guten Hirten reden und dieses Gleichnis auf die Kirche übertragen. Jetzt aber musste er umdenken. Sehr schnell stand für ihn das aktuelle Unterrichtsthema fest.

Die Sache hatte sich in der Pause herumgesprochen. Dass die Mädchen gleich zum Pfarrer liefen, konnten die Buben nicht so recht verstehen. Ausgerechnet zu dem. Andererseits würde es heute bestimmt einen aufregenden Religionsunterricht geben. Sie langweilten sich nämlich meistens, weil der Mann mit dem langen schwarzen Kittel und dem seltsamen weißen Stehkragen redete und redete ...
Pfarrer Mondfelder war nach dem Gebet zu Beginn der Stunde immer noch erregt. Zuallererst nahm er eine Kreide in die Hand und schrieb an die Tafel. So etwas hatte er noch nie getan. Deshalb verwunderte es die Schüler. Im Gegensatz zu ihrem Lehrer schrieb er nicht mit weißer, sondern mit roter Kreide und er schrieb riesige Buchstaben. Ganz langsam malte er sie an die Tafel, bis endlich zu lesen war: Die Hölle.
Der Priester wollte, dass diese rote Überschrift ihre Wirkung auf die Kinder nicht verfehlte. Daher setzte er sich wieder an sein Pult und schwieg. Die Gespräche der Schüler verstummten allmählich. Einige der Kinder überraschte das ungewohnte Verhalten des Geistlichen, andere waren verunsichert und ängstlich. Er schwieg immer noch. Inzwischen hätte man fast eine Stecknadel fallen hören. Dann aber legte er los; und zwar so, wie bei der Sonntagspredigt auf der Kanzel. Dort ging es ihm bereits nach ein paar Sätzen über das Evangelium um die Moral der Geschichte. Die Gläubigen, auf die er streng hinabblickte, wurden stets in die Rolle der Sünder gedrängt, die Reue zeigen und sich bessern sollten.
Jetzt schien auch der Religionsunterricht für eine Art göttliches Gericht genutzt zu werden. Hier aber meinte er nicht die Erwachsenen, sondern ausschließlich zwei Kinder aus der vierten Jahrgangsstufe. Und jeder wusste, wen er im Visier hatte.
Zunächst trug Mondfelder seine Anklage mit recht pathetischen Worten vor. Doch die Täter zeigten nicht die geringste Bereitschaft, sich zum Sachverhalt zu äußern.

Dann wurden die Betroffene und die Zeugen vernommen. Den Mädchen war diese öffentliche Aussage sehr peinlich und sie hielten sich bei ihren Angaben ziemlich bedeckt.
Den Pfarrer ärgerte diese Abwehrhaltung der Schüler. So kam er nicht weiter. Er musste sie irgendwie einschüchtern und zwar mit passenden Worten. Deshalb beschrieb er nun die Hölle sehr anschaulich; fast so gut, wie das der Maler Hieronymus Bosch mit dem Pinsel getan hatte. Danach zog der Geistliche den Katechismus aus der Tasche, den er sonst nur bei den Großen einsetzte. Er zitierte die Buben ans Pult, zeigte mit dem Finger auf die Textstelle und befahl Edwin, laut vorzulesen:
„Wer in einer Todsünde stirbt, leidet ewige Höllenqualen ...“
Der Junge wollte nicht weiterlesen; auch nicht sein Freund. Da nützte es nichts, dass Mondfelder die beiden anschrie. Nach einer kurzen Pause sagte er mit Bedacht und mit gekünstelter Betonung:
„Unkeuschheit ist eine Todsünde.“
Den Schülern war klar, was er damit meinte; zumindest den Erstkommunionkindern, denn die mussten im Beichtunterricht unter anderem den Beichtspiegel des sechsten Gebots für ihre Gewissenserforschung auswendig lernen. Genau den wollte der Pfarrer jetzt von ihnen hören:
„Habe ich Unkeusches gerne gedacht? Habe ich mich oder andere gerne unkeusch angeschaut? ...gerne angehört? ... gerne gesprochen? .... gerne allein getan? .... gerne mit anderen getan?“
Die zwei sollten vor den anderen laut bekennen, welche Art von Todsünde sie auf sich geladen hatten, als sie auf die Toilettenmauer geklettert waren. Aber die Angeklagten schwiegen. Diese Schmach wollten sie sich ersparen. Edwin hätte durchaus gerne die Mädchen ein bisschen mehr unkeusch angeschaut. Aber was sich da oben vom Mauersims aus bot, war leider recht wenig. Todsünde hin oder her. Andererseits klang das mit der Hölle nicht sonderlich verlockend. Vorsichtshalber konnte man ja zur Beichte gehen. Aber erst viel später, wenn der

Priester den Vorfall vergessen hatte. Und wenn schon bekennen, dann nicht vor Publikum, sondern alleine und nur im Beichtstuhl.
Doch der Pfarrer bestand auf ein öffentliches Bekenntnis, und zwar hier und jetzt. Die beiden Buben schwiegen beharrlich. Da konnte er noch so brüllen und drohen.
Edwin schaute in die Klasse und schämte sich jetzt ein bisschen. Vor allem vor den Mädchen. Dennoch brachte der Geistliche keine einzige Silbe aus ihm heraus. Dasselbe galt für seinen Freund, wenngleich er dem einmal kräftig auf den Fuß treten musste. Schließlich kreiste Hochwürden das Wort Hölle rot ein. Auch eine derart didaktische Raffinesse erzielte keine Wirkung. Diesen Triumph wollten sie dem Pfarrer nicht gönnen.
Der schien ihre Gedanken zu ahnen und wurde wütend. Jedoch handelte es sich dabei nicht um einen heiligen, sondern um einen menschlichen Zorn. Entsprechend wechselte er auch das Thema. Er sprach nun nicht mehr von der Hölle als Ort der Strafvollstreckung, sondern vom Schweinestall. Genauer gesagt ging es ihm um den Schweinestall unten neben der Schülertoilette. Was er jetzt zum Ausdruck brachte, war nicht von der feinen Art. In die Hölle konnte er die beiden ja nicht schicken. Aber in diesen Schweinestall!
Damit hatte er als Richter endgültig die Strafe verkündet. Abrupt streckte er die Arme aus und packte die beiden mit derben Griffen an der Schulter. Doch sie rissen sich los, rannten zur Tür und die Schulhaustreppe hinunter. Der eine aus Angst, der andere aus Wut. Die Kameraden in den Schulbänken empfanden Mitleid mit ihnen. Auch die Mädchen.
Lehrer Schober ärgerte sich über den Pfarrer, weil ihm dessen Reaktion völlig überzogen schien. Seine theologischen Thesen missfielen ihm. Vor allem diese pädagogischen Maßnahmen. Das würde er ihm bei passender Gelegenheit deutlich sagen. Bevor er am nächsten Nachmittag die erste Stunde mit dem Kopfrechnen begann, erklärte er den Kindern, dass er den Vorfall in der Mädchentoilette nicht in Ordnung fand. Dann

fügte er noch eine Bemerkung an, die auch nicht zum Rechnen gehörte. Solche Worte sprach ihr Lehrer sonst nur im Bibelunterricht:
„Jesus droht den Sündern nicht. Er wünscht sich vielmehr, dass sie das nicht wieder tun."

***

Sepp freute sich über die milde Reaktion des Lehrers, wenngleich er nicht einsehen wollte, warum auch der die Tat der beiden Viertklässler mit dem Thema Sünde in Zusammenhang brachte. Überhaupt hatte er mit dem Begriff ‚Unkeuschheit' so seine Schwierigkeiten. Und was Mondfelder betraf, war für ihn die Angelegenheit noch lange nicht erledigt. Sepp wollte diesem persönlich einen Denkzettel verpassen. Er würde ebenfalls Recht sprechen, aber nach dem Motto: ‚Aug' um Aug', Zahn um Zahn!' Ein Pfarrer musste doch diesen Spruch kennen.
Zwei Tage später, am Freitag um sieben Uhr in der Morgenmesse startete er seine Aktion. Als Ministrant hatte er an sich erst wieder in einer Woche Messdienst. Deshalb tauschte er mit einem Freund. Die Strafe musste auf den Fuß folgen, wie sein Großvater immer so schön sagte. Das konnte am besten am Freitag früh während der Messe geschehen.
Der Gottesdienst begann wie stets mit dem Stufengebet.
„Introibo ad altarem Dei", flüsterte der Priester.
„Ad Deum, qui laetificat iuventutem meam", antworteten die Ministranten darauf.
„Zum Altare Gottes will ich treten", hieß das.
„Zu Gott, der mich erfreut von Jugend auf."
Die Buben spulten die auswendig gelernten lateinischen Formeln herunter, ohne zu wissen, was sie eigentlich bedeuteten. Am Anfang, als sie mit dem Messdienst begannen, wurden sie ihnen zwar übersetzt; aber inzwischen hatten sie den Sinn dieser Texte wieder vergessen.

Der lateinische Dialog setzte sich eine Weile fort. Ein paarmal gab es bei den Ministranten Gedächtnislücken. Dann sprachen sie leiser, weil der Pfarrer Probleme mit dem Hören hatte. Sie erfanden Wortbrocken mit möglichst vielen Vokalen. Das klang nach Latein. Horst hatte ihnen diesen Tipp gegeben. Der musste es wissen, denn er besuchte schließlich das Gymnasium.
Auf das Stufengebet folgten Eingangslied und Kyrie. Dann ging Mondfelder hinauf zum Altar. Für die Ministranten war jetzt zweierlei zu tun: Erst galt es, das Messbuch von der rechten Altarseite hinüber auf die linke zu tragen. Denn nur auf dieser Seite durfte das Evangelium laut vorgelesen werden. Im Grunde war das überflüssig, weil so gut wie keiner im Kirchenschiff den lateinischen Vortrag des Pfarrers verstand.
Nach ein paar Minuten leitete dieser die Opferung ein. Die Ministranten schritten nun feierlich an ein Tischchen seitlich des Altars, um die Gläser mit Wasser und Wein zu holen. Sepp ergriff schnell die Weinkaraffe, obwohl das nicht seine Aufgabe war, sondern die des Kollegen. Für die Rituale der Ministranten während der Messfeier gab es detaillierte Vorschriften und hätte der Oberministrant dieses Vergehen gesehen, wäre Sepp in Schwierigkeiten geraten. Ihm aber lag sehr daran, heute die Weinkaraffe zu bedienen. Das war außerordentlich wichtig.
Der Priester trat mit dem Kelch auf die beiden Messdiener zu und ließ sich einschenken. Sepp goss erheblich mehr Wein in das vergoldete Gefäß als üblich. Er spürte den Blick des Geistlichen auf seinem Gesicht, obwohl er nicht zu ihm aufsah. Sepps Partner musste jetzt nur noch etwas Wasser nachgießen. Dann stiegen die beiden wieder die Altartreppen hinab.
Endlich trank er oben den Kelch aus und drehte sich sofort danach zu den Buben um, ohne jedoch ein Wort zu sagen. Er redete sie weder in lateinischer noch in deutscher Sprache an, was in diesem Fall zu erwarten gewesen wäre. Der andere Ministrant verstand diese ungewöhnliche Reaktion des Priesters nicht. Sonst schaute er in der Phase des Gottesdienstes nie nach hinten, sondern nach vorne zum Tabernakel. Sepp hingegen

verstand ihn schon. Das Getränk im Kelch schmeckte heute sicherlich etwas bitter. Schließlich hatte er vorher in der Sakristei heimlich Klaubersalz in die Weinkaraffe gestreut. Und nicht zu wenig. Jedenfalls war es für Hochwürden zum jetzigen Zeitpunkt zu spät. Das aufgelöste Salz befand sich bereits auf dem Weg zu seinem Magen.
Nach der Messe fragte der Priester die Ministranten, was sie in die Opfergaben gemischt hätten. Der eine konnte nicht antworten, der andere wollte nicht.
Am Nachmittag jenes Freitags dauerte der Religionsunterricht für die Unterklässler nicht sehr lange. Mitten im Satz stand der Pfarrer plötzlich auf und verließ das Klassenzimmer; rannte die Treppe im Schulhaus hinunter; einen langen Gang entlang; musste mehrere Türen öffnen und schließen; den Hof überqueren, bis er endlich vor der Tür zur Lehrertoilette stand.
Sepp, der unweit davon im Holzlager Posten bezogen hatte, wünschte sich, dass der Weg des Pfarrers noch ein gutes Stück länger gewesen wäre. Etwa zehn Minuten später trat er aus seinem Versteck und sagte zu ihm:
„Na, Herr Pfarrer, geht's eana jetzt bessä? Scho gut, dass Sie die passende Tür g'fundn ham, gell. Sonst wärn's glatt im Saustall g'landet, wo's ja eigentlich hinghör'n."
Nach einer kurzen Pause fügte er an:
„Aug' um Aug'. Zahn um Zahn."
„Du solltest dich schämen; missbrauchst dieses uralte Gesetz aus dem Alten Testament."
„Ja, stimmt. Es steht in der Bibel. Des hat der Herr Lehrer a g'sacht. Und dass des vom Moses stammt. ‚Dann muss des doch Sinn mach'n, oder?', hab i ihn g'fragt. Und, Hochwürden, der Lehrer Schober hat genickt und net bloß a mal!"
‚Aug' um Aug'.' Dieser Spruch bedeutet im Grunde nichts anderes als eine Rache gut heißen. Mondfelder kochte daher vor Wut. Konnte aber nicht länger darüber nachdenken, weil es in seinem Innern wieder rumorte.

Sie nannten ihn den Roten

Nur zwei Kühe im Stall und weniger als zehn Tagwerk Feld. Kein Problem für Lenz, gab es doch Wichtigeres als die Landwirtschaft, die ohnehin in erster Linie seine Frau erledigte. Er trug Verantwortung für die Öffentlichkeit, schließlich war er Angestellter des Landratsamtes und somit im Staatsdienst. Darauf konnte man wahrlich stolz sein. Wenn Freunde mit ihm im Gasthaus Alter Wirt beisammen saßen und klagten, dass die Wintergerste erfroren oder die Zuckerrüben vertrocknet seien und sich das in den nächsten Monaten sehr negativ auswirken würde, lächelte er in sich hinein. Ihm war das Monatsgehalt sicher, egal ob das Wetter verrückt spielte oder nicht.
„Das haben wir gemeinsam, ich und der Schober; wir kriegen regelmäßig unser Geld", pflegte er dann bei solchen Anlässen zu sagen und trank genüsslich sein Bier.
Lehrer Schober unterrichtete Schüler, Lenz hatte als Wegmacher hingegen verschiedene Aufgaben zu erledigen.
Er kehrte mit dem Besen aus Weidenruten die Landstraßen rund um das Dorf. Dabei entfernte er vor allem den Mist von Zugpferden oder Kühen, die auf die Weide getrieben wurden. Manchmal waren den Bauern ein Büschel Mais, ein paar Kartoffeln oder andere Feldfrüchte vom Wagen gefallen. Diese Hindernisse konnten für Auto- und Motorradfahrer gefährlich werden. Nach einem Sturm musste er Äste von der Straße räumen und im Herbst das Laub der Alleebäume beseitigen, bevor es regnete. Um den Schnee kümmerte sich Lenz nicht, das übernahmen andere. Im Sommer galt seine Aufmerksamkeit auch den Grasflächen am Straßenrand. Sorgfältig suchte er sie nach Dosen, Flaschen und Glasscherben ab. Doch ging es ihm dabei nicht nur um öffentliche Interessen, sondern ebenso um private. Seine Sense sollte beim Mähen des Grases nicht beschädigt werden. Das durfte er nämlich an den kilometerlangen Straßenrändern zur Heuernte nutzen. Außerdem erlaubte

man ihm, die zahlreichen Apfel- und Birnbäume abzuernten, deren Obst mehrere Fässer mit Most füllte.
Jeden Tag arbeitete sich der Mann mit dem Filzhut auf einer seiner Wegstrecken voran; Meter für Meter, bis er irgendwann die Flurgrenze zu den Nachbarorten erreicht hatte. Eile war bei dieser Tätigkeit nicht geboten, weil bald hinter ihm die Straße schon wieder schmutzig war und der Inhalt der Lohntüte nicht davon abzuhängen schien, wie ernst man seine Pflichten nahm.
Wegmacher war eine recht treffende Bezeichnung für den Beruf, den Lenz ausübte. Er hatte nicht nur den Besen zu führen und den Straßenrand sauber zu halten; überdies musste er auch noch im wahrsten Wortsinn die Wege machen. Gemeint war damit nicht, sie neu anzulegen und zu bauen. Ein einzelner Mann ohne irgendeine Maschine wäre damit auch überfordert gewesen. Wegmacher sein bedeutete, die Wege wieder einigermaßen instand zu setzen, damit die Stoßdämpfer und Achsen der Autos nicht allzu sehr darunter litten. Konkret hieß das: Schlaglöcher auffüllen, Frostbeulen abheben, Risse und Spalten beseitigen, die Baumwurzeln verursacht hatten. Bei den Landstraßen handelte es sich nämlich um Wege aus Schottersteinen, die mit Kies vermischt waren und regelmäßig gewalzt wurden. Frost und Regen jedoch, vor allem aber die Eisenräder der schweren landwirtschaftlichen Fuhrwerke setzten der unbefestigten Straßendecke zu. Dagegen kämpfte Lenz an. Er holte mit seinem Holzkarren Splitt vom Lagerplatz und besserte damit die Straßenschäden aus. Im Grunde hatte ein Wegmacher viel mit Sisyphus gemein, denn wenn ein Stück des Weges gesäubert und repariert war und man weiterzog zum nächsten Halt, konnte man sicher sein, dass alles, was man soeben getan hatte, bald von neuem zu erledigen war.
Lenz belasteten derartige Probleme nicht. Vielmehr wirkten sie auf ihn beruhigend, weil sie ein sicheres Indiz zu sein schienen, niemals arbeitslos zu werden. Dieser Beruf war ganz nach seinem Geschmack. Er hielt sich in der Natur auf und war weitgehend sein eigener Herr. Die Schaufel stufte er als ein

bemerkenswertes Werkzeug ein, konnte man doch mit ihr nicht nur arbeiten, sondern sich auch darauf stützen, um ein wenig zu verschnaufen.

***

Im Dorf läutete die Zwölf-Uhr-Glocke. Lenz legte seine Geräte beiseite und ging hinüber zum Wald, um Brotzeit zu machen. Dort war es angenehm kühl und außerdem störte ihn selten jemand bei seinem Mittagsschlaf, von dem er oft erst erwachte, wenn die Sonne schon im Westen stand.
Die Buben in ihrem Baumhaus bemerkten den Wegmacher durchaus. Aber sie hatten weder Zeit noch Lust, sich mit ihm einzulassen, zumal heute ein Unternehmen anstand, das ihre volle Konzentration erforderte. Im Wipfel einer Tanne ganz in ihrer Nähe befand sich ein Eichelhähernest. Seit Wochen beobachtete man schon die jungen Vögel. Inzwischen waren sie fast flügge und wenn man sie aus dem Nest holen wollte, musste man sich beeilen.
In der Runde wurde noch einmal der Ablauf durchgesprochen, dann verließen sie ihren Treffpunkt über eine Leiter und schlichen hinüber zur Tanne mit den Eichelhähern. Günther war oben im Baumhaus geblieben, um die Aktion mit dem Feldstecher zu beobachten. Nun ging es los. Die Frage, wer hinauf zum Nest sollte, war längst geklärt. Sepp konnte am besten auf Bäume klettern. Deshalb befestigte er nun die Steigeisen an den Schienbeinen, band sich den Sack für die Vögel auf den Rücken und begann mit dem Aufstieg. Abwechselnd wurden der linke und der rechte Fuß Elle für Elle höher am Baumstamm angesetzt und der spitze Metalldorn in die Rinde gerammt, damit der Körper den nötigen Halt bekam. Mit den Händen suchte Sepp nach Griffstellen, um sich abzusichern. War das Geäst erreicht, wurden die Steigeisen nicht mehr gebraucht.

Jetzt kam es ausschließlich auf Geschicklichkeit an. Die Krone einer Tanne zu durchsteigen, kann gefährlich werden, da nicht jeder Ast stabil genug ist, das Körpergewicht eines Menschen zu tragen. Deshalb wurde vom Boden aus jede einzelne Bewegung, die der Kamerad im Baum ausführte, mit Anspannung und Sorge verfolgt. Doch der ließ sich Zeit und kletterte vorsichtig. Als er das laute Schreien und Flügelschlagen der Vogeleltern über seinem Kopf vernahm, die vergeblich versuchten, den Dieb abzuwehren, wusste er, dass er kurz vor dem Ziel war. Dann holte er die zwei jungen Häher aus dem Nest und stieg wieder ab.

Sie hatten es eilig nach Hause zu kommen, um die Vögel aus ihrem dunklen Gefängnis zu befreien. Am Waldrand sahen sie Lenz immer noch unter seinem Baum liegen. Obwohl sie sich beim Vorübergehen laut unterhielten, wachte er nicht auf, denn er hatte einen tiefen Schlaf. Auf der Landstraße unmittelbar neben Lenzens Karren parkte ein Auto. Ein fremder Mann kam heraus und wollte von ihnen wissen, wo der Wegmacher sei. Er müsste dringend mit ihm reden.

„Der schläft dort drüben am Waldrand", antwortete Theo. Er konnte nicht wissen, was diese Information auslöste.

Die Eichelhäher fanden im alten Schweinestall von Heiners Eltern ihr neues Zuhause. Er stand seit einiger Zeit leer und bot den Vögeln viel Bewegungsfreiheit sowie Schutz vor Kälte und Regen. Ein paar Meter von der Stallwand entfernt hatten die Buben einen Maschendraht bis zum Vordach hochgezogen, so dass sich die Vögel wie in einer Voliere auch draußen aufhalten konnten.

Die Eichelhäher waren zwar jetzt eingefangen, aber die eigentliche Arbeit stand noch bevor, denn die Buben wollten sie zähmen; gleichsam zu Haustieren machen. Um das zu erreichen, benötigte man großes Geschick und vor allem Geduld. Doch sie waren keine Anfänger, hatten schließlich vor Jahren schon junge Raben mit Erfolg an sich gewöhnt. Zuerst fütterten sie die Häher mit rohen Fleischbrocken in der Voliere. Es dauerte nicht lange, bis diese auf Arme, Schulter und Kopf flogen. Man musste einfach nur ihre Namen sagen. Nach ein paar Wochen erhielten sie ihre Nahrung außerhalb des Käfigs. Wenn man den Draht entfernt hatte und die Stalltür tagsüber nie mehr schließen musste, sich die Häher also völlig frei bewegen konnten, war die Arbeit mit den Vögeln abgeschlossen. Dann verbrachten sie die meiste Zeit im Dorf auf Hausdächern und Bäumen und kehrten nur zurück, wenn der Hunger sie trieb oder das Wetter unangenehm war. Sobald einer der Knaben irgendwo im Ort die Vögel sah und sie beim Namen rief, flogen sie herbei und setzten sich auf die Schultern. Zu anderen Leuten im Dorf gewannen sie jedoch kein Zutrauen, obwohl sich mancher große Mühe gab, sie anzulocken.

***

Statt am Sonntag in die Kirche zu gehen, suchte Lenz bereits am Morgen den Alten Wirt für ein paar Schnäpse auf. Nach dem Gottesdienst um zehn Uhr öffnete das Gasthaus offiziell. Doch ehe die ersten Gäste kamen, mussten die Wirtsleute noch die Stube aufräumen, weil sich die Nächte zum Sonntag wegen der Schafkopfrunden immer lang hinzogen und man danach wenigstens ein paar Stunden schlafen wollte, bevor es in aller Frühe in den Stall ging. Lenz gelangte trotz verschlossener Haustür ins Wirtshaus. Das hatte er dem Umstand zu verdanken, dass sein Grundstück an das Brauhaus angrenzte und schon sein Urgroßvater den Hintereingang über den Garten benutzte, um beim Nachbarn eine Maß Bier zu genießen. Dieses traditionelle Privileg gewährte der Wirt auch jetzt noch dem Wegmacher. Der suchte seinen Stammplatz auf und bestellte Schnaps. Das Frühstück, das ihm die Wirtin anbot, lehnte er unwirsch ab. Er wollte weder Kuchen noch Kaffee, sondern einfach nur Schnaps.

Lenz hatte früher nicht mehr getrunken als die anderen, wenn sie hier beisammen saßen. Das änderte sich grundlegend, nachdem er vom Landratsamt suspendiert worden war. Niemand forderte von ihm Akkordarbeit. Wer aber seine Mittagspausen derart ausdehnte und den Großteil des Tages verschlief, der musste damit rechnen, dass die Anzahl der Schlaglöcher rapide anwuchs. Mehrmals war er verwarnt worden, jedoch nahm Lenz diese Mahnungen nicht ernst. Nun war er kein Wegmacher mehr, weil er nach Meinung seines Vorgesetzten den Bogen überspannt hatte.

Die Entlassung aus dem Staatsdienst war für ihn schwerlich zu ertragen und er glaubte, der Alkohol würde ihm über die schlimmste Zeit hinweghelfen. Am Anfang hatten sich die Bauern über ihn lustig gemacht, wenn er am Stammtisch die Herren vom Landratsamt und die Politiker dieses „Unrechtsstaates“, wie er sich ausdrückte, auf unflätige Weise beschimpfte. Bald fing er an, im betrunkenen Zustand seine Frau Lena zu schlagen und damit hörte der Spaß auf. Irgendjemand im Dorf verständigte die Polizei, als die Misshandelte wieder einmal so laut schrie, dass es die Nachbarn nicht überhören konnten. Der Übeltäter wollte wissen, wer der Verräter gewesen sei. Doch jeder, den er fragte, bekannte sich selbst dazu. Das verbitterte den ausgemusterten Staatsdiener gänzlich.

Mit niemandem im Ort außer den Wirtsleuten wollte er in Zukunft mehr etwas zu tun haben und niemand durfte von nun an sein Anwesen mehr betreten. Aus diesem Grund legte er sich einen Schäferhund zu, den er scharf machen wollte. Der Hund wurde an eine Kette gelegt und die durch einen Ring mit einem Drahtseil verbunden, das über den Hof gespannt war. Wenn nun das Tier an der Kette zerrte, um ans Tor zu rennen und mit fletschenden Zähnen den Eindringling zu stellen, lief der Ring oben am Seil mit.

Hasso konnte sich zwar auch in die andere Richtung bis zur Scheune bewegen, Kette und Seil engten seine Bewegungsfreiheit jedoch erheblich ein. Rafael gefiel das nicht und Hasso tat ihm leid. Sobald er sicher sein konnte, dass Lenz außer Haus war oder seinen Rausch irgendwo am Dorfrand ausschlief, ließ

er mit Lenas Zustimmung den Schäferhund von der Kette und tollte mit ihm herum. Außer Rafi wagte sich sonst keiner mehr auf diesen Hof, weil das Tier jeden anderen anbellte und die Zähne fletschte.
Lenz saß wieder einmal vor einem Glas Schnaps und stierte vor sich hin. Argwöhnisch beobachtete ihn der Wirt von der Küche aus durch die Schankluke. Die Anwesenheit des Nachbarn missfiel ihm. Das lag weniger daran, dass der zu dieser frühen Stunde am Sonntag der einzige Gast in der Wirtsstube war. Ebenso nahm er dessen Sprüche und Schimpfkanonaden nicht sonderlich ernst. Sorge bereitete ihm, dass Lenz sein Leben immer weniger in den Griff bekam und sich irgendwann zu Tode soff. Wie er seine Frau behandelte, war „eine Sauerei“. Genau das hatte er ihm auch gesagt. Trotzdem tat ihm der einsame Mann leid, denn im Grunde war der Kerl ja nicht verkehrt. Er konnte es beurteilen, weil er ihn seit über vierzig Jahren kannte.
Der Gast wollte noch einen Schnaps, doch der wurde ihm verwehrt. Für ihn war es ohnehin Zeit, die Wirtschaft zu verlassen, denn die Messe musste bald zu Ende sein und die Bauern würden anschließend zum Frühschoppen erscheinen. Mit denen aber wollte er seit damals nichts mehr zu tun haben.
„Na Lenz, gehst jetzt zum Wählen?“, fragte der Wirt.
„Bestimmt nicht! Das sind doch alles Gauner, die vom Staat.“
Ohne sich zu verabschieden schlurfte er zur Tür, kehrte wieder um und rief:
„Ich geh doch. Ich wähle die KPD, wähl’ die Roten. Die sind für Gerechtigkeit.“
„Die kommunistische Partei gibt es doch gar nicht mehr. Die wurde im letzten Jahr verboten“, entgegnete der Wirt.
„Ist mir wurscht. Ich wähl’ sie trotzdem.“
Dann verließ er das Gasthaus, um das Wahllokal in der Schule aufzusuchen. An einigen Hoftoren in der Dorfstraße klebten Wahlplakate mit den Gesichtern von Politikern. Unter dem ‚Alten’, der schon seit Jahren Bundeskanzler war, stand „Keine

Experimente!“ Der ehemalige Wegmacher blieb stehen und las noch die anderen Slogans:
„Keine Wehrpflicht. Darum SPD.“
„Laßt Euch nicht auf den Arm nehmen!“
Dieser Spruch der FDP imponierte Lenz. Er dachte noch einmal kurz über seine Wahlentscheidung nach, blieb aber dann doch bei seinem früheren Entschluss.
Am Abend nach der Stimmenauszählung war alles im Wesentlichen wie bisher geblieben. Die Menschen im Land wollten keine Experimente. Den meisten schien es gut zu gehen, auch den Dorfbewohnern. Im übrigen hatte der Pfarrer in der Predigt erklärt, wen Christen wählen müssten. Die Auszählung ergab auch, dass ein paar Bürger Bayern zu einem unabhängigen Staat verhelfen wollten. Acht ungültige Stimmen waren dabei. Auf einem dieser Stimmzettel hatte jemand auf Liste 1 die drei vorgedruckten Buchstaben CSU durchgestrichen und darüber mit dem Stift KPD geschrieben. Und der, der das tat, legte auf Geheimhaltung überhaupt keinen Wert. Von diesem Tag an nannten sie Lenz nur noch den Roten.

***

Rafael lief durch das Dorf und suchte die Vögel. Sie hörten auf Dora und Hansi, deshalb rief er sie laut beim Namen. Aber es war vergebens und er machte sich Sorgen. In den Wald flogen sie mit ziemlicher Sicherheit nicht zurück. Vielmehr war zu befürchten, dass eine Katze sie erwischt hatte. Die Eichelhäher bewegten sich seit einiger Zeit zu unbekümmert am Boden. Dennoch konnte er sich nicht vorstellen, dass beide Tiere an einem Tag getötet wurden.
Dann entdeckte er sie. Ihr augenblickliches Verhalten gab wieder einmal wenig Anlass zur Freude. Wenn nämlich die Häher im Dorf irgendeinen Unsinn anstellten, wurden die Buben dafür zur Verantwortung gezogen. Angeblich hatten sie kürzlich Kathis Bettdecke aufgeschlitzt, die im Garten zum Lüften hing.

Alle Sparbüchsen mussten geleert werden, um den Schaden zu begleichen. Fiel kleinen Kindern der Schnuller oder der Spielring aus ihrem Wagen, waren die Vögel sofort da und verschwanden mit ihrer Beute auf einem Hausdach. Was sie soeben unternahmen, war erneut alles andere als lustig. Heute war die alte Meta an der Reihe. Rafi musste dennoch lachen, war froh darüber, dass die Vögel noch lebten.

Die Bäuerin hatte ihren Backtag. Deshalb hielt sie sich im Hof vor dem Backofen auf und arbeitete. Man könnte diesen Ofen auch Brot-Backofen-Häuschen nennen. Denn es handelte sich in der Tat um ein kleines Haus, das meist unmittelbar an die Scheune oder den Stall angebaut wurde. So ein Häuschen bestand aus vier Wänden, einem Dach und einem Schornstein. Allerdings wies es keine Fenster auf und statt der Tür auf der Vorderseite war auf halber Höhe ein Loch ausgespart, das den Zugang zum eigentlichen Ofen darstellte und beim Backen durch eine Eisentür verschlossen werden konnte. Der Innenraum mit einer Fläche von ungefähr zwei Quadratmetern wurde an den Backtagen zunächst mit langen Buchenscheiten bestückt und nachdem diese abgebrannt waren, schob die Bäuerin die Aschenreste beiseite, kehrte sorgfältig den Staub vom Tonboden und platzierte auf dieser heißen Fläche die Brotlaibe aus Teig. Nach einer guten Stunde war es dann so weit. Meta öffnete die Backofentür, holte mit dem Schieber die braunen Brotlaibe heraus und trug sie anschließend hinüber auf den Tisch neben der Haustür, damit sie auskühlen konnten. So lief das immer ab an diesen Tagen.

Aber heute war es ein wenig anders. Und das lag an den Eichelhähern, die Meta aufgesucht hatten. Jedes Mal wenn sich die Frau auf den Backofen zu bewegte und den frischgebackenen Broten den Rücken zuwandte, flogen Hansi und Dora vom nahen Baum herunter, pickten in einen der warmen Brotlaibe und zogen sich unbemerkt in ihr Versteck zurück.

Rafael wunderte sich, dass Meta noch nichts bemerkt hatte. Wahrscheinlich war sie zu sehr auf ihren Backofen konzentriert

und in Sorge, dass die restlichen Brote schwarz würden. Er musste schnell reagieren, bevor es wieder einmal Ärger mit den Vögeln gab. Am sinnvollsten war es, den beschädigten Laib einzustecken, denn dann gab es kein Beweisstück mehr. Meta hatte sich halt beim Zählen ihrer Brote vertan. Er wartete einen günstigen Augenblick ab, holte den angehackten Laib, verbarg ihn unter seinem Pullover und verschwand mit den Vögeln auf der Schulter. Im Vorbeigehen sah er, dass Lenzens Ackerwagen nicht im Hof stand. Also war der Säufer gerade mal nüchtern und bei der Arbeit. Rafi beeilte sich, das Brot in den Vogelkäfig zu bringen und kehrte anschließend mit den Hähern zum Hof des Wegmachers zurück, um sich bei Lena zu vergewissern, dass ihr Mann wirklich nicht zu Hause sei.
„Vor'm Abend kommt der net ham. Er is am Wörth und sät Gerstn."
Der Bub ließ Hasso von der Kette. Der sprang an ihm hoch, leckte sein Gesicht ab und rannte dann ausgelassen auf dem Hof hin und her. Die Vögel flogen zu seinem Fressnapf und pickten die letzten Futterreste auf, steuerten danach Rafis Schultern an und landeten schließlich auf Hassos Rücken. Der Hund, dem die Eichelhäher vertraut waren, hob den Kopf, wedelte mit dem Schwanz und sauste wieder davon. Als er sich ausgetobt hatte, wurde sein Fell gekämmt. Rafael brachte stets seine eigene Hundebürste mit, weil es hier keine gab. Offensichtlich genoss der Vierbeiner die Pflege, denn er legte sich nach kurzer Zeit auf den Boden und streckte die Beine in die Höhe.
Dann passierte es. Draußen auf der Straße hielt ein Gespann und der Junge erkannte den Bauern an der Stimme. An eine Flucht war nicht mehr zu denken. Lenz öffnete das Hoftor und sah den Eindringling mit seinem Hund. Voller Zorn holte er die Peitsche vom Wagen, tobte und schlug zu. Hasso verzog sich winselnd in seinen Zwinger. Der Alte hechelte hinterher und hieb wie ein Besessener mit dem Peitschenstiel auf ihn ein. Vergeblich versuchte das Tier, sich aus der Enge zu befreien. Rafael erstarrte vor Schreck. Überlegte verzweifelt, wie er eingreifen

könnte. An der Scheunenmauer lehnte ein Eisenrohr. Das holte er, lief damit zu Lenz und schrie ihn an:
„Wenn du den Hund nicht sofort in Ruhe lässt, schlag ich dir den Schädel ein."
Der Bauer zuckte zusammen, machte sich den Ernst der Lage bewusst und hielt inne. Rafi zitterte vor Anspannung und Wut. Dass er die Peitsche zu spüren bekam, war durchaus verständlich. Schließlich hatte er trotz Verbots dessen Hof betreten. Aber es gab keinen Grund, den Hund so fürchterlich zu quälen.
„Das mit Hasso hast du nicht umsonst getan. Ich garantier' dir, dass du noch lange an mich denkst."
„Verschwind, sonst kriegst du noch amal a paar Hieb' ab!"
Auf dem Heimweg dachte der Bub über eine angemessene Vergeltung nach.
Tage später lag Lenz betrunken im Straßengraben neben dem Fußballplatz. Die Buben entdeckten ihn nach dem Spiel. In diesem Zustand war er nicht mehr fähig, zu Fuß zu gehen.
Fast jede Woche lag der Alkoholiker irgendwo im Freien. Manchmal fand man ihn vor dem Eingang eines Felsenkellers in der Nähe des Sandsteinkreuzes. Meistens aber schlief er seinen Rausch auf einer der Wiesen rund um den Bolzplatz aus. Anfangs reagierte Lena gleichgültig, wenn er nachts nicht nach Hause kam. Inzwischen aber war es recht kühl geworden und sie wollte ihm eine Lungenentzündung ersparen. Hatte sie ihren Mann vor Einbruch der Dunkelheit gefunden, dann informierte sie wie abgesprochen Rafael und seine Freunde, damit sie ihr halfen. Für sie allein war er viel zu schwer.
Auch heute luden sie ihn in den Holzkarren, den der Wegmacher vor seiner Entlassung aus dem Dienst täglich bei der Arbeit benötigte. Doch diesmal brachten sie ihn nicht heim in die Scheune und kippten ihn dort ins Heu. Lenz hatte einen Denkzettel verdient. Ein Tier misshandelt man nicht. Die Buben fuhren den Betrunkenen durch die Hauptstraße und grölten laut, damit jeder im Dorf das Spektakel mitbekam. Vor seinem

Anwesen machten sie Halt, öffneten das Hoftor und lehnten ihn an einen der Steinpfosten. Rafi wollte das so. Jeder der ihn sah, sollte wissen: Der schlägt nicht nur seine Frau, sondern peinigt auch seinen Hund. Deshalb legte man dem Saufbold die Laufkette des Tieres um das Fußgelenk und schüttete ihm einen Kübel Wasser über den Kopf. Vielleicht erkannte er irgendwann, was die Jugendlichen ihm damit sagen wollten.

Lenz hob den Oberkörper, schaute sich um und versuchte sich von der Kette zu befreien. Aber es gelang ihm nicht. Als er anfing zu stöhnen und lallende Laute von sich zu geben, kam Hasso aus dem Zwinger, humpelte zu seinem Herrn und setzte sich neben ihn, als ob er ihn bewachen wollte.

„Hunde kündigen niemals die Treue auf, auch wenn sie ungerecht behandelt werden", sagte Günther und einige nickten. Doch bezweifelte man, dass sich der Wegmacher diesen Vorfall zu Herzen nahm und von nun an niemandem mehr Gewalt zufügte.

Der Maibaum

Lehrer Schober räumte das letzte Schülerheft beiseite und blickte hinüber zur Wanduhr. Die Korrekturarbeiten waren zwar jetzt abgeschlossen, aber zur Bürgerversammlung kam er nun zu spät. Überlegte einen Moment und entschied, doch noch hinzugehen, schließlich handelte es sich um eine heikle Angelegenheit: Zum ersten Mal sollte im Dorf ein Maibaum aufgestellt werden. Dieses Vorhaben spaltete jedoch die Einheimischen in zwei unversöhnliche Lager und keiner der Dickschädel wollte nachgeben, obwohl der Konflikt seiner Meinung nach leicht zu lösen sei.
Im Grunde ging es um mehr als das Aufstellen eines Maibaums. Diese Aktion wurde nämlich von den ‚Nelken' zum Wahlkampfthema erhoben, weil sie hofften, damit die Bürgermeisterwahl zu gewinnen. Ihr Vorsitzender August Endres, bisheriger Oppositionsführer im Gemeinderat und Bürgermeisterkandidat, strebte den politischen Machtwechsel im Dorf an. Und dazu brauchte man unbedingt die richtige Wahlkampfstrategie. Eine der Bonner Parteien hatte für die letzte Bundestagswahl einen Slogan kreiert, der August faszinierte: „Wir schneiden die alten Zöpfe ab." Dieses Motto übernahm er und nichts konnte seine neue Politik besser veranschaulichen als das Maibaum-Projekt, denn ein solcher Baum bildete in Deusfeld ein Novum.
Gegen das Errichten eines Maibaums hatte Schober an sich nichts einzuwenden, aber er fand die Taktik, die August damit verband, unklug. Man konnte durchaus fortschrittliche Kommunalpolitik betreiben, doch sollte man deswegen nicht gleich alte Dorfbräuche über Bord werfen. Allerdings wusste er sehr wohl, dass die ‚Eichenblätter' mit ihrem noch amtierenden Bürgermeister Michel Renner sich gegenwärtig vor allem deshalb als Hüter der Tradition aufspielten, weil sie glaubten, dass die Mehrheit im Ort in diesen Dingen konservativ dachte

und ihm folglich bei der Bürgermeisterwahl erneut das Vertrauen aussprechen werde.
Schober, der inzwischen das Schulgelände hinter sich gelassen hatte, erhöhte sein Schritttempo. Auf der Dorfstraße begegnete er Bäuerinnen, die in großen Kannen die frisch gemolkene Kuhmilch an der Sammelstelle ablieferten. Vor dem Schaufenster der Krämerin vergnügten sich zwei Mädchen mit dem Federball. Beide waren so in ihr Spiel vertieft, dass sie ihren Lehrer gar nicht wahrnahmen. Ein paar Schritte weiter verließ eine Schar Enten unter aufgeregtem Schnattern den Bach und watschelte nach Hause in den Stall. Dann traf der Schulmeister auf Marie, die vor ihrem Anwesen die Straße kehrte. Sie grüßten sich und Schober wollte unbedingt ein Gespräch vermeiden, weil er es sehr eilig hatte. Doch die alte Frau hielt ihn auf.
„Machen'S einen Abendspaziergang, Herr Lehrer?"
„Nein, ins Rathaus zur Versammlung will ich noch gehen."
"Ja dann waschen'S den großen Politikern mal anständig den Kopf!"
„Marie, ich möcht's schon ganz gern, glaub' aber nicht, dass ich das schaff'."
Minuten später erreichte er das Rathaus, das mit seinem imposanten Fachwerk, dem Türmchen und der Passage mit dem gotischen Holzkruzifix ein bauliches Juwel darstellte. Als er die enge Wendeltreppe zum Bürgersaal hoch stieg, kündigten Pfiffe und dröhnendes Fußstampfen einen turbulenten Abend an.
Meistens hielten die Einheimischen fest zusammen, weil jeder irgendwann einmal im Alltag die Hilfe des anderen brauchte. Vor allem, wenn ein Haushalt von einem schweren Schicksalsschlag wie etwa einer Feuersbrunst gebeutelt wurde, bewiesen sie Solidarität und ehrliches Mitgefühl füreinander. Insbesondere den Fremden und Neubürgern wurde in solchen Notlagen bewusst, wie schnell sich eine dörfliche Gemeinde in eine Gemeinschaft verwandelte.

Das hieß jedoch nicht, dass keine Meinungsverschiedenheiten und Streitereien im Ort vorkamen. Schließlich verfolgte auch jeder seine individuellen Interessen, die man am besten in der Gruppe mit Gleichgesinnten durchsetzen konnte. Wenn solche Konflikte das Wohl aller im Dorf berührten, wurden sie Gegenstand der Politik. Das war auch beim Maibaum-Projekt in Deusfeld der Fall.

Im Saal des Rathauses ging es nicht nur laut zu, so dass man sein eigenes Wort kaum mehr verstehen konnte, sondern es herrschte auch dicke Luft. Das lag einmal am blauen Zigarrenrauch, der über den Köpfen der Anwesenden hing. Vor allem aber war die Atmosphäre derart aufgeladen, dass selbst eine Schlägerei nicht ausgeschlossen werden konnte. In der Regel löste man in diesem ehrwürdigen Haus politische Konflikte mit friedlichen Mitteln, doch gab es immer wieder ein paar Hitzköpfe, die gerne die Fäuste benutzten, wenn ihnen die Argumente fehlten.

Schober suchte sich in der Nähe der Tür einen Platz und war bemüht, schnell einen Überblick zu gewinnen. Hinten an der Wand lehnten mehrere junge Frauen. Häufig nickten sie zustimmend oder schüttelten den Kopf und manchmal tuschelten sie miteinander. An der öffentlichen Diskussion beteiligten sie sich jedoch nicht. Politik war ausschließlich Sache der Männer. Doch was die gerade im Saal inszenierten, glich einem grotesken Schauspiel. Gerötete Gesichter, geballte Fäuste und aggressive Zwischenrufe ließen minutenlang keinen sachlichen Gedankenaustausch zu. Unversöhnlich saßen sie sich gegenüber, nur durch einen schmalen Gang voneinander getrennt.

Die rechte Seite gehörte den Mitgliedern der ‚Eichenblätter', Dorfpartei der alteingesessenen Bauern. Was sie insbesondere verband, war der gemeinsame Besitz eines Waldes von beträchtlichem Ausmaß, in dem vor allem wertvolle Eichen wuchsen. Der traditionelle Gemeinschaftsbesitz dieses Waldes, seit vielen Generationen ‚Holzrecht' genannt, machte die

Bauern zu den Privilegierten im Dorf, die seit jeher die Politik bestimmten.
Auf der anderen Seite befanden sich die ‚Nelken'. Sie setzten sich vorwiegend aus Arbeitern zusammen, die im Nachbarort in der Fabrik ihr Geld verdienten. In den letzten Jahren gewann diese Partei zusätzliche Anhänger bei Bürgern, die sich hier neu angesiedelt hatten.
Inzwischen waren beide Gesellschaftsgruppen zahlenmäßig weitgehend ausgeglichen. Deshalb ließ sich schwerlich voraussagen, wer aus der Wahl als Sieger hervorging.
Noch immer stritten sie vorne um Nichtigkeiten und kamen in der Sache kein Stück voran.
„Wie meine Kinder auf dem Pausenhof", dachte der Pädagoge. Dort griff er in so einem Fall sofort ein, doch im Rathaus wollte er nicht die Rolle des Streitschlichters übernehmen. Er empfand inzwischen die stickige Luft im Raum unerträglich. Daher erhob er sich, schritt durch den Saal und öffnete ein Fenster.
„Herr Lehrer, was ist eigentlich Ihre Meinung dazu?"
Schober zögerte mit der Antwort. Als aber immer mehr von den Anwesenden seine Stellungnahme forderten, ließ er sich doch darauf ein, obwohl er sich als Lehrer äußerst ungern in die Dorfpolitik einmischte.
„Wichtig ist, dass Ihr euch alle wie Demokraten verhaltet."
„Wir sind scho lang nimmä ihre Schüler und brauch'n ka Belehrung net," erklang es provozierend hinter seinem Rücken. Viele Leute pfiffen den Zwischenrufer aus. Schober brauchte sich nicht umzudrehen, denn er erkannte den Flegel an der Stimme. So eine Bemerkung konnte nur von Toni kommen.
„O je, dein Benehmen ist seit der Schulzeit auch nicht besser geworden. Da kann ich nur sagen: Was Hänschen nicht lernt, lernt Hans nimmermehr." Jetzt folgte Gelächter auf Schobers Reaktion.
„Wie Demokraten verhalten - Was wollten Sie denn damit sagen, Herr Lehrer?", fragte Robert nach.

„Es gibt Regeln, wie man miteinander umgeht und die muss ich euch ja nicht aufzählen. Doch eines scheint mir wichtig, sonst kommt ihr zu keinem Ergebnis. Zuerst sollte der Herr Bürgermeister die Position der ‚Eichenblätter' vortragen und dann ist der Kandidat der ‚Nelken' an der Reihe. Anschließend können wir darüber diskutieren."
Damit waren fast alle einverstanden. Und weil man sich noch einmal in Ruhe absprechen wollte, wurde eine Pause vereinbart. Danach begann der noch amtierende Bürgermeister mit seiner Rede:
„Liebe Leut, eigentlich gibt's ja net viel zu sag'n. Es sind jetzt nur noch a paar Woch'n bis Maianfang. Und dieser Monat ist bei uns in Deusfeld seit jeher der Mutter Gottes gewidmet, also der Tochter der heiligen Anna, unserer Schutzpatronin. Drum is es bei uns immer scho der Brauch, dass wir ihr zu Ehr'n am ersten Mai a Birk'n am Weg zur Anna-Kapelle pflanzen. Des ham scho unsere Väter und Großväter so g'macht. Und des soll a so bleib'n, bis der Weg zum Gnadenaltar a richtige Birkenallee is. Und wie jed's Jahr stiften wir ‚Eichenblätter' net nur zum Maitag die Birk'n, sondern natürlich a die Tanne, die bei uns im Herbst zur Kirchweih aufg'stellt wird."
„Das müsst ihr Holzrechtler ja machen, sonst holt euch euer Fürstbischof ab und nimmt euch mit in sei Höll'", rief einer von den ‚Nelken' dazwischen und die meisten seiner Genossen lachten.
Endlich konnte der Bürgermeister seine Ansprache beenden:
„Wer also für die Birke und gegen den Maibaum is, der soll für mei Partei stimmen, denn die will die alten Traditionen in unserem Dorf bewahren und ich als Bürgermeister steh dafür."
Renner erntete viel Beifall. Doch der kam nur von seinen Leuten, während die Vertreter der Gegenpartei die Worte mit gellendem Pfeifkonzert quittierten. Dann wandte sich der Oppositionsführer an die Bürger:
„Meine Damen und Herren, nichts gegen die Mutter Anna, aber ihr Festtag ist erst im Juli und uns geht es um den ersten Mai.

Das ist für uns der Tag der Arbeit; ein Tag, an dem nicht die Religion, sondern die Politik im Vordergrund steht. Ich will mit dem Maibaum ein Zeichen setzen ..."
„Klar, kannst ja ob'n die rot Fahna hihänga", rief einer von den ‚Eichenblättern' dazwischen und löste damit bei seinen Anhängern Gegröle und Getrampel aus. Doch August Endres fuhr ungerührt fort:
„Wir wollen keinen Politiker in verantwortlicher Position, der nur nach rückwärts schaut. Wir wollen keinen Politiker, der heute noch einen Kindergarten ablehnt und sich gegen neue Straßenlaternen wehrt. Der Maibaum steht für unsere Politik und die ist eine Politik des Fortschritts. Ich möchte, dass unsere Gemeinde endlich moderner wird, so wie der Nachbarort Eberslautern, wo inzwischen sogar ...."
„Mann, dann zieh doch um und lass dich dort mit deinem dämlichen Maibaum zum Bürgermeister wählen!"
Dieser erneute Zwischenruf hatte abermals Tumulte im Saal zur Folge und wieder flogen unflätige Beschimpfungen hin und her. Als plötzlich ein paar Männer aufstanden und angriffslustig ihre Stühle schwenkten, wurde es Schober zu viel. Er meldete sich zu Wort und schlug als Kompromiss vor, sowohl zur Birke als auch zum Maibaum Ja zu sagen, weil sonst die Gefahr bestünde, das Dorf auf lange Zeit zu spalten. Nur wenige Hände klatschten Beifall. Sein Vorschlag prallte bei beiden Gruppen wie an Mauern ab. Als gar am Schluss ihn einer aufforderte, sich da rauszuhalten und sich nur um seine Schule zu kümmern, verließ er verärgert das Rathaus.
Doch ging er keineswegs gleich heim, sondern kehrte beim Alten Wirt ein und verlangte nach einem Schnaps. Rosa wunderte sich darüber, denn er hatte bisher im Wirtshaus noch nie Schnaps getrunken. Sie ahnte den Grund, wollte aber nicht neugierig erscheinen. Ohnehin würde sie später Genaueres über den Verlauf der Bürgerversammlung von ihrem Mann erfahren. Als Schober sogar noch ein zweites Glas verlangte und immer

noch schwieg, hielt sie es für angebracht, ihn endlich anzusprechen:
„Herr Lehrer, Sie kenna doch die Leut' hier im Dorf. Die red'n oft dämlich daher und meinen's gar net so. Und manche benehma sich halt wie Schulkinder. Stimmt doch, oder?"
Schober musste schmunzeln, meinte dann, dass dies manchmal durchaus zutreffe. Damit war für ihn das Thema abgehakt. Nach einer kurzen Pause sagte er:
„Ja ja, Rosa, das Holzrecht und der Fürstbischof. Wie du weißt, gehört diese Geschichte zum Stoff meines Heimatkunde-unterrichts. Von dem mächtigen Bischof war heute auch die Rede."
Die Wirtin stellte fest, dass sie damals im Unterricht zwar immer gut aufgepasst hatte. Doch sei das schon so lange her, dass sie mittlerweile nicht mehr alle Details und Zusammenhänge genau im Kopf habe.
Schober, ganz Lehrer, wollte diese Wissenslücke füllen und erzählte, was sich kurz nach dem Dreißigjährigen Krieg hier bei ihnen zugetragen hatte: Damals überließ jener Fürstbischof den Deusfelder Bauern den Wald rund um ihr Dorf, der ihm gehörte. Er machte ihnen dieses Geschenk, weil sie freiwillig und das lange vor dem festgesetzten Termin ihren lutherischen Glauben aufgaben und sich zur katholischen Kirche bekannten. Der Bischof, der jetzt auch ihr politischer Herrscher war, musste also keinen militärischen Druck ausüben, damit die Deusfelder Untertanen seine Religion gemäß der allgemein gültigen Norm des cuius regio eius religio übernahmen.
Der wertvolle Wald wurde zum Gemeinschaftsbesitz aller Bauern erklärt und bis zur Gegenwart von einer Generation auf die andere übertragen.
Am nächsten Tag suchte der Lehrer nach dem Unterricht den Michel auf. Im Wohnhaus war niemand anzutreffen. Weil die Tür zum Schafstall offen stand, überquerte er den Hof und sah den Bürgermeister und seine Frau beim Schafscheren.

„Grüß Gott miteinander! Fleißig wie immer. Aber die Schafe werden jetzt frieren."
„Ich frier' scho lang", antwortete Babett.
„Und wie ist es bei dir, Michel?"
„Ach lassen'S mich doch in Ruh'!"
„Michel, aus der Ruh' wird nichts, nach allem, was gestern passiert ist."
„Herr Lehrer, was wollen'S eigentlich? Sie waren gestern eh zu spät dran."
„Ja, stimmt. Aber dein Sohn war einer der Gründe dafür. Ich hatte ziemlich viele Rechtschreibfehler in seinem Diktatheft auszubessern."
„Aha, versteh' scho, genau wie der Vater! Drum müssen'S mir ja seit Jahren auch mei Reden aufsetzen."
„Komm lass gut sein! Bist sonst auch ein besonnener Mensch. Möcht' dich bitten, dass Du den ‚Nelken' einen Schritt entgegen gehst und dem Maibaum zustimmst."
„Das kann ich net."
„Und ich versteh euer Theater net. Die Christl, mei Schwester, die in Rosenheim verheiratet ist, hat g'sagt, bei ihnen in Oberbayern ist der Maibaum a ganz alter Brauch," entgegnete Babett.
„Frau, aber nicht in Franken; zumindest nicht in unserm Ort."
„Michel, es geht um den Frieden im Dorf", warf der Lehrer ein.
„Mir persönlich wär's doch egal, aber die meisten meiner Leut' sind strikt dagegen. Und einmal brauch' ich den Posten im Rathaus noch, scho wegen der Rente."
„Es bleibt also bei der Ablehnung?"
„Ich hab ka andere Wahl."
Der Lehrer schaute am Abend noch beim August von den ‚Nelken' vorbei, jedoch konnte er auch dort nichts bewegen.
Am folgenden Sonntag wurde im Dorf gewählt und es ging das Gerücht, dass Pfarrer Mondfelder in seiner Predigt eine Empfehlung abgeben wolle. Normalerweise tat er das nur bei einer Bundestags- und nicht bei einer Bürgermeisterwahl. Viele

im Dorf vermuteten, dass er heute Stellung zum Maibaum-Projekt bezog. Die Kirche war deshalb bis auf den letzten Platz gefüllt und alle warteten gespannt auf seine Worte. Und die hatten es in sich.
Hochwürden entschied sich für zwei Textstellen aus dem Matthäus-Evangelium, die im Grunde überhaupt nichts miteinander zu tun hatten. Im ersten Fall ging es um den Pharisäer, der Jachwe im Tempel vorrechnete, wie fromm und anständig er doch sei. Im zweiten um den verlorenen Sohn, der nur noch an sich dachte und seinen Herrgott vergaß. Mondfelder verstand es wie immer meisterlich, den Bibeltext auf den Alltag zu übertragen und nach kurzer Zeit wusste jeder, wer nach Auffassung des Priesters zur Zeit im Dorf dem Pharisäer und wer dem verlorenen Sohn nacheiferte.
Dann tat der Pfarrer etwas, was er noch niemals getan hatte. Er richtete nämlich direkt von der Kanzel aus seine Worte persönlich an die beiden Bürgermeisterkandidaten, die oben auf der Empore saßen:
„August, ich will jetzt von dir wissen, ob du es tatsächlich wagst, dich gegen unsere Schutzpatronin zu stellen. Versteh ich dich recht, du verweigerst der heiligen Anna, Marias Mutter, die Birke zum diesjährigen Maienbeginn?"
„Michel, und von dir möchte ich hören, dass auch du für den Maibaum bist. Brauchst wahrlich nicht den heiligen Bonifatius spielen. Ein Maibaum ist schließlich keine heidnische Donar-Eiche."
Unten im Kirchenschiff brachen die Leute in Gelächter aus. Die Männer auf der Empore hingegen bekamen rote Gesichter; die einen aus Scham, die anderen aus Wut. Sie steckten die Köpfe zusammen und tuschelten miteinander. Der Priester hoffte vergeblich auf eine rasche Antwort. Minuten vergingen und für viele wurde die Anspannung fast unerträglich. Der Geistliche merkte sehr wohl, dass die Herren Politiker mit ihm zu pokern versuchten, aber er übte sich in Geduld. Auf der Empore wurde es zwar hektischer und lauter, doch die Antwort ließ immer

noch auf sich warten. Jetzt reichte es dem Pfarrer und er griff zum allerletzten Mittel, das ihm in dieser Situation zur Verfügung stand. War überzeugt, dass er sich durchsetzen würde gegen diese Sturköpfe dort oben. Schließlich hatte er genug Erfahrung durch seinen Beruf, in dem es nicht nur darum ging, im Gottesdienst frohlockend das Gloria anzustimmen. Ein Pfarrer musste taktieren können und das nicht nur gegenüber seinem Bischof. Deshalb sprach er:
„Unser Dorf verdient einen würdigen Bürgermeister. Aber so einen gibt es wohl gerade nicht. Deshalb rate ich jedem Wähler, keinem der beiden Kandidaten seine Stimme zu geben und die heutige Bürgermeisterwahl zu boykottieren."
Manchem in der Kirche kam es vor, als hätte der Pfarrer soeben ein Gottesurteil verkündet. Ein paar wenige ärgerten sich über ihn, doch die meisten gaben ihm recht. Der Lehrer auf dem Orgelbock holte sein Taschentuch heraus und gab vor zu schnäuzen. In Wahrheit wollte er damit nur sein Lachen verbergen. Und er wusste wie der Priester, dass der letzte Akt der Tragik-Komödie noch ausstand. Es dauerte auch gar nicht lange, bis sich August zu Wort meldete:
„Herr Pfarrer, ich bin einverstanden: Maibaum und Birke."
Auch Michel gab nach.
Die Gläubigen brachten ihre Erleichterung über die Lösung des Konflikts, der seit Wochen das Dorf belastete, dadurch zum Ausdruck, dass sie Beifall klatschten. Auch das war niemals zuvor im Gotteshaus geschehen.
Nach der Messe steuerte man das Wahllokal an und am Abend stand frühzeitig fest, dass August die Chance erhalten hatte, dem Dorf endlich den Fortschritt zu bringen. Dann konnten die Einwohner der Nachbargemeinde mit ihrer Teerstraße und den Gehsteigen Deusfeld auch nicht mehr als rückständisches Kuhdorf bezeichnen.

Nicht immer nur schuften

Der 26. Juli fiel heuer auf einen Donnerstag. Für die Bewohner der umliegenden Dörfer war das ein normaler Werktag, also ein Arbeitstag. Ganz anders verhielt es sich in ihrem Dorf. Hier verband man dieses Datum nach katholischer Tradition mit dem Namenstag der heiligen Anna, die seit Jahrhunderten als Schutzpatronin des Ortes verehrt wurde. Mit Fürbitten wandten sich die Bauern an sie, damit die Heilige die Früchte des Feldes gedeihen lassen und beschützen möge. Im Sommer drohten oft schwere Unwetter, die binnen weniger Minuten das gesamte Getreide vernichten konnten. Aber man war auch den Blitzeinschlägen in Haus und Stall hilflos ausgeliefert, es sei denn, die heilige Anna erhörte die Gebete. Immer dann, wenn ein Gewitter tobte, wurde in vielen Stuben eine Kerze angezündet, die Familien versammelten sich vor dem Herrgottswinkel und beteten:

„Heilige Mutter Annen,
vertreib das Gewitter von dannen!
Treib es über Berg und Tal,
dass es niemand' schaden kann ..."

Der heiligen Anna wurden als der Mutter Marias vor allem die Kinder anvertraut. Das traf im besonderen für die Kinder dieses Dorfes zu, denn der Sage nach hatte die Heilige vor ungefähr dreihundert Jahren ein Mädchen bei der Feldarbeit auf wundersame Weise gerettet, indem sie durch ein plötzlich auftretendes Gewitter fremde Männer, die das Kind misshandeln wollten, in die Flucht schlug. Zum Dank hatte man an jenem Ort eine Kapelle gebaut und seither wurde der Namenstag der heiligen Mutter Anna im Dorf als Festtag gefeiert. Das hieß Ruhetag wie an den Sonntagen. Am Vormittag wurde gebetet, vom Nachmittag ab hingegen bis weit in die Nacht hinein gefeiert.

In aller Frühe zog die Prozession hinaus in die Flur zur Anna-Kapelle. Unter samtenem Baldachin hielt der Priester die Monstranz in den Händen, begleitet von Mädchen in weißen Erstkommunionkleidern. Es folgten Musikanten, Abgeordnete von Vereinen mit ihren Schärpen und Fahnen. Dann eine Gruppe junger Burschen, die schwere Heiligenfiguren auf den Schultern trugen. Hinter ihnen reihte sich die Schar der Pilger ein: Zur Rechten die Männer, zur Linken die Frauen, allesamt andächtig betend und singend, während vor dem Allerheiligsten der Lehrer darauf achtete, dass die Schulkinder sich anständig benahmen.
Die Wallfahrt wurde von mehreren Ministranten mit Standarten und einem großen Holzkruzifix in der Mitte angeführt. Ganz stimmte das nicht, denn vor den Messdienern lief der Dorfobmann mit seiner Handglocke, um den Verkehr zu regeln.
Nach ein paar hundert Metern bogen die Pilger auf den Anna-Feldweg ein und versammelten sich kurze Zeit später im Halbkreis vor der Fassade der Kapelle. Dort fand im Freien der anschließende Festgottesdienst statt, weil im Innern des Kirchleins der Platz für die vielen Menschen nicht ausreichte.
Mit dem Anna-Tag verbanden die Schüler den Beginn der Sommerferien. Sie hatten sich schon lange darauf gefreut, jedoch bedeuteten diese Wochen für die Bauernkinder keineswegs primär Freizeit, weil sie bei allen landwirtschaftlichen Arbeiten miteingeplant waren. Zunächst brachte man das Heu ein, dann stand die Getreideernte an. Beim Mähen von Hafer und Gerste, Roggen und Weizen mussten die Kinder auf dem Dorf fest zupacken. Ein Feiertag mitten in der Woche wie der Anna-Tag kam ihnen deshalb sehr gelegen, denn sie durften ein paar Stunden das tun, was ihnen Spaß machte. Außerdem war der Anna-Tag auch ihr eigener Festtag.
Am Nachmittag versammelten sie sich mit ihren Eltern im Biergarten, der in einem Wäldchen in der Nähe des Dorfes lag, um nach dem Beten endlich zu feiern. Über den Buchen und Eichen standen die Rauchschwaden des riesigen Holzkohlen-

grills und überall roch es nach Bratwürsten. Die Musikanten, die am Vormittag mit ihren Blasinstrumenten der Dorfschutzpatronin die Ehre erwiesen, spielten nun vom erhöhten Podium zum Tanz auf und die Männer legten dann den Frauen zuliebe für kurze Zeit die Schafkopfkarten beiseite. Die Kinder hingegen tobten im Wald umher, bis der große Augenblick nahte. Wenn der Wirt dreimal auf die Pauke schlug, war ihre Zeit gekommen. Von allen Seiten strömten sie jetzt aus den Gebüschen hin zur Schänke und erblickten dort die dampfenden Töpfe.
„In einer Reihe aufstellen!", rief der Mann mit der grünen Schürze, „ihr kriegt jetzt eure Knackwürste."
Dazu erhielt jeder als Geschenk von den Eltern auch noch eine Breze und eine Flasche Limonade. Weil die Mutter Anna ein Herz für Kinder hatte, gehörte dieser Brauch des Beschenkens zur Tradition des alljährlichen Dorffestes. Überdies wurden die Mädchen und Buben für ihren Arbeitseifer auf den Feldern in den vergangenen Wochen belohnt. Während die Erwachsenen am Anna-Tag im Waldkeller Bratwürste mit Sauerkraut aßen, genossen die fleißigen jungen Erntehelfer Knackwürste und Brezen. Diese Leckerbissen gab es nur einmal im Jahr und waren ausschließlich für sie bestimmt.

***

Ingrid schaute auf das wogende Kornfeld und wischte sich den Schweiß von der Stirn. Sie wartete wie die anderen auf den nächsten Arbeitsgang. Links neben ihr die Mutter, dann folgte die Großmutter; rechts Elisabeth und Roswitha, zwei Flüchtlingsfrauen, die bei der Getreideernte mithalfen. Sie standen alle in einer Reihe und räumten fortwährend das Getreide weg, das die Mähmaschine abgeschnitten hatte. Es dauerte noch eine Weile, bis diese erneut auftauchte. Deshalb gönnte sich die Bauerntochter eine Verschnaufpause; dehnte und streckte sich, denn ihr Rücken schmerzte vom ständigen

Bücken. Unbarmherzig brannte die Sonne vom Himmel und die Kleider klebten am Leib. Der Staub aus den Ährengrannen erzeugte einen äußerst unangenehmen Juckreiz auf der Haut und die starren Strohhalme hinterließen hässliche Kratzspuren an den Beinen.

Sie dachte an ihre Freundin Margot, die jetzt in Italien Urlaub am Meer machte, während sie sich hier plagen musste. Aus Rimini kam gestern ein Brief von ihr. Einerseits freute sie sich darüber, andererseits aber empfand sie so etwas wie Neid. Warum nur waren ihre Eltern ausgerechnet Bauern? Dieser Beruf verlangte den Menschen nicht nur viele Mühen und Entbehrungen ab, sondern band sie zudem das ganze Jahr an den Hof.

Urlaub setzte allerdings nicht nur genügend freie Zeit, sondern auch ausreichend Geld voraus. Aber das besaßen sie nun einmal nicht. Zwar verkauften die Eltern einen Teil des Getreides an das Lagerhaus und ab und zu Kälber oder Schweine an den Viehhändler. Außerdem sorgten die Milchkühe für regelmäßige monatliche Einnahmen. Dafür aber musste man Saatgut und Kunstdünger einkaufen und viel Geld verschlangen die Maschinen. Meist blieb deshalb am Monatsende wenig davon übrig. Ingrid wünschte sich ein neues Kleid und eine Handtasche. Doch Mutter redete ihr gut zu, noch etwas Geduld aufzubringen.

Solche materiellen Sorgen kannte die Freundin nicht. Als Tochter eines Architekten lebte sie in einer anderen Welt und dazu gehörte eben auch ein Urlaub an der Adria. Was jene beschrieb, las sich wie ein Leben im Paradies: Baden im Meer; sich sonnen am Strand; Seepromenade und Eisdiele ... Margot genoss diesen Italienurlaub, während ihr in den Ferien zu Hause nur die Träume blieben.

Hier auf dem Acker konnte im Grunde nicht einmal davon die Rede sein, zumindest nicht in der nächsten Viertelstunde, denn soeben näherte sich der Vater mit der Mähmaschine und den Pferden. Um deren schweißnasse Rücken schwirrten Bremsen,

die nur darauf aus waren, irgendwo auf dem feinen Fell heimtückisch zuzustechen und Blut zu saugen. Die Zugtiere schüttelten sich und schlugen mit den Schwänzen, um die lästigen Plagegeister zu vertreiben.
Inzwischen war das Fuhrwerk auf Höhe des Mädchens angelangt. Der Messerbalken der Maschine rückte vor und schnitt die Getreidehalme ab. Waren diese auf dem seitlich am Mähgerät befestigten Holzgitter zu einem richtigen Strohpaket angewachsen, legte der Bauer sie mit einem Kornrechen auf dem Boden ab.
„Lass sie nicht so groß werden, die sind für mich zu schwer“, rief ihm Ingrid zu.
„Geht in Ordnung“, schrie der Vater zurück. Kurze Zeit später war das Gefährt außer Sichtweite.
Das Bauernmädchen trug nun die Bündel nach hinten, entfernte Disteln und Brennnesseln, raffte und ordnete mit der Sichel die Halme und zuletzt kam die fertige Garbe in ein Band.
Dann musste sie zum nächsten Haufen eilen, um dort erneut Halme zu raffen und abzulegen. Wieder und immer wieder bis zu der Stelle des Feldes, wo der Arbeitsabschnitt der Mutter begann. Danach galt es die Garben zu binden und in Gruppen zusammenzutragen. Wenn man konzentriert gearbeitet hatte, blieben noch ein paar Minuten zum Verschnaufen, bis das Pferdefuhrwerk schon wieder kam.
Als die Sonne hoch über dem Main stand, war man mit dem Kornschneiden fertig. Menschen und Tiere legten im Schatten des nahen Birnbaumes eine Ruhepause ein. Die Erwachsenen sprachen über die Ernte, Ingrid hingegen dachte schon wieder sehnsüchtig an Italien. Margots Brief ging ihr nicht aus dem Kopf. Um diese Zeit werden sie sich noch am Strand aufhalten. Auf Liegen und unter Sonnenschirmen, die man ausleihen kann, hatte sie geschrieben. Baden, träumen oder einfach nichts tun. „Dolce fa niente“ sagten die Italiener dazu. Beim Abendessen habe ihr der Vater erklärt, die vielen deutschen Urlauber an der

Adria würden beweisen, dass es jetzt mit unserem Land aufwärts gehe.
„Ingrid, ich wünsche mir so sehr, du wärest auch hier.“
Die Bauerntochter war überrascht, wie sich die Worte der Freundin in ihrem Gedächtnis eingenistet hatten.
„Bald kann ich den ganzen Brief auswendig“, murmelte sie.
Mittlerweile hatte man die Pause unter dem Birnbaum beendet. Die Arbeit, die noch zu erledigen war, strengte nicht sonderlich an. Mehrere Garben wurden jeweils über Kreuz aufgestellt. Ihre oberen Enden bildeten eine Spitze, unten wurden die Halme nach außen versetzt. Sinn und Zweck dieser Konstruktion war es, das wertvolle Getreide bei länger anhaltendem Regen vor Schimmel und Fäulnis zu schützen. Am Ende sah das Bauwerk aus wie eine Rundhütte, in die Ingrid und ihr Bruder als kleine Kinder häufig beim Versteckspiel schlüpften. In ihrer Phantasie entstand damals auf dem Stoppelfeld ein ganzes Geisterdorf aus vielen Getreidehütten. Inzwischen blieb für die Geschwister nur noch wenig Zeit zum Spielen und Träumen, weil sie, obwohl erst zehn und zwölf Jahre alt, hart arbeiten mussten. Aber bei den Bauern gab es seit jeher nur eine kurze Kindheit.

***

Sie hatte einen anstrengenden Tag hinter sich und konnte dennoch nicht einschlafen. Schuld daran war der Brief der Freundin. Italien musste faszinierend sein. Zahlreiche Schlager erzählten von Bell' Italia und am besten gefiel ihr das Lied von der roten Sonne auf Capri, die im Meer versinkt. Auch aus alten Zeitschriften, die ihr die Frau des Friseurs regelmäßig schenkte, erfuhr sie manches über das Land. Urlaub in Italien war inzwischen sehr beliebt bei den Deutschen, galt er doch, wie Margots Vater bereits feststelle, als Zeichen des Wohlstands und Lebensgenusses, nachdem man endlich die mühevollen Aufbaujahre nach dem Krieg hinter sich wusste.

Ingrid reiste in Gedanken nach Italien, indem sie Berichte über das Land las und sich Fotos anschaute. Bilder von Venedig, Sorrent oder Rom, die sie aus den Illustrierten ausgeschnitten hatte, hingen an der Wand über ihrem Bett. Auf einigen war das tiefblaue Meer zu sehen. Nochmals holte sie den Brief hervor: Il sole - il mare - la spiaggia. Es war durchaus zu verstehen, dass es Margot Spaß machte, italienische Wörter zu lernen.
„Am Montag nach der Ankunft im Hotel bin ich sofort hinunter an den Strand gelaufen. Das Meer. Es ist in Wirklichkeit noch viel schöner als wir beide uns das zu Hause vorgestellt haben. Wenn du das doch bloß auch erleben könntest!“
Il mare. Sie fragte sich, ob sie irgendwann in ihrem Leben von einem Strand auf das Meer blicken würde.
Am folgenden Sonntag machten Ingrid und die Mutter einen Spaziergang in die Flur, um Kornblumen zu pflücken. Diese Blumen gefielen beiden besonders gut und deshalb stand während der Sommermonate oft ein Kornblumenstrauß auf dem Tisch. Heute jedoch war die Tochter schlecht gelaunt und äußerte gegenüber der Mutter ihren Unmut:
„Margot verbringt ihre Ferien in Italien, und ich muss immer nur arbeiten. Auf einem Bauernhof hat man überhaupt keine Freiheit.“
„Ich verstehe dich gut, mein Mädchen. Auch ich möchte manchmal alles liegen und stehen lassen und einmal nur ‚Ich' sein. Doch die Landwirtschaft lässt halt keinen Urlaub zu.“
„Müssen wir die denn unbedingt haben?“
„Und wovon sollen wir leben? Dein Vater ist nun mal kein Architekt, sondern Bauer und davon versteht er etwas.“
„So habe ich das nicht gemeint.“
„Du glaubst, dass wir keine Freiheit haben. Vielleicht doch, nur schaut sie bei uns anders aus.“
Dann wies die Mutter auf die Arbeiter im Dorf hin. Die fuhren täglich in den Nachbarort und in die Kreisstadt, um in der Fabrik von früh bis spät dieselben Handbewegungen am Fließband auszuführen, kontrolliert von Stechuhr, Vorarbeiter

und Akkordnormen. Bauern hingegen ließen sich von niemandem vorschreiben, was sie zu tun und zu lassen hätten, sondern bestimmten ihr Tagwerk selbst, sofern das Wetter mitspielte.
Ingrid ahnte, was die Mutter ihr damit sagen wollte. Sie war eine Bäuerin und auf ihre Weise durchaus frei. Dennoch erlaubte ihr diese Freiheit keinen Urlaub. Sie selbst träumte immer wieder von Bell' Italia, und das erforderte doch wohl eine andere Art von Freiheit. Deshalb werde sie niemals Bäuerin sein. Aber das behielt sie lieber für sich, weil sie der Mutter nicht weh tun wollte.
Am nächsten Tag klopfte der Postbote ans Fenster, während die Familie in der Stube beim Mittagessen saß. Er hätte für die Tochter eine Ansichtskarte aus Italien abzugeben. Das Foto zeigte eine Burg und den Aufdruck: „Tanti saluti di San Marino". Das Mädchen überflog den Text und las dann laut vor:
„Liebe Ingrid! Wir haben heute einen Ausflug in die Berge gemacht. In den nächsten Tagen geht es nach Ravenna. Der Urlaub in Italien ist wunderschön. Gruß, Deine Margot."
Der Vater sah das traurige Gesicht der Tochter, doch fielen ihm keine tröstenden Worte ein. Als Ingrid die Tränen nicht mehr zurückhalten konnte, stand sie abrupt auf und sperrte sich in ihr Zimmer ein. Öffnete erst, als die Mutter vom Einkaufen zurückkehrte und schon in der Diele laut rief:
„Ingrid, schau mal, ich hab da eine italienische Überraschung für dich."
Ausgerechnet heute lagen bei der Krämerin Reklameprospekte einer Margarinefirma aus, die auch ein Preisausschreiben enthielten: Eine Reise nach Italien konnte derjenige gewinnen, der wusste, wie die größte Insel dieses Landes hieß. Acht leere Kästchen waren vorgedruckt. Obwohl die Lösung kinderleicht war, sah Ingrid vorsichtshalber im Atlas nach. Noch heute wollte sie die Karte abschicken.
„Nimmst du mich dann mit?", fragte die Mutter schmunzelnd und schloss ihre Tochter in die Arme.

Am Abend nach der Stallarbeit zog es das Mädchen hinaus zur Anna-Kapelle. Verglichen mit der Prozession vor zwei Wochen legte sie jetzt den Weg dorthin doppelt so schnell zurück. Sie durchquerte mit hastigen Schritten das kurze Kirchenschiff und trat ganz nah an die Holzfigur, um mit der Mutter Anna zu sprechen. Ohne Umschweife brachte sie ihr Anliegen auf den Punkt: Mit Sicherheit hatte sie bei ihrem Preisausschreiben die richtige Antwort eingetragen. Sizilien hieß die Insel. Aber niemand außer der heiligen Anna konnte garantieren, dass ausgerechnet ihre Karte bei der Auslosung gezogen würde. Deshalb bat das Mädchen sie inständig um Hilfe. Bezweifelte jedoch, dass in diesem Fall ein Gebet ausreichen würde, denn wahrscheinlich war die Schutzpatronin des Dorfes mit der Verhinderung von Gewitterschäden bereits ausgelastet. Also schenkte Ingrid der Heiligen auch noch ihren weißen Rosenkranz, den sie zur Erstkommunion erhalten hatte und der ihr viel bedeutete. Ein Italienurlaub am Meer als Gegenleistung für diesen Rosenkranz. Damit war die Mutter Anna bestimmt einverstanden. Schließlich lagen ihr die Kinder ihres Dorfes besonders am Herzen.

Die Gastarbeiter aus dem Süden

Der Landwirt stand in der Grube und belud den Wagen. Den ganzen Tag schon fuhr er Mist hinauf zur Röderhöhe, wo der Großteil seiner Felder lag. Vor Tagen wurden die Kartoffeln geerntet, nun wollte er dort nächste Woche Klee ansäen. Da dieser aber nur auf äußerst nährstoffhaltigem Boden gedieh, musste man düngen. Er könnte den Kunstdünger aus dem Lagerhaus verwenden. Doch der war sehr teuer und deshalb stets mit Bedacht einzusetzen. Weizen beispielsweise benötigte unbedingt Phosphat und Kali für eine ertragreiche Ernte. Davon brauchte Gottfried im Frühjahr aber mindestens fünf bis sechs Zentner, deren Kosten in etwa den Einnahmen entsprachen, wenn man ein Kalb oder ein Schwein verkaufte. Klee wuchs seiner Erfahrung nach am besten auf abgestandenem Stallmist, an dem es Gott sei Dank nicht mangelte.
Er hielt inne und begutachtete seine Fuhre, beschloss, nur noch hinten ein paar Gabeln aufzulegen. Das sollte genügen. Der Feldweg zur Röderhöhe war an zwei Stellen ziemlich steil und er wollte die Kühe schonen, mussten sie doch heute schon mehrere Male den schweren Wagen hinaufziehen. Gottfried verließ die Grube, schlug den Mist mit der Holzpatsche fest, damit er beim Fahren nicht herabfiel, spannte die beiden Kühe wieder an und lenkte sie aus dem Hof hinaus auf die Straße.
Unterwegs machte er bei der Krämerin Halt, um sich eine Zigarre zu kaufen und bog dann in die Froschgasse Richtung Dorfende ein. Allmählich stieg der Weg an und es ging erheblich langsamer vorwärts. Seitlich am Hang glitzerte eine blaue Wasserfläche in der Sonne. Als die Frau des Architekten aus ihrem Swimmingpool kam, schwenkte der Bauer zum Gruß den Hut, doch sie schien ihn nicht zu bemerken und betrat das Haus. Ihr Bungalow stand auf einem großen, gepflegten Grundstück, das sich bis hinunter zum Feldweg erstreckte. Der Mann gönnte nun seinen Kühen eine erste Rast, weil deren

Kräfte am Ende eines langen Arbeitstages deutlich nachließen. Er hielt das Gespann an, drehte die Kurbel, bis die Bremsklötze blockierten und legte zur Absicherung noch ein Holzscheit hinter die Räder. Auch er mit seinen fast sechzig Jahren hatte sich jetzt ein paar Minuten Ruhe verdient.
Gottfried zündete die Zigarre an und wollte sich gerade an den Wegrand setzen, als er zwischen zwei Stauden am Gartenzaun die Mädchen entdeckte. Ingrid beobachtete Margot bei einem merkwürdigen Spiel. Diese wippte mit ihrem Körper, als führte sie einen Bauchtanz vor. Um den Leib hatte sie einen Reifen, der sich ständig kreisend an ihrem Körper auf und ab bewegte. So etwas hatte der Bauer noch nie gesehen. Neugierig stapfte er zum Gartentor. Als die Mädchen ihn erblickten, legte Margot den Reifen ins Gras und rannte mit ihrer Freundin die Anhöhe hinab, um ihn zu begrüßen. Die drei kannten sich gut, denn der Mann war Ingrids Onkel und Margot traf ihn fast jeden Tag, wenn sie auf dem Hof frische Milch für die Familie holte.
„Was macht ihr zwei denn für verrückte Sachen?“
„Gottfried, willst du auch einmal probieren?“
Ohne die Antwort abzuwarten, lief Margot weg und kam mit dem bunten Holzreifen zurück.
„Was ist denn das für ein neuartiges Spielzeug?“
„Ein Hula-Hoop-Reifen! Ich hab’ ihn für Ingrid in Italien gekauft.“
„Das schaut ja lustig aus, was du mit diesem Ding da anstellst.“
„Aber den Reifen zu beherrschen ist gar nicht so einfach. Mir gehorcht er überhaupt nicht“, warf Ingrid ein.
„Gottfried, du solltest es wirklich einmal versuchen.“
„Damit ihr was zum Lachen habt! Der passt doch gar nicht über meinen Bauch“, meinte er abwehrend. Dann musste der Bauer wieder seiner Arbeit nachgehen und Margot bemühte sich, ihrer Freundin die Technik des Hula-Hoop beizubringen.
Unten im Dorf ertönte das monotone Brummen der Dreschmaschine. Die beiden Mädchen warteten auf Rosetta, mit der sie sich verabredet hatten.

Die war Italienerin. Doch selbstbewusst stellte sie stets klar: „Ich bin Sardin."
In ihrer Heimat lebten die Menschen in recht ärmlichen Verhältnissen. Da der Vater weder auf Sardinien noch auf dem Festland Arbeit fand, zog die Familie vor Jahren nach Deutschland, denn hier wurden Arbeitskräfte gesucht. Gastarbeiter nannte man die Fremden aus dem Süden. Die Eltern wollten nur für eine gewisse Zeit bleiben, Geld ansparen und anschließend wieder daheim in ihrem Dorf wohnen.
Dieses neue Land war so ganz anders als ihr Sardegna und Rosetta fühlte sich hier nicht wohl. Zumindest traf das anfangs zu, als sie in der schrecklichen Großstadt wohnten. Abertausende Menschen ohne Namen. Im Häusermeer rundum nur Fremde, deren Sprache sie und ihre Familie nicht verstanden. Zu fünft in einer kleinen Wohnung im achten Stock. Immerhin gab es ein Fenster, von dem aus man das Grün der Bäume in der Ferne sehen konnte. Irgendwann hatten sich die Eltern auf Wunsch der Kinder entschieden, aufs Land zu ziehen, wenn sie schon in diesem Deutschland bleiben mussten. Vielleicht würden sie sich dort ein wenig wie in ihrem Dorf fühlen. Der Vater erhielt Arbeit in der Fabrik im Nachbarort.
Leben im Dorf. Das war Rosetta von klein an gewohnt. Zwar verbrachte sie seit Jahren nur die Sommerferien in ihrem Heimatort mit fünfhundert Einwohnern. Die meiste Zeit lebte sie in Germania und Deusfeld war nun mal nicht ihr Dorf. Aber mittlerweile doch ein bisschen, weil ihr manches schon recht vertraut vorkam: Hier wie in ihrem sardischen Dorf nahe Cagliari kannten sich die Menschen gut, redeten miteinander und standen sich in schweren Zeiten bei. Wenn einer der ihren beerdigt wurde, war es selbstverständlich, dass man mit auf den Friedhof ging. Am Sonntag feierten sie in der Kirche die heilige Messe und auch der Pfarrer war hier eine Respektsperson.
Inzwischen beherrschte das Mädchen die Sprache des Gastlandes recht gut. Italienisch redete sie nur noch selten. In der

Heimat war das auch bloß in der Schule der Fall, denn ihre eigentliche Muttersprache war Sardisch.
Endlich läutete Rosetta unten an der Gartentür vor dem Bungalow und die drei Freundinnen begrüßten sich herzlich. Da sie die Sommerferien weit von einander entfernt verbracht hatten, gab es viel zu erzählen. Die Sardin war erst gestern mit dem Zug aus dem Süden zurückgekehrt und in Gedanken noch halb auf ihrer Insel.
„Der Abschied war wieder sehr schlimm. Alle waren traurig und haben geweint. Papa, Mama, auch Onkel und Tante, Oma und Opa. Wir alle. Deusfeld ist weit weg und man kann nicht so oft besuchen. Aber hilft nix, Arbeit nur in Germania. Ist so. Geld ist wichtig."
Dann erklärte sie, dass sie immer noch ein wenig schlapp sei. Die Bahnfahrt war doch recht anstrengend. Im Abteil war es sehr heiß und man saß unbequem, denn überall stapelte sich das Gepäck. Außerdem roch es penetrant nach Ziegenkäse und Parmesan. Diese Leckerbissen aus der Heimat mussten jedoch auf alle Fälle mit nach Deutschland. Für Lehrer Schober hatten sie auch einen Laib mitgebracht, weil er ihr und den Brüdern einmal in der Woche unentgeltlich Nachhilfeunterricht in Deutsch erteilte.
Eigentlich wollte Rosetta jetzt die anderen erzählen lassen, da fiel ihr eine lustige Episode ein, die sie unbedingt noch loswerden wollte: Es geschah am Festtag Madonna dell' Assunta, Maria Himmelfahrt vor ein paar Wochen. Sie waren bei ihrem Onkel am Meer eingeladen. Da die heilige Maria die Schutzpatronin der Fischer ist, wurden diese an jenem Morgen nach ihrer Arbeit auf dem Meer vom Priester am Strand begrüßt und mit Weihwasser besprengt. Dasselbe geschah mit den Fischen und den Booten. Es folgte ein Dankgebet und danach hob der Mann im weißen Talar den Arm zum Segen. Im selben Augenblick passierte es: Ein Nachbar ihres Onkels, der gerade auf dem Fahrrad vorbeifuhr und die Segnung beobachtete, zog ehrfürchtig seine Mütze vom Kopf und wollte sich bekreuzigen.

Dabei verlor er das Gleichgewicht und stürzte vom Rad. Als der Pfarrer den Unfall bemerkte, rannte er sogleich zu dem Mann, der stöhnend am Boden lag, besprengte auch ihn mit Weihwasser und rief:
„Roberto, ich sage dir, steh` auf!“
„Es geht nicht, Hochwürden“, stammelte der Alte.
„Du Ungläubiger! Lazarus ist nach diesen Worten unseres Herrn sofort aufgestanden, und der war sogar tot“, antwortete der Geistliche mit ernster Miene.
Die drei Mädchen am Sonnenhang brachen in lautes Gelächter aus.
„So lustig war das aber gar nicht“, fuhr Rosetta fort, denn Roberto stand nicht auf. Er konnte nicht aufstehen, weil er sich den Fuß angebrochen hatte.
Nun berichtete Ingrid von den Ereignissen der letzten Wochen im Dorf; natürlich auch von der Getreideernte und vom Anna-Fest. Ihr Besuch bei der Mutter Anna wegen des Italien-Preisausschreibens aber ging niemanden etwas an, auch nicht die besten Freundinnen.
Dann war Margot an der Reihe. Sie schwärmte von ihrem Urlaub in Italien: von den verschiedenen Nudelgerichten und den phantastischen Eissorten; von den Tanzbars und den edlen Getränken für die Erwachsenen; von den vielen Sehenswürdigkeiten, die sie besichtigten. Und vom Meer. Den roten Faden für ihre Erzählung bildete das Fotoalbum, das sie herumreichte, während sie den Lebensstil in Italien im Sinne des ‚la dolce vita’ pries. Um ihre Einschätzung zu bekräftigen, stimmte sie den Schlager an:
„O sole sole, soleil soleil ...“
„Ja die Sonne – die hätten wir im Frühsommer dringend gebraucht. Dauerregen im Mai und Juni schadet vor allem dem Getreide sehr“, warf Ingrid ein und Margot antwortete:
„Kein Wunder, dass sich die Sonne in Deutschland nicht wohlfühlt, schließlich ist sie in Italien zu Hause.“

Rosetta war nicht mehr in der Lage, sich das noch länger anzuhören und unterbrach deshalb ihre Freundin abrupt.
„Ich komme aus einem ganz anderen Italien. Mein Italien ist nicht das, was du erzählst. Wenn ihr so schön von der Sonne redet, dann ich muss euch sagen, sole ist gut für Urlaub. Aber für Bauern Sonne ist auch mal zu viel, kann alle Pflanzen kaputt machen, ist nicht so gut. Onkel sagt, Sonne ist manchmal auch Werk von Teufel."
Ingrid und Margot sahen sich betroffen an und schwiegen. Und dann berichtete die Sardin, wie sich das Urlaubsland aus ihrem Blickwinkel darstellt:
Bei den Großeltern und Verwandten gibt es selten Fleischgerichte, nur wenn jemand heiratet oder wenn ein Kind geboren wurde. Natürlich an Weihnachten, an Ostern und wenn sie ihre Sagra feiern. Dann schlachtet man eine Ziege oder ein Schaf. Die meisten Tiere aber werden dringend für Wolle, Milch und Käse gebraucht. Mehrere Monate lang trocknet die glühende Sonne den Erdboden aus und zurück bleiben Risse, die aussehen wie klaffende Wunden. Aber er muss aufgehackt werden, weil auf den Olivenbäumen sonst keine Früchte gedeihen. Die harte Arbeit macht besonders den älteren Leuten zu schaffen. Manche haben einen derart gekrümmten Rücken, dass sich ihr Gesicht dem Boden zuwendet und sie deshalb nur mit Mühe aufrecht nach vorne schauen können. Das Hauptproblem auf ihrer Insel aber ist, dass es sehr wenig Wasser gibt und man äußerst sparsam damit umgehen muss, weil es vor allem in den Sommermonaten äußerst selten regnet. Und wenn Petrus den Südländern dann doch einmal wohl gesonnen ist und ihnen Regenwolken schickt, wird das Wasser in einer Zisterne am Fuß des Berges gesammelt. Über eine Stunde lang steigen die Kinder hinab und beladen die Esel mit Wasserkanistern, um sie anschließend wieder den steilen Pfad hinauf ins Dorf zu führen.

Derartige Bilder konnte sich Ingrid gut vorstellen, auch wenn sie nicht so recht zu den Italien-Fotos passten, die an der Wand über ihrem Bett hingen.
„Und doch es ist schön in meinem Dorf daheim. Ich mag es", sprach Rosetta weiter. „Die Menschen sich oft treffen nach Arbeit auf Piazza, trinken Wein und reden. Wenn Tag war schön, dann wir singen und tanzen. Im April, wenn genug Regen, ganz viele Blumen blühen auf Wiesen, ganz viele Farben, riechen gut. Die Tiere auf Wiese haben Glocke am Hals. Die machen so schönes Gebim. Und dann unser Strand! In ganz Italien du kannst nicht finden so schönen Strand und so blaues Meer wie in Sardegna, in meine Heimat. Jetzt ich bin erst einen Tag hier in Germania und schon mir fehlt unser Esel Aro. Bin traurig, weil ich hab Aro so lieb. Auch meine Oma und mein Opa ich hab sehr lieb. Am Abend im Bett ich mache Augen zu und Oma und Opa sind da. Und sie streicheln mein Gesicht mit ihre raue Hände. Rau von harte Arbeit."
Die deutschen Mädchen hatten bemerkt, dass die Stimme der Sardin mit einemmal nicht mehr dieselbe war, mit der sie vorhin die Geschichte über den Pfarrer zum Besten gab und sie empfanden Mitleid mit der Freundin.
Gottfried verteilte inzwischen den Mist auf dem Acker, indem er in regelmäßigen Abständen einen Haufen ablud. In den nächsten Tagen wollte er ihn mit der Gabel ausstreuen und dann das Feld umpflügen. Endlich war Feierabend. Er legte die Bretter des Wagens um, nahm Platz und das Fuhrwerk bewegte sich heimwärts. Das gleichmäßige Geräusch, das die Räder auf dem holprigen Weg verursachten, machte ihn müde. Er hätte durchaus einschlafen können, denn die Kühe fanden allein zu ihrem Hof zurück.
Vor Michels Scheune spielten sie Fußball. Sie nannten das ‚Auf ein Tor!'. So wurde immer dann verfahren, wenn nur ein einziges Tor zur Verfügung stand. Wie eben hier Michels Scheunentor. Das erforderte einen neutralen Torwart, der für beide Mannschaften das Tor zu hüten hatte. Es ging vier gegen

vier. Rosettas Brüder Paolo und Tonio gehörten derselben Mannschaft an. Diese war inzwischen hoch in Führung gegangen, weil die Sarden beneidenswert gut mit dem Ball umgehen konnten. Siegfried und besonders Max hatten meist das Nachsehen. Vor allem der Ältere wurde zornig, wenn er ausgetrickst wurde. Jetzt ließ er sich zu einem rüden Foul hinreißen und Paolo stürzte schreiend zu Boden.
„Du kannst nur holzen", rief der Sarde verärgert, nachdem er wieder auf den Beinen stand. Plötzlich gab es Streit. Paolo war mit einem Mal der „Spaghetti-Fresser" und Tonio, auch so ein „Scheiß-Ausländer" zu doof, um richtig Deutsch zu sprechen. Fäuste flogen. Es wurde ein Kampf der Deutschen gegen die „Itaker", die in Unterzahl nicht die geringste Chance hatten.
Da bog Gottfried mit seinem Mistwagen auf den kleinen Platz ein, der vor wenigen Minuten noch als Fußballfeld diente. Er hatte das Geschehen vor dem Scheunentor beobachtet und die Situation sofort durchschaut. Noch immer lagen die einheimischen Jugendlichen obenauf und schlugen mit den Fäusten zu. Der Bauer hielt an und lief hinüber.
„Aufhören! Sofort aufhören!"
Doch er hatte keinen Erfolg damit. Nun versuchte er die Buben wegzuziehen, aber auch das misslang. Deshalb holte er seine Peitsche und ließ sie über den Köpfen der Raufbolde knallen. Schnell rannten die Deutschen davon und nur Paolo und Tonio lagen am Boden. Der Bauer nahm die beiden mit zu sich nach Hause. Es brauchte Zeit, um die Wunden zu versorgen und es dauerte, bis die Tränen versiegten. Gottfried war kein Mann großer Worte; schon gar nicht wenn es galt, Trost zu spenden. Deshalb schenkte er den Brüdern ein Kaninchen, bevor sie nach Hause gingen. Damit war die Welt wieder einigermaßen in Ordnung.

Hoher Besuch

Seit Tagen stand das Dorf unter Hochspannung. Die Männer strichen Gartenzäune und stellten am Straßenrand vor den Häusern gefällte Birken auf. Die Frauen putzten Fenster oder knüpften Girlanden und der Lehrer übte mit den Kindern Gedichte und Lieder ein.
Endlich war es soweit. Am Abend erwartete eine Abordnung der Gemeinde den hohen Besuch am Ortseingang. Man sagte ihm nach, er sei stets pünktlich. Das traf auch diesmal zu. Als die Turmuhr sieben mal schlug, tauchte die schwarze Limousine mit dem bischöflichen Wappen auf und hielt an. Der Chauffeur öffnete die Hintertür des Wagens, um den prominenten Gast aussteigen zu lassen. Genau in diesem Augenblick setzte die Musikkapelle ein. Im langen, violetten Gewand und in aufrechter Haltung stand Exzellenz vor dem Empfangskomitee und ließ die übliche Zeremonie über sich ergehen: Zuerst begrüßte ihn der Pfarrer. Dann war der Bürgermeister an der Reihe. Er kniete vor dem Bischof nieder und küsste ehrfürchtig seinen Siegelring. Nun galt es eine Rede zu halten, die dem Gast vermittelte, dass er herzlich willkommen sei und sein Besuch die Deusfelder Gläubigen stolz mache. Die roten Ohren und die brüchige Stimme verrieten: August Endres, der neue Gemeindevorsteher war sehr aufgeregt. Jeder konnte das nachvollziehen, schließlich richtete er soeben das Wort an einen hohen Würdenträger der Kirche und nicht etwa an den Feuerwehrhauptmann anlässlich der Übergabe einer neuen Vereinsfahne. Obwohl August seinen Text auswendig gelernt hatte, kam er mehrmals ins Straucheln. Der Herr in Violett nahm schmunzelnd die Schweißperlen auf dessen Stirn wahr, die ihm in seiner anschließenden Dankesrede Anlass für eine scherzhafte Bemerkung boten, wenngleich wohlwollend und mit Bedacht; brachte sie die Einheimischen doch zum Lachen und löste so ihre Anspannung. Anschließend ließ Lehrer Schober

zwei Mädchen ein Gedicht vortragen und seinen Schulchor singen. Nach dieser Begrüßungszeremonie führte die Empfangsgruppe den Bischof ins Dorf.

Der war seit jeher bestrebt, alle Pfarrgemeinden der Diözese regelmäßig zu visitieren, betrachtete es als Herzensangelegenheit, alle seine Schäflein als ihr Hirte kennenzulernen, wie er sich auszudrücken pflegte. Es kam nicht von ungefähr, dass er Satz 14 des Johannes-Evangeliums zum beruflichen Leitgedanken gewählt hatte: „Ich bin der gute Hirt. Ich kenne die Meinen und die Meinen kennen mich ...“

In der Regel bereiteten ihm diese Visiten Freude; schon allein deshalb, weil sie eine Abwechslung zu den täglichen Verpflichtungen im Ordinariat darstellten. Am liebsten besuchte er die Dörfer, denn er konnte sich sehr gut in die Situation der Bauern versetzen und verstand auch ihre Sprache. Schließlich lebte er als Sohn eines Schmieds selbst einige Jahre lang auf dem Land und ließ es sich auch als Bischof nicht nehmen, im Wirtshaus mit den Bauern Schafkopf zu spielen, wenn er die Eltern im Heimatort besuchte. Vielleicht lag es an seiner Herkunft, dass Exzellenz, dem man eine große Karriere voraussagte, in der Öffentlichkeit stets bescheiden auftrat.

Inzwischen erreichte der Zug die Ortsmitte und das Spalier der Menschen am Straßenrand wurde dichter. Mädchen warfen dem hohen Gast Blumen zu, die Erwachsenen winkten und er grüßte zurück. Das Dorf war festlich geschmückt wie bei der Fronleichnamsprozession. In regelmäßigen Abständen hingen Tücher in den Vatikanfarben gelb und weiß über der Straße und aus den Speicherfenstern der Häuser ragten frisch gestrichene Holzstangen, an denen Fahnen wehten. Als sich das Empfangskomitee mit dem Gast der Kirche näherte, beendete die Blaskapelle ihr Spiel und die Glocken begannen zu läuten. Das war das Zeichen für die Dorfbewohner, sich dem Zug auf der Straße anzuschließen und vor dem Pfarrhaus zu warten. Bischof und Pfarrer stiegen die Treppe hinauf, damit sie jeder

sehen konnte. Beide hielten noch eine kurze Ansprache und nach dem bischöflichen Segen verabschiedete man sich.
Im Pfarrhaus gab es in der Nacht für die beiden Geistlichen noch genügend Arbeit. Der Bischof bat um detaillierte Auskünfte über die aktuelle Lage der Pfarrgemeinde und darauf hatte sich der Dorfgeistliche gut vorbereitet. Er berichtete seinem Vorgesetzten von positiven Entwicklungen, aber auch von Problemen des religiösen Lebens im Ort. Der Gast machte sich Notizen, fragte hin und wieder nach und erteilte seinem Gesprächspartner auch Ratschläge, wenn er es für angebracht hielt. Sein persönliches Anliegen hob der Pfarrer aber für den Schluss auf. Eine neue Orgel könnte das Gotteshaus gut gebrauchen, doch ließe sich das ohne Zuschüsse des Ordinariats schwerlich verwirklichen. Der Chef sagte ihm zu, ein gutes Wort bei seinem „Finanzminister", wie er sich ausdrückte, einzulegen. Abschließend gingen die beiden Herren nochmals das Programm für den nächsten Tag durch: Nach dem Festgottesdienst, dessen Höhepunkt die Predigt des Bischofs bildete, folgte ein Gespräch mit der Dorfjugend. Am Nachmittag stand ein Besuch bei den Gläubigen an, die aufgrund ihres Alters oder einer schweren Krankheit ihre Wohnungen nicht mehr verlassen konnten. Und später sollte im Saal beim Alten Wirt ein Treffen stattfinden, das der Unterhaltung diente. Vor allem aber bot es Exzellenz die Möglichkeit zu einem persönlichen Kontakt mit den Einheimischen.

***

Die drei Brüder hielten sich im Hof auf und waren mit ihren Schussern beschäftigt. Wer die meisten der eigenen Kugeln nach einer festgelegten Anzahl von Versuchen mit dem Finger in das Erdloch schob, galt als Sieger und durfte zur Belohnung die Murmeln der Mitspieler kassieren, die ihr Ziel verfehlten. Alfons hatte inzwischen alle seine farbigen Tonschusser an die älteren Brüder verloren und ihm blieben nur noch wertvolle

Glasperlen. Da er deren Verlust auf keinen Fall riskieren wollte schlug er vor, jetzt das zu spielen, was sie Feuerwehreinsatz nannten und die Brüder waren einverstanden.
Sie markierten mit einem Stock die Startlinie, stellten sich dort der Reihe nach auf, öffneten den Hosenlatz und suchten nach ihrem ‚Spritzgerät'. So, wie sie nebeneinander standen, die Beine ein wenig gespreizt, beide Hände vor der Lederhose und mit angespannter Miene - als Zuschauer hätte man durchaus den Eindruck gewinnen können, die Feuerwehr sei im Einsatz.
Nun konnte der Wettkampf beginnen. Die Regeln mussten nicht mehr diskutiert werden, denn jeder kannte sie: Wer den stärksten Wasserstrahl schaffte und somit am weitesten spritzen konnte, hatte gewonnen. Sie losten aus und Alfons führte als erster sein Unternehmen durch. Dann folgte Peter, der älteste und zuletzt versuchte es Bernd, der mittlere der drei Brüder. Peter gab als Feuerwehrhauptmann das Kommando:
„Wasser marsch!"
Alfons legte los und man sah, dass er sich anstrengte, denn er presste, blies dabei die Backen auf, um anschließend die aufgestaute Luft durch den gespitzten Mund entweichen zu lassen. Sein Wasserstrahl konnte sich sehen lassen, für einen Fünfjährigen eine ausgesprochen gute Leistung. Die Buben zielten bewusst auf eine Steinplatte, damit man das Ergebnis eindeutig identifizieren konnte.
Nun folgte der Älteste und jetzt gab Bernd das Startkommando. Klar, dass Peters Wasserstrahl weiter reichte als beim jüngsten Bruder und der Große hätte sich besser nicht mit seinem Erfolg gebrüstet, schließlich war er von Natur aus im Vorteil. Doch das Ergebnis stand noch lange nicht fest, denn diese spezielle Art der Feuerwehrübung setzte beim Spritzen eine besondere Technik voraus und die wiederum beherrschte Bernd am besten. Er schloss die Augen, um sich besser zu konzentrieren und wartete auf das Startzeichen.
In diesem Moment ging die Hoftür auf und herein kamen der Fremde im violetten Gewand und ihr Pfarrer. Sie beabsichtigten,

die Urgroßmutter der drei Geschwister zu besuchen. Während jener verschmitzt lächelte, verfinsterte sich die Miene des Dorfgeistlichen. Der kleine Alfons ahnte, warum dieser sie so grimmig anschaute, doch das störte ihn nicht. Wenn jemand Grund zum Ärgern hatte, dann wohl sie. Schließlich wurde man von den beiden bei einem Wettbewerb gestört und außerdem geschah das, was sie taten, in ihrem Hof. Den älteren Brüdern hingegen war es peinlich, dass die frommen Kirchenmänner sie bei ihrer Feuerwehrübung ertappt hatten. Entsprechend hörte sich auch ihre Begrüßung an.
„Schämt ihr euch denn gar nicht?“, fragte der Pfarrer mit vorwurfsvoller Stimme. Noch bevor sie reagieren konnten, mischte sich der Bischof ein:
„Herr Pfarrer, gehen Sie schon mal voraus ins Haus und sagen Sie der alten Dame, dass ich gleich nachkomme!“
Dann wandte er sich den Buben zu:
„Aha, ihr spielt Feuerwehr.“
„Verstehst du denn was davon?“, fragte der Fünfjährige.
„Natürlich, das haben wir doch als Kinder auch gemacht.“
Damit hatten die drei nicht gerechnet. Ihr Misstrauen verwandelte sich in Sympathie. Nachdem sie sich per Blickkontakt verständigt hatten, wurde die Spritzaktion fortgesetzt.
Wer von ihnen der beste Feuerwehrmann sei, wollte der Geistliche wissen. Doch für heute war das noch offen. Bernd startete einen zweiten Versuch und verlor knapp gegen den älteren Bruder. Das wurmte ihn, denn meist ging er als Sieger aus solchen Wettkämpfen hervor. Und er kannte auch die Ursache seiner Niederlage: Der Bischof war schuld. Er hatte ihn bei seinem ersten Anlauf unterbrochen und außerdem konnte man keine Spitzenleistung erzielen, wenn so einer wie der bei diesem Spiel zuschaute. Deshalb forderte der Junge den Gast heraus:
„Zeig uns doch mal, was du drauf hast!“
„Lieber nicht.“

„Bist also feige?“
“Bub, ich bin doch Bischof.“
„Und ich Ministrant.“
Darüber musste Exzellenz herzlich lachen. Zu gerne wäre er der Aufforderung gefolgt, aber das ging nun wirklich nicht. Als er an einem Nagel an der Mauer Pfeil und Bogen hängen sah, kam ihm die Idee:
„Wir könnten doch damit unsere Kräfte messen.“
Die Buben stimmten zu. Exzellenz holte die Waffe von der Wand. Sie bestand aus demselben Material, das sie früher auch benutzt hatten. Als Bogen diente ein Weidenzweig und als Saite ein Stück Schnur von einem Garbenband. Der Pfeil setzte sich aus drei Teilen zusammen: Auf ein Schilfrohr wurde ein Flaschenkorken aufgepfropft und der wiederum musste mit einem spitzen Nagel versehen werden, damit der Pfeil nach dem Abschuss an den Holzbrettern des Hoftors haften blieb.
Wieder einmal erinnerte eine Dorfvisite den Bischof an die eigene Kindheit. Auch er hatte damals nicht nur ‚Feuerwehr im Einsatz’ gespielt, sondern oft auch Pfeil und Bogen benutzt. Seinerzeit galt er als unschlagbar in dieser Disziplin und sicherlich beherrschte er auch heute noch das Gerät recht ordentlich. Aber all das behielt er jetzt lieber für sich.
Zuerst wurde die Reihenfolge ausgelost und der Herr in Violett freute sich, dass er als letzter antreten sollte. Nun begann der Wettkampf. Die Kinder stellten sich wirklich gut an und der Geistliche brachte das auch anerkennend zum Ausdruck. Drei Durchgänge waren vereinbart worden und am Ende lag der mittlere Bruder knapp vor dem ältesten, dann folgte der jüngste. Exzellenz schnitt jedoch eindeutig als schlechtester ab. Und das hatte seinen Grund. Er platzierte nämlich seine Pfeile so, dass sie knapp neben den Einschlägen vom kleinen Alfons landeten, jedoch verfehlten sie das Ziel in der Mitte stets um ein paar Zentimeter mehr als Alfons’ Geschosse. Die Knaben aber konnten nicht wissen, dass der Besucher sehr wohl jedesmal präzise den Punkt traf, den er anvisierte.

„Musst mehr trainieren und weniger beten“, sprach triumphierend der Sieger.
„Aber du betest doch auch ab und zu mal, oder?“
„Als Ministrant bleibt mir gar nichts anderes übrig.“
Der Geistliche schmunzelte, wünschte den Buben weiterhin viel Spaß und suchte dann die Urgroßmutter auf.
Am übernächsten Tag fand die Verabschiedung vor der Kirche statt. Wieder wurden Reden gehalten und Gedichte vorgetragen. Wieder spielte die Blasmusik und sang der Schulchor. Am Ende nahm der Bischof in seiner schwarzen Limousine Platz und der Chauffeur warf den Sechszylinder an. Plötzlich kam der kleine Alfons mit Pfeil und Bogen in der Hand angerannt und klopfte an das Autofenster, hinter dem der geistliche Würdenträger saß. Dieser kurbelte sofort die Scheibe herunter und sprach:
„Schön, dass du dich persönlich von mir verabschieden willst.“
„Herr Bischof, ich hab’ dir ein Geschenk mitgebracht, damit du zu Hause das Schießen üben kannst.“
Der stieg spontan aus, drückte den Kleinen fest an sich und stemmte ihn anschließend in die Höhe. Rundum wurde gelacht und Beifall geklatscht, kurz danach fuhr der schwarze Wagen davon. Die drei Lausbuben vergaßen diesen Bischofsbesuch ihr Leben lang nicht.

Die Honigbiene

Lehrer Schober stand auf dem obersten Treppenabsatz vor der Schulhaustür und schaute zufrieden hinab auf die Straße. Diese Stelle in circa fünf Meter Höhe am Ende der Steintreppe, die zwischen den Terrassengärten hinauf zum Schuleingang führte, glich einem Hochsitz und gewährte ihm einen optimalen Überblick. Er aber wartete nicht auf Wild, sondern hatte als Lehrer die Schüler während der Pause zu beaufsichtigen. An sich konnte nicht von einem Pausenhof im eigentlichen Sinn gesprochen werden, denn der Bereich, in dem die Jugend herumtollte, gehörte nicht zum Schulgelände. Vielmehr handelte es sich um einen öffentlichen Weg, der in mehrere umliegende Bauernhöfe mündete, die alle keine Frontmauer und kein Tor aufwiesen. Dadurch entstand eine Art Platz. Autos und Motorräder sah man so gut wie nie, nur ab und zu ein Fuhrwerk mit dem Landwirt und seinen Zugtieren. Für Schulkinder war es deshalb weitgehend ungefährlich, wenn sie hier ihre Pause verbrachten.

Eine Gruppe von Buben spielte Fußball. Holzstangen, die sie in den Boden rammten, dienten als Torpfosten und es störte sie nicht, dass sie der Wegbiegung folgend ihren Gummiball um die Kurve treiben mussten. Andere Jungen vergnügten sich mit Räuber- und Gendarmspiel. Dem Lehrer war sehr daran gelegen, dass sich die Kinder jetzt austobten, weil sie im Unterricht dicht nebeneinander in fest montierten, langen Schulbänken saßen, die ihre Bewegungsfreiheit erheblich einengten.

Schober hatte grundsätzlich nichts gegen Spiele einzuwenden, wenn man sich an die Regeln hielt. Die Sträucher der wilden Heckenrosen hinter der Kirche durften zum Beispiel als Versteck genutzt werden. Jedoch war es streng verboten, in einem der Bauernhöfe seinen Schlupfwinkel zu suchen. Der Lehrer erinnerte sich mit Schaudern daran, als vor einem Jahr Florian in Wildmosers Scheune während der Pause durch das

Strohloch hinab auf den Tennenboden stürzte und dabei einen Oberschenkelhalsbruch erlitt.
Mit den Mädchen gab es niemals solche Probleme. Sie sprangen Minuten lang über ein Seil, das an beiden Enden von jeweils einer Person rundum gewirbelt wurde oder spielten Völkerball. Ein paar malten mit Kreide ein Kreuz aus viereckigen Feldern auf die Steinplatten vor der Schulhaustreppe und kritzelten verschiedene Ziffern und Zeichen auf die einzelnen Flächen. Anschließend hüpften sie mit verbundenen Augen auf einem Bein durch das Zahlenlabyrinth und landeten entweder im ‚Himmel' oder in der ‚Hölle'. Andere hingegen standen im Kreis beisammen und unterhielten sich.
Schobers Augen wanderten immer wieder über die einzelnen Gruppen. Im Wesentlichen lief unter ihm alles in geordneten Bahnen ab, außer dass Thomas und Rolf ihren Spaß daran hatten, die Mädchen ein wenig zu ärgern.
Nicht nur die Schüler benötigten die Erholungsphase, sondern auch der Lehrer. Unterricht mit verschiedenen Jahrgangsstufen im selben Klassenzimmer strengte enorm an und er genoss es, im Sonnenschein seine Tageszeitung zu lesen und eine Weile nicht reden zu müssen. Vom Garten stieg der Duft der Rosen zu ihm empor und aus den Blütenständen der Weinstöcke, die an der Südmauer der Treppe emporrankten, drang das Summen der Bienen.
Es galt, sich für wenige Augenblicke auf den Leitartikel der Zeitung zu konzentrieren und gleichzeitig die Kinder nicht aus den Augen zu verlieren. Schon die Anfangszeilen erregten seine Aufmerksamkeit, vor allem aber amüsierten sie ihn: In Ost-Berlin fand der V. Parteitag der SED statt. Die kommunistischen Funktionäre hatten die Erhöhung des Lebensstandards in der DDR beschlossen, der bis 1961 den in der Bundesrepublik erreichen oder gar übertreffen sollte.
Die Briefe, die ihm seine Tante fast jeden Monat aus Dresden schickte, sprachen eine ganz andere Sprache und Schober

wusste aus eigener Erfahrung, wie wenig die Propaganda eines totalitären Regimes mit der Wirklichkeit übereinstimmte.
Er blätterte die Seite um und überflog die Schlagzeilen:
„De Gaulle erhält außerordentliche Vollmachten von der Nationalversammlung“
„Chrustschow präsentiert der Welt vor der Duma seine politischen Ziele“
Der Schulmeister hatte keine Lust mehr auf Politik, zumindest nicht zum gegenwärtigen Zeitpunkt. Normalerweise interessierte ihn an einem Montag wie heute die Politik generell nicht sonderlich. An diesen Wochentagen las er vor der Schulhaustür stets die Zeitung von hinten nach vorne. Sein Augenmerk richtete er nämlich zuallererst auf den Sport und der war stets auf den hinteren Seiten zu finden. Priorität hatte der Fußball und hier wiederum vertiefte er sich zunächst in den Bericht über seinen Verein. Als Student schaute er sich oft die Heimspiele der Kickers an, verstand sich damals als deren Fan und diese Sympathie hielt an bis zum heutigen Tag. Dass er jetzt im Sportteil einige Beiträge übersprang, hatte seinen guten Grund. Er wollte sich nicht erneut aufregen, denn gestern verlor seine Mannschaft gegen den Tabellenvorletzten, die „04er“ mit 1:3. Die Ursache dieser demütigenden Niederlage interessierte ihn inzwischen aber doch ...
„Herr Kollege, kann es sein, dass Ihre Uhr nicht richtig geht?“
Schober zuckte zusammen und erschrak, als er plötzlich den Schulrat neben sich stehen sah.
„Tut mir leid, ich ...“
„Ist schon in Ordnung. Sonnenschein und Sport in der Montagsausgabe. Mir ist das durchaus nicht neu.“
Nach einer kurzen Begrüßung wurde die Pause beendet und der Dorfschullehrer machte sich bewusst, dass er jetzt über sich hinauswachsen musste. Zwar hatte sein Vorgesetzter die fällige Visitation für diese Woche angekündigt, dennoch hielt er es für ausgeschlossen, dass jener bereits heute erschien, weil er doch

am Montagvormittag regelmäßig die entsprechenden Regierungsbehörden in der Stadt aufsuchte.
Visitation hieß in erster Linie Beurteilung seines Unterrichts durch den Schulrat. Dieser begutachtete anschließend die Hefteinträge der Schüler und vor allem auch das Schriftwesen des Lehrers. Dazu gehörte der sogenannte Lehrnachweis, der belegte, was über die Wochen und Monate mit den Schülern gearbeitet wurde. Die Klassenlisten mit den biografischen Daten der Kinder mussten auf dem neuesten Stand sein, ebenso die Krankmeldungen und manch andere überflüssige Aufzeichnung. Alle diese administrativen Auflagen hatte Schober sorgfältig erfüllt. Das war auch dringend geboten. Schließlich bekam er heute eine Beurteilung und zu dieser wollte er vollends „Ja" sagen können. Jeder Mensch brauchte hin und wieder eine positive Verstärkung von außen, die das Selbstbewusstsein hob und neue Kräfte freisetzte.
Unterricht bei einem Schulratsbesuch bedeutete, in gewisser Weise eine Show zu inszenieren, die mit dem Schulalltag wenig gemein hatte. Das wussten sowohl die Lehrer als auch der Schulrat. Dieser aber erwartete von einem Lehrer wie Schober, der in der Vergangenheit pädagogisch und didaktisch überdurchschnittliche Leistungen erbrachte, nicht nur ein solides, sondern vielmehr ein kreatives Unterrichtsvorhaben, das einen nachhaltig guten Eindruck hinterließ.
Erfolgreicher Unterricht hing jedoch nicht nur vom Lehrer, sondern wesentlich auch von der Mitarbeit der Schüler ab. Diesen bot eine Visitation die Gelegenheit, sich an ihrem Lehrer zu rächen, wenn er sie in der Vergangenheit ungerecht behandelt hatte. Man ließ ihn dann vor dem Schulrat ‚auflaufen', wie Jugendliche das nannten, indem man nicht mitarbeitete oder sich unwissend stellte, gleichgültig mit welchen methodischen Raffinessen er sie zu verführen suchte.
Schober musste ein derartiges Verhalten nicht befürchten. Die Schüler mochten ihn und er war überzeugt, dass sie ihr Bestes geben würden. Trotz allem waren seine Kinder ein gewisses

Risiko in dieser Ausnahmesituation. Es verunsicherte sie nämlich, wenn ein fremder Mann im Auftrag des Staates mit Anzug und Krawatte im Klassenzimmer auftauchte, um zu überprüfen, was ihnen ihr Lehrer beigebracht hatte. Schien es da nicht besser zu schweigen, als sich zu blamieren und eventuell eine falsche Antwort zu geben? Schober war deshalb seit Tagen darum bemüht, ihre Sorgen und Ängste abzubauen, indem er sie darüber informierte, dass ein Schulrat selbst auch einmal den Beruf des Lehrers ausübte und durchaus Bescheid wüsste, was in Kindern vor sich ging.

Ursprünglich war beabsichtigt, dem Vorgesetzten an diesem besonderen Tag eine Biologiestunde zu präsentieren, wie es der Lehrplan im Juni vorsah. „Leben auf der Sommerwiese" wollte er sie nennen und den Unterricht zu diesem Thema hatte er methodisch durchaus sorgfältig vorbereitet. Zunächst sollten die Schüler Wiesenblumen bestimmen, indem sie Merkmale der Pflanzen und deren Aufgaben beschrieben, um sie anschließend der spezifischen Gattung und Art zuzuordnen. Danach galt es, sich mit den Insekten zu beschäftigen, die die Blumenwiese bevölkerten.

Lehrer Schober hielt es für selbstverständlich, diesen Biologieunterricht didaktisch präzise zu planen und er handelte psychologisch gesehen richtig, wenn er versuchte, seinen Schülern den Druck zu nehmen. Aber es konnte doch auch nicht schaden, sie vorab schon ein bisschen stofflich zu präparieren. Der Schulrat würde sicherlich staunen, wenn ein Kind erklärte, dass die Blätter der Lippenblütler in der Regel kreuzweise stehen und sein Nachbar bereits wusste, dass die Blumenkronen stets röhrig angelegt sind. Außerdem hatte er mit den Schülern längst zentrale Lehrimpulse trainiert, damit das Unterrichtsgespräch im Biologieunterricht optimal verlief. Selbst Schobers Sorgenkind Friedel, der große Schwierigkeiten mit dem Schreiben, aber noch größere mit dem Lesen hatte, sollte einen Lernerfolg in Anwesenheit des Schulrats verbuchen können. Mit ihm wurde vereinbart, am Tag X möglichst oft den Finger zu

heben, aber aufrufen würde ihn der Lehrer nur ein einziges Mal. Und dabei bräuchte er nur die Überschrift laut vorlesen, nämlich „Die Honigbiene“, die im Buch Seite 24 ganz oben stand.
Nun wurde schon der heutige Montag völlig überraschend zum Tag X und damit Schobers Biologie-Konzept hinfällig. Um sich wie vorgesehen im Unterricht mit Wiesenblumen zu beschäftigen, brauchte man nämlich unbedingt frische Pflanzen. Vor allem in einer Schule auf dem Land. Doch die standen ihm gerade nicht zur Verfügung. Also blieb ihm keine andere Wahl, als schnellstens umzudisponieren. Das war jedoch kein Grund, in Panik zu verfallen. Schließlich hatte er sich gewissenhaft auf diesen Schulratsbesuch vorbereitet und deshalb mehrere Alternativ-Themen im Kopf. Auch die boten durchaus die Chance, seine didaktischen und pädagogischen Fähigkeiten zu demonstrieren. Die Entscheidung war schnell getroffen. Mit Schillers „Bürgschaft“ wollte er sich mit seinen Schülern in der folgenden Stunde auseinandersetzen.
Im Geschichtsunterricht der letzten Wochen hatte er ausführlich das nationalsozialistische Regime behandelt und mit ihnen auch über den deutschen Widerstand gesprochen. Sie schienen damals äußerst betroffen zu sein und genau auf diese Karte setzte er jetzt.
Inzwischen saßen die Buben und Mädchen mucksmäuschenstill in den Bänken und ließen ihren Lehrer, der vorne am Pult nervös wirkte, nicht aus den Augen. Der Gast mit dem weißen Hemd und der roten Krawatte, der sich kurz vorgestellt hatte, nahm an der Rückwand des Klassenzimmers Platz und ordnete auf seinem Tisch mehrere Papierbögen.
Schober wusste, dass er nun die Partie eröffnen musste und dass der erste Zug, den er zu machen gedachte, eine enorme Bedeutung erlangte. Beim Schachspielen sprach man in diesem Zusammenhang von der Eröffnung, im Unterricht hieß das die Motivationsphase.
Er holte aus der Schublade seines Pultes zwei Fotos und hielt sie in die Höhe. Die Schüler kannten diese Aufnahmen in Schwarz-

Weiß. Die eine zeigte tote Soldaten, die in den Ruinen Stalingrads erschossen wurden oder erfroren; auf dem anderen Bild sah man die Exekution der Geschwister Scholl.
Schober gefiel, wie die Schüler auf diese stummen Impulse reagierten. Nach einem Augenblick der Stille rezitierte er:
„Zu Dionys dem Tyrannen
schlich Mörus den Dolch im Gewande.
Ihn schlugen die Häscher in Bande.
‚Was wolltest du mit dem Dolche, sprich!'
Entgegnet ihm finster der Wüterich.
‚Die Stadt vom Tyrannen befreien.'
‚Das sollst du am Kreuze bereuen. ...'"
Die Jugendlichen verstanden schnell, worauf ihr Lehrer mit seinem Vortrag hinaus wollte: Tyrannen, verantwortlich für fürchterliche Verbrechen, gab es immer wieder, seit Menschen existierten; egal ob vor fast 20 oder vor 3000 Jahren. Sie hießen Hitler und Stalin, Iwan der Schreckliche und Dsch'ingis Chan, Nero und Echnaton oder aber wie in Schillers Werk Dionysios aus Syrakus. Die Liste ließ sich beliebig erweitern.
Es gab aber auch immer wieder Personen mit Zivilcourage, die mutig ihr Leben wagten in der Absicht, die menschenverachtende Politik des Herrschers zu beenden.
Nach einem interessanten Unterrichtsgespräch, das auch den Schulrat zu beeindrucken schien, weil er den Füller beiseite legte und aufmerksam lauschte, steuerte Lehrer Schober das Zentrum des Gedichts an, indem er die Schüler fragte, was sie unter einem Freund verstünden. Die Antworten fielen unterschiedlich aus:
„Wer einen nicht verpetzt ..."
„Der, der einem die Hausaufgaben abschreiben lässt ..."
„Wer mich besucht, wenn ich krank bin ..."
Dann erzählte Schober von seinem Freund Fritz, der ihn im Krieg vor einem Angriff der Russen beruhigen wollte, weil er, der Lehrer-Student, Angst hatte, wie stets vor einer Schlacht. Sein Freund Fritz riskierte es, seinetwegen die sichere Deckung

zu verlassen und verlor dabei sein Leben. „Maikäfer flieg ...“ hatte er selbst unmittelbar danach im Schockzustand gesungen, als ein ‚Schlotfeger’ auf seiner Uniform gelandet war.
Um Freundschaft ging es auch im vorliegenden Gedicht. Schiller verband damit vor allem Ehrlichkeit, Treue und Vertrauen: Der Freund liefert sich freiwillig für drei Tage dem Tyrannen aus und bürgt mit seinem Leben, damit der gefangene Kamerad in dieser Zeit in Freiheit ein Familienversprechen einlösen kann.
Die Kinder schlugen das Schulbuch auf und erörterten mit dem Lehrer die entsprechenden Strophen. Schober bemühte sich, Denkanstöße zu geben und er hoffte, dass das Gedicht eine Zeit lang in den Köpfen seiner Kinder weiterarbeitete und sie sich bewusst machten, dass Freundschaft zwischen Menschen einen hohen Wert darstellte.
Anschließend durften mehrere Schüler eine Strophe laut vorlesen.
Am Ende des Textes war im Lesebuch ein Bild zu sehen: Zwei Männer standen Hand in Hand vor einem Thron, um vom Herrscher Geschenke entgegenzunehmen als Ausdruck seiner Hochachtung. Auch er würde gerne ihr Freund sein, hatte es im Gedicht sinngemäß geheißen.
„Friedel, was sagt dir das Bild?“, wollte der Lehrer wissen.
„Die Honichbiene“, trug dieser selbstbewusst vor. Ein paar Mädchen kicherten, dann aber herrschte betretenes Schweigen.
„Bist ein witziges Bürschchen!“, warf der Schulrat ein, „wolltest wohl testen, ob ich aufpasse.“
Er erhob sich, ging auf den Jungen zu und forderte ihn auf, die erste Strophe des Gedichts laut vorzulesen.
„Z..... zu Di.... zu Dionos...“
Friedel brach verzweifelt ab.
„Komm, mach weiter! Bist doch immerhin schon in der Abschlussklasse.“
„I mog net.“
„Du sollst lesen, hab ich gesagt.“

Der Bub sprach kein Wort mehr und seine Ohren begannen zu glühen.
Schober bot seinem Schüler Hilfestellung beim Buchstabieren an, doch der Schulrat fuhr barsch dazwischen:
„Er soll lesen und zwar allein!“
Als Friedel beharrlich schwieg, flüsterte Schober dem Schulrat etwas ins Ohr in der Absicht, den Jungen aus der peinlichen Situation zu befreien. Doch erreichte er damit nur das Gegenteil:
„Du magst also nicht, Wichtigtuer. ‚Ich kann nicht’, hättest du sagen müssen.“
Lehrer Schober enttäuschte diese Reaktion. Der Schulrat sollte unter anderem das pädagogische Geschick der Lehrer beurteilen, doch selbst war er unfähig, sich in die Psyche eines Jugendlichen zu versetzen. In der anschließenden Besprechung wollte er ihn darauf hinweisen, egal welche Konsequenzen das für seine Beurteilung nach sich zog.

***

Der Schulrat verließ den Alten Wirt und schwang sich auf sein Fahrrad. Er hatte wie stets in den Dörfern preisgünstig und gut gespeist. Zunächst fuhr er auf der Hauptstraße in Richtung Dorfausgang, dann wählte er einen Weg, der auf die Felder führte. Er musste am Nachmittag noch im nächsten Ort einen Lehrer visitieren und um Zeit zu sparen, nahm er eine Abkürzung durch den Wald, die ihm der Wirt empfohlen hatte.
Schober ging ihm nicht aus dem Kopf. Er war ein ausgezeichneter Lehrer, darüber gab es keinen Zweifel. Noch mehr aber imponierte ihm das engagierte Streitgespräch, indem er seinen Schüler verteidigte; dass er seine Mitschuld an der dämlichen Honigbienen-Bemerkung einräumte; vor allem aber, dass er ihn, seinen Vorgesetzten kritisierte, wie er mit diesem Schüler umsprang. Hatte er inzwischen wirklich die nötige Sensibilität für Kinder verloren, weil er seit Jahren in seinem Büro in erster Linie Verwaltungsarbeiten erledigte und die

Schulen im Landkreis vor allem nur deshalb aufsuchte, um als Großinquisitor aufzutreten?
Inzwischen lag das Dorf hinter ihm und beiderseits des Weges breiteten sich farbenprächtige Wiesen aus. Er passierte zur Rechten den Fußballplatz, auf dem Buben spielten. Erreichte kurz darauf den Waldrand und hielt irritiert an. Vor ihm ein Bildstock mit Kreuz. Dass sich hier der Weg gabelte, darauf hatte ihn der Wirt nicht hingewiesen; und somit auch nicht, in welcher Richtung es jetzt weiterging. Der Schulrat stieg vom Rad und suchte ein Hinweisschild für Wanderer. Als er keines entdecken konnte, kehrte er zum Sportplatz zurück, um die Buben dort um Auskunft zu bitten. Er erkannte sie sofort wieder, insbesondere den, der heute Vormittag so negativ beim Lesen aufgefallen war. Mit dem Ball hingegen wusste er umzugehen, das sah man sofort.
„Ihr könnt mir doch sicher sagen, welcher Weg nach Priegeldorf führt?“
Friedel reagierte schnell, denn jetzt bot sich die günstige Gelegenheit, es diesem Wichtigtuer aus der Stadt zurückzuzahlen:
„Du warst doch heut' früh in der Schul' so g'scheit. Jetzt kennst net mal den Weg nach Priegeldorf. Kannst doch sicher gut lesen. Vielleicht steht's in deine Bücher.“
Den Erwachsenen ärgerte diese freche Bemerkung, doch er hielt sich zurück. Nun schaltete sich Erich ein:
„Lass den Quatsch, Friedel! Herr Schulrat, Sie müssen am Kreuz den rechten Weg nehmen. In einer guten Stunde sind Sie im Dorf.“
Als die Jungen dies hörten, wandten sie sich abrupt ab und liefen mit dem Ball davon. Der Radfahrer bedankte sich bei Erich und fuhr erleichtert weiter.
Die für Nachmittag geplante Visitation in der Schule von Priegeldorf fand jedoch nicht statt, weil der Schulrat den falschen Weg eingeschlagen hatte. Auf dem Bolzplatz aber wurde viel ob der gelungenen Revanche gelacht.

Die Strafversetzung

Wieder einmal so ein Sonntagnachmittag in diesem fränkischen Dorf. Die Stunden waren schwer zu ertragen, wenn man sich ein Leben lang in der Großstadt aufhielt. Keine Angehörigen, keine Freunde und weit weg vom Verlobten. Und nur einmal im Monat mit dem Zug nach Hause, weil der Geldbeutel nicht mehr erlaubte.
Langeweile, quälende Gedanken, Einsamkeit. Die junge Frau versuchte, sich aus dieser negativen Stimmung zu lösen. Das gelang am ehesten mit Arbeit. Deshalb holte sie die Aufsatzhefte aus der Tasche und fing an zu korrigieren.
Sie hatte den Viertklässlern aufgetragen, ihr Faschingskostüm zu beschreiben. Wie üblich entschieden sich die meisten Jungen für Indianer und Cowboys, die Mädchen hingegen bevorzugten Figuren aus der Märchenwelt. Schneewittchen und Rotkäppchen standen bei ihnen besonders hoch im Kurs.
Dorfkinder auf einen Aufsatz vorzubereiten, stellte für jeden Lehrer eine Herausforderung dar. Um so mehr traf das für einen Stadtmenschen wie sie mit geringen beruflichen Erfahrungen zu. Verglichen mit den Schülern, die ihr in den Schulpraktika während ihres Studiums begegneten, wiesen die Kinder auf dem Land erhebliche muttersprachliche Defizite auf, wie diese schriftlichen Entwürfe erneut belegten. Gleiches galt auch für den mündlichen Ausdruck. Viele ihrer Zöglinge verfügten über einen auffällig begrenzten Wortschatz und die Kommunikation während des Unterrichts wurde zusätzlich dadurch belastet, dass sich insbesondere die Buben recht wortkarg gaben. Dieser Zustand änderte sich aber schlagartig in den Pausen. Die größten Schwierigkeiten im Deutschunterricht tauchten auf, wenn Grammatik und Rechtschreiben Schwerpunkte des Lernprozesses bildeten. Meist lag es am ausgeprägten Dialekt, der wiederum der Lehrerin zu schaffen machte. Im Unterricht kam

dies den Kindern zugute. So konnten sie Dinge besprechen, die das Fräulein nichts angingen.
Trotz dieser Probleme mochte Monika ihren Beruf. Im letzten Sommer schloss sie ihr Studium an der Pädagogischen Hochschule in München ab und wurde vom Kultusministerium hierher nach Franken geschickt. Lehrer Schober freute sich, endlich eine Kollegin zu haben, die die Arbeit mit ihm teilte: Während er am Vormittag die Oberstufe unterrichtete, nahm sie sich am Nachmittag der Unterstufenschüler an, denn es existierte nur ein Klassenzimmer.
Die Frau konnte ihrem Herrgott dankbar sein, dass es Oberlehrer Schober gab. Sie durfte gar nicht daran denken, wie schlimm es für sie wäre, mit einem einzigen Kollegen an einer Zwergschule kooperieren zu müssen, der als Schulleiter ihr Vorgesetzter war und sie als Anfängerin ständig schikanierte. Herr Schober aber erwies sich als ein freundlicher und vor allem sehr hilfsbereiter Mensch, der sie immer unterstützte.
Das war zum Beispiel der Fall, wenn sie Ärger mit Eltern hatte. Die Bauern schienen nicht sonderlich viel von der Schularbeit zu halten, denn nach deren Überzeugung sollten die Kleinen zuallererst auf dem Hof etwas leisten. Die täglichen Hausaufgaben waren nebensächlich und ließen sich noch kurz vor dem Schlafengehen erledigen. Besonders in Fragen der Erziehung fand man nur selten einen gemeinsamen Nenner. Die Lehrerin konnte nicht nachvollziehen, dass Väter ihre Söhne wie Ochsen behandelten, die einem absolut gehorchen mussten und die man gegebenenfalls mit Schlägen züchtigte. Aber diese Männer konnten sich wohl überhaupt nicht mit der neuartigen Pädagogik des unerfahrenen Fräuleins aus der Großstadt anfreunden: Kinder sollten in der Schule nicht „verweichlicht“, sondern „hart angepackt“ werden, weil man sonst dem Alltag auf einem Bauernhof nicht gewachsen war. So ähnlich hatte sich kürzlich Edwins Vater ausgedrückt.

Bei derartigen Konflikten trat der Schulleiter stets kollegial für sie ein und er wusste ob seiner langjährigen Erfahrungen an einer Dorfschule mit diesen Dickschädeln umzugehen.
Was das Unterrichten betraf, kam Monika ganz gut allein zurecht. An der Pädagogischen Hochschule hatte sie gelernt, wie man den Schülern am geschicktesten Lesen, Schreiben und Rechnen beibringt und für die deutsche Rechtschrift galten im ganzen Land dieselben Regeln. Anders verhielt es sich jedoch in der Heimatkunde. Und wieder stand der Kollege ihr bei.
Der Lehrplan schrieb vor, den Kindern fundiertes Wissen über ihre Heimat zu vermitteln. Für eine Lehrkraft, die vor einem Jahr nicht einmal den Namen dieses Dorfes kannte und deren Heimat etwa dreihundert Kilometer entfernt lag, bedeutete das eine große Herausforderung. Daher galt es, sich zunächst selbst Kenntnisse über den Schulort und seine Region zu verschaffen. Doch es gab dafür weder ein Schulbuch noch irgendein offizielles Lehrmaterial. Aber es gab Herrn Schober, der ihr seine Unterlagen zur Verfügung stellte. Und die konnten wahrlich besser nicht sein, schließlich betätigte er sich in der Freizeit als Heimatpfleger und hatte unter anderem eine Art Dorfchronik verfasst. Inzwischen waren ihr die wesentlichen Lerninhalte dieses Unterrichtsfaches vertraut, doch sie blieb eine Fremde.
Monika beendete die Korrekturen und legte sich auf das Bett, um ein wenig zu entspannen. In einer Stunde begann im Radio die Sportsendung und diese erwartete sie mit Freude, denn dann fühlte sie sich ein wenig wie zu Hause. Heute nämlich fand das Münchner Derby statt. Vor allem aber würde sie die Stimme ihres Bruders Oskar hören, der als Sportreporter beim Bayerischen Rundfunk arbeitete. Sie schmunzelte bei dem Gedanken, wie schwer es ihm als Anhänger des FC Bayern stets fiel, dieses Spiel objektiv zu kommentieren. Und sicherlich war auch heute wieder auf Giesings Höhen der Teufel los, wenn die Rothosen zum Angriff bliesen. Seit sie in diesem gott-verlassenen Nest als Lehrerin unterrichtete, schickte ihr der

große Bruder an den Sonntagen regelmäßig einen verschlüsselten Gruß über den Äther, den nur sie verstand und der sie ein wenig aufheiterte.
Sie dachte an Klaus. Er fehlte ihr am meisten und sie beschloss, am Abend einen Brief an ihn zu schreiben, obwohl sie das doch erst gestern tat. Sie sehnte sich nach ihm und versuchte ihm dadurch nahe zu sein, indem sie zum wiederholten Mal seine letzten Zeilen las. Warum nur hatte man sie so weit weg versetzt? Seit Wochen fanden im Haus der Kunst die berühmten Faschingsbälle statt und für sie schrien am Abend nur die Kühe in den Ställen.
Eigentlich war sie jetzt unfair, denn hier konnten die Menschen auch feiern und es imponierte ihr durchaus, was man zur Zeit der Fasenacht alles inszenierte. Beim Alten Wirt, wo sie ein Zimmer gemietet hatte, wurden mehrere Bälle und fast jeden Samstagabend die sogenannten Kappenabende veranstaltet. Dabei trugen die Leute Kopfschmuck, eben Kappen, die sie selbst herstellten und in der mit Girlanden geschmückten Gaststube spielte das Schifferklavier. Es wurde gesungen und geschunkelt und manch einer trank ein Glas zu viel. Was sich soeben direkt unter ihr abspielte, nannten die Einheimischen das Fasenachtskegeln. Es mochte ja recht lustig sein, aber sie störte der ohrenbetäubende Lärm. Sehr laut ging es auch heute Vormittag nach dem Gottesdienst zu. Unter Böllerschüssen trieben die Jungbauern ihre bunt dekorierten Ochsen die Dorfstraße entlang, knallten stolz mit den Peitschen und freuten sich über den Beifall der Zuschauer. Anschließend wurde vor dem Rathaus das Tier mit dem originellsten Schmuck gewählt und der Bauer bekam den Ochsenorden überreicht.
Monika wusste inzwischen, dass es sich bei diesem Dorf um einen traditionellen Fasenachtsort handelte. Sie blickte zur Uhr und stellte überrascht fest, dass sie vor lauter Sinnieren den Beginn der Fußballübertragung verpasst hatte. Abrupt sprang sie vom Bett auf und schaltete das Radio an. Die Rothosen und die

Löwen, vor allem aber der Bruder standen ihr wahrlich näher als die hiesige Dorffasenacht.

***

Der Faschingsdienstag galt offiziell als normaler Schultag. Die Bewohner des Dorfes hielten das angesichts ihrer uralten Fasenachtstradition für einen schlechten Witz und der Bürgermeister erklärte dem Schulleiter erbost, er würde sich wegen dieser verrückten Bestimmung bei der Landesregierung beschweren. Schließlich sei heute in ihrem Ort ein Festtag, an dem alle feierten und keiner arbeitete. Und das sollte auch für die Schulkinder gelten. Lehrer Schober schmunzelte, denn er wurde jedes Jahr mit diesem Problem konfrontiert. Er selbst nahm die Schulpflicht am heutigen Tag nicht sonderlich ernst, ließ deshalb die Schüler fast eine Stunde lang auf dem Pausenhof herumtollen und schickte sie bald danach vorzeitig nach Hause.

Nach dem Mittagessen trafen sich die aktiven Fasenachtsnarren zum Umzug am Ortseingang: Vorne die Blaskapelle, gefolgt von Männern in schwarzen Gewändern. Ihre Gesichter verdeckten Holzmasken und in der Hand führten sie Kuhglocken oder Peitschen. Dann schloss sich die Schulgruppe an. Der Oberlehrer trat als Eulenspiegel auf, das Fräulein zeigte sich in Holländertracht. Die beiden Lehrkräfte wurden umschwirrt von Indianern und Cowboys, Rotkäppchen und Schneewittchen, Marienkäfer und Bienen, Teufel und Hexen. Im Mittelpunkt aber stand der festlich geschmückte Fasenachtswagen mit dem Bürgermeister und dem Gemeinderat, deren Aufgabe es war, den Zuschauern Süßigkeiten zuzuwerfen. Den Abschluss bildete der Müller mit seinem Schlittengespann. Hinter dem maskierten Kutscher saßen die Vorschulkinder und wer hoch oben auf dem prächtigen Schlitten keinen Platz mehr fand, stieg auf seinen eigenen. Diese wurden hinten am Pferdegespann angebunden, einer nach dem anderen wie Eisenbahnwaggons.

Endlich setzte sich der Fasenachtszug durch das Dorf in Bewegung. Am Straßenrand hatten sich auch zahlreiche Fremde aus der Umgebung versammelt, die frohgelaunt winkten und klatschten, denn nicht überall feierte man so ausgelassen Fasching wie hier. Nach einer Weile hielt der Zug am Rathausplatz an. Ein Narr mit schwarzer Maske zündete die in der Mitte des Platzes aufgestellte Strohpuppe an; ein uralter Brauch, um dem Winter den Garaus zu machen. In Vorfreude auf den nahenden Frühling wurde nun fröhlich gesungen und getanzt. Später zogen die Lehrkräfte mit den Schülern und deren Eltern zum Saal beim Alten Wirt und feierten dort den Kinderfasching. Zunächst begeisterten die Schüler mit einem eingeübten Sketch. Dann trugen das Fräulein und der Oberlehrer lustige Gedichte und Anekdoten vor. Schließlich spendierte der Wirt seinen jungen Gästen wie jedes Jahr Fasenachtskrapfen und Limonade. Nach dieser Stärkung vergnügte man sich wieder mit Spielen und Tanz. Doch irgendwann musste Schluss sein, weil es Zeit war, das Vieh im Stall zu versorgen. Allerdings stand für die Erwachsenen am Abend im Saal noch der ‚Kehraus' an.

***

Monika wäre niemals auf den Dorfball gegangen, wenn das Ehepaar Schober sie nicht eingeladen hätte. Sie suchte nach Ausflüchten und zögerte die Entscheidung hinaus. Doch als die Lehrersfrau ihr nach dem Kinderball nochmals zuredete, wenigstens einmal zur Fasenachtszeit beim Alten Wirt das Tanzbein zu schwingen, statt allein im Zimmer zu sitzen, willigte sie ein. Die Schobers meinten es gut mit ihr und sie wollte nicht riskieren, dass man ihre Absage missverstand. Doch was sollte sie ohne Klaus auf einem Ball?

Sie warteten hinter zwei Paaren mit selbstgebastelten Masken, wurden langsam in der Besucherschlange treppaufwärts geschoben, den Korridor entlang bis zum Saal. Tauchten dort

ein in schummrig farbenes Licht. Plötzlich ein Blitzgewitter greller Scheinwerfer, die die bunte Dekoration an Wänden und Decke zum Leuchten brachten. Entdeckten, dass der stickige Raum längst überfüllt war. Es gab nur noch Stehplätze an der Fensterseite.
„Bin froh, dass ich einen Tisch reserviert habe", sprach der Lehrer, doch bei diesem Lärm konnte man schwerlich sein eigenes Wort verstehen. Endlich erreichten sie ihr Ziel und das Ehepaar nahm Monika in die Mitte. Erfreut bemerkten sie, dass der Mauervorsprung unmittelbar vor ihnen den Lärm in ihrer Sitzecke erheblich dämpfte.
„Monika, es wird Ihnen sicher gefallen, auch wenn das hier bei unserem Wirt kein Münchner Prunkfest ist."
„Ich lass' es auf mich zukommen", antwortete sie lächelnd. Die Überraschung folgte auf den Fuß und dabei handelte es sich um eine ausgesprochen unangenehme, denn der Herr Architekt mit seiner Frau nahm genau ihr gegenüber Platz. Frau Freiler traf sie ab und zu beim Einkaufen und sie unterhielten sich stets länger miteinander. Ihren Mann jedoch konnte sie nicht ausstehen. Monika hielt ihn für einen aufdringlichen Wichtigtuer, er selbst sah sich wohl als unwiderstehlichen Don Juan. Es dauerte auch nicht lange, bis er mit ihr zu flirten begann. Sie befreite sich aus dieser peinlichen Lage, indem sie Frau Schober in ein Gespräch über den Kinderfasching verwickelte. Dann setzte die Musikkapelle ein und die Münchnerin stellte anerkennend fest, dass die Männer auf der Bühne ausgezeichnet spielten. Ihr war das schon in den letzten Wochen bei den anderen Bällen aufgefallen, als sie von ihrem Bett aus den Klängen lauschte. Schließlich lag ihr Zimmer auf derselben Ebene wie der Saal.
Zunächst tanzten die beiden Ehemänner mit ihren Frauen, um anschließend fast gleichzeitig die Lehrerin zum Tanz aufzufordern.
„Herr Freiler, als Kollege steht mir der erste Tanz mit der jungen Dame zu, einverstanden?"
„Ich kann warten, Herr Lehrer."

Wenig später war er an der Reihe. Die Frau suchte nach einem Ausweg, aber ihr blieb keine andere Wahl, als mit ihm zu tanzen. Ihre Weigerung wäre am Tisch sicherlich auf Unverständnis gestoßen. Ausgerechnet jetzt spielte die Kapelle einen langsamen ‚Schieber' und der Architekt nutzte die Gunst. Monika missfiel dieser enge Körperkontakt und sie bat ihn, das zu unterlassen. Er dachte jedoch nicht daran. Was er ihr aber dann ins Ohr flüsterte, brachte das Fass zum Überlaufen. Es waren nicht die Worte, die sie wütend machten; die konnten einer Frau durchaus schmeicheln, wenn der richtige Mann sie aussprach. Doch aus seinem Mund! Ausgerechnet von ihm, der noch vor wenigen Minuten am Tisch seine Frau küsste und nun fortwährend ihren Busen begrapschte.
„Ich möchte sofort an meinen Platz zurück."
„Ich aber nicht."
Monika wollte sich seinem Griff entziehen und musste erkennen, dass ihre Abwehr den Mann nur noch mehr erregte. Spontan rammte sie einen ihrer hohen Stöckelabsätze in den Fuß des Tanzpartners, der vor Schmerz aufschrie. Dies bekamen nur die unmittelbaren Nachbarn auf der Tanzfläche mit. Als der Architekt humpelnd den Tisch erreichte, blieb er eine Erklärung schuldig und Monika äußerte die Vermutung, dass Herrn Freiler wohl irgendein Bauerntölpel auf den Fuß getreten sei.
Von nun an gefiel der Münchnerin der Dorfball durchaus und sie teilte das auch laut allen am Tisch mit. Sie tanzten, lachten und scherzten, nur der Architekt hielt sich auffallend zurück und tanzte auch den ganzen Abend nicht mehr.
„Was ist, wenn ich euch jetzt alle in die Bar einlade?", fragte der Lehrer.
„Da gehen wir mit!", riefen die drei Damen frohgelaunt und das taten sie auch. Lediglich der Architekt hatte keine Lust.
Um Mitternacht Punkt zwölf beendete der Wirt abrupt das Fest, wie es sich am Faschingskehraus gehörte. Wie jedes Jahr wurde gepfiffen und gebuht. Doch das richtete sich keineswegs gegen den Gastgeber. Vielmehr brachten die Gäste auf diese Weise

ihre Enttäuschung darüber zum Ausdruck, dass jetzt die närrische Zeit vorbei war und die Fastenzeit begann.
Man verabschiedete sich und ging nach Hause. Monika hatte es nicht weit. Sie schritt den Korridor entlang und erreichte nach kurzer Zeit ihr Zimmer. Da ihr der Alkohol ein wenig zu Kopf stieg, öffnete sie das Fenster und atmete gierig die frische Luft ein. Sie beschloss, sich unten bei der Wirtin noch eine Flasche Mineralwasser zu holen. Plötzlich klopfte es an der Tür. Für diese Zeit war das sehr ungewöhnlich. Sie wollte nachsehen, wer draußen im Flur stand. Doch dazu kam es nicht, weil im selben Moment der Architekt eintrat, die Frau an sich riss, sie küsste und auf das Bett zu drängen suchte. Monika befreite sich aus der gewaltsamen Umarmung und schlug dem Mann ins Gesicht. Dieser schien überrascht und sie sagte ruhig, aber bestimmt:
„Wenn Sie nicht augenblicklich mein Zimmer verlassen, schreie ich laut um Hilfe.“
Der Eindringling zögerte kurz, ballte die Fäuste und zog wortlos davon. Dieser Vorfall ging der jungen Frau lange nicht aus dem Kopf.

***

Sie freute sich auf Klaus und konnte seine Ankunft kaum erwarten. Ihr Verlobter hatte gestern die letzte Klausur seines juristischen Staatsexamens geschrieben und wollte ein paar Tage ausspannen. Vor allem aber hatte er den dringenden Wunsch, bei ihr zu sein.
Monika schaute auf die Uhr und trat erneut ans Fenster. Eigentlich müsste er längst hier sein. Dass er sich verfahren hatte, schloss sie aus. So etwas passierte ihm nicht, auch wenn dieses Dorf fast „am Ende der Welt“ zu liegen schien. Diese Redewendung hörte sie regelmäßig von ihm, weil circa fünfzig Kilometer nördlich seit ein paar Jahren eine Grenze verlief, die

absolut nicht zu überwinden war und hinter der ein totalitäres Regime den Menschen ihre Freiheit raubte.
Sie begann den Fischsalat, den er gerne aß, nachzuwürzen, als sie das unverwechselbare Motorengeräusch seines Käfers vernahm. Schnell rannte sie hinunter auf die Straße. Dort begrüßten sie sich, wie Liebende sich nach längerer Trennung begrüßen. Viel hatten sie sich im Laufe des Abends noch zu erzählen und später schwebten beide glücklich in himmlischen Gefilden.
Klaus suchte Abstand von den wochenlangen Prüfungen in der Uni und dafür bot der Alltag der Freundin gute Möglichkeiten. An manchen Nachmittagen begleitete er sie in die Schule, folgte interessiert ihrem Unterricht und nahm Kontakt zu den Kindern auf. Das Dorf wollte er unbedingt kennenlernen und darüber freute sie sich. So fremdartig ihr das Leben hier bisweilen vorkam und so einsam sie sich oft fühlte; inzwischen schien ihr doch manches recht vertraut. Die imposante Riemenschneider-Madonna in der Kirche zeigte sie dem Freund und sie suchten die Anna-Kapelle auf. Die zwei Sandsteinkreuze an den Ortsenden waren sehenswert, ebenso der uralte Brunnen. Immer wieder gab es ein spontanes Gespräch mit den Einheimischen und wenn sie beide auf der Bank vor dem Weiher saßen, dauerte es nicht lange, bis sich Schulkinder zu ihnen gesellten. Ihre Abende genossen sie bei einem Glas Wein und stimmungsvoller Musik. Einmal wurden sie von den Schobers zum Essen eingeladen.
Klaus gefielen die Tage auf dem Land und beide waren glücklich, beisammen zu sein.

***

Die Lehrerin wollte gerade mit dem Unterricht beginnen, als Schober das Klassenzimmer betrat. Sie erschrak über seine Miene und Stimme: Der Schulrat warte unten auf sie. Nicht wegen einer Unterrichtsvisitation sei er hier, sondern weil er ihr

etwas mitzuteilen habe. Und er ließ keinen Zweifel aufkommen, dass er die vorherigen Äußerungen des Vorgesetzten zutiefst missbilligte. Sie fragte nervös, worum es sich handle.
„Das soll er Ihnen lieber selber sagen."
„Doch nicht wegen ... ?"
Er nickte nur und sprach:
„Ich hatte Sie gewarnt. Schließlich kenne ich meine Pappenheimer."
„Aber wir leben doch nicht im Mittelalter!"
„Manche vielleicht doch."
Als der Schulrat die Frau sehr frostig begrüßte, forderte Schober, an diesem Gespräch teilzunehmen.
„Als Hausherr können Sie natürlich darauf bestehen."
„Das möchte ich auch!"
Es überraschte den Gast, dass der Schulleiter immer noch Partei für seine Kollegin ergriff, obwohl doch die Entscheidung längst gefallen war. Zwar respektierte er manches Argument. Konnte durchaus nachvollziehen, dass die junge Frau sich oft alleingelassen fühlte. Doch die Verantwortung trug nur er. Er musste hart durchgreifen, weil sonst die Pädagogik ad absurdum geführt würde.
Zunächst teilte er der Lehrerin mit, dass er ihre bisherige Arbeit an der Schule sehr schätze und es schade sei, wenn ihre Personalakte nun mit einem derart negativen Paukenschlag beginne.
„Herr Ebert, kommen Sie endlich zur Sache!", warf Schober ein.
Der Schulrat schaute ihn entrüstet an, schüttelte den Kopf und wandte sich wieder ihr zu.
„Aus Ihren Unterlagen geht hervor, dass Sie nicht verheiratet sind."
„Noch nicht."
„Ist es wahr, dass seit über einer Woche ein junger Mann bei Ihnen wohnt?"
„Ja, mein Verlobter."
„Und Sie finden das in Ordnung?"

„Erstens heiraten wir bald und zweitens ist es wohl meine Privatsache, mit wem ich zusammen bin."
„Da irren Sie sich gewaltig. Sie kommen aus der Großstadt und ich weiß, dass man dort in solchen Dingen freizügiger denkt. Viel zu freizügig! Hier aber leben Sie in einem Dorf, wo jeder den anderen kennt. Sie sind doch Lehrerin! Ihr Benehmen wird von den Leuten als öffentliches Ärgernis empfunden."
„Von wem denn? Ich habe davon nichts bemerkt. Und überhaupt, was ist daran so schlimm, wenn mein Freund für kurze Zeit bei mir wohnt?"
„Der Vater einer Ihrer Schülerinnen bezeichnete das als ‚unmoralisches Verhalten'. Sie könnten für seine Tochter kein Vorbild mehr sein. Und diesbezüglich muss ich ihm absolut recht geben. Schon Pestalozzi hat gesagt, dass ein ..."
„Lassen Sie solche Belehrungen", unterbrach ihn Schober erregt.
„Jetzt reicht es mir, Herr Kollege!" wies ihn der Schulrat zurecht und fragte dann die Lehrerin:
„Fräulein Krause, was halten Sie eigentlich von der Vorbildfunktion einer Lehrkraft?"
Sie schwieg aus Angst, die Kontrolle über sich zu verlieren. Schober wollte den Namen des Vaters wissen, der sich beschwert hatte, Herr Ebert wich jedoch aus:
„Jedenfalls handelt es sich um einen ehrenwerten Mann."
„Der Herr Pfarrer kann es ja nicht gewesen sein. So viel ich weiß, hat der keine Kinder."
Durch diese Bemerkung fühlte sich der Schulrat provoziert und ihm kam in den Sinn, auch den Oberlehrer zu rügen. Aber weil er nicht wollte, dass das Gespräch eskalierte, antwortete er:
„Herr Freiler, der Architekt, hat mich aufgesucht."
Monika war fassungslos, doch sie sagte kein Wort. Der Vorgesetzte fuhr fort:
„Kommen wir zum Ende. Im Interesse der Kinder versetze ich Sie hiermit ab dem ersten Schultag nach den Osterferien nach Memelhofen. Das liegt unmittelbar an der Zonengrenze, ganz

nah bei Walter Ulbricht und seinen Sowjetrussen. Dort finden Sie gewiss genügend Zeit, über ihr Fehlverhalten nachzudenken.“
Als Lehrer Schober die Tränen in Monikas Augen sah, verlor er endgültig die Beherrschung:
„Schade Herr Oberschulrat, dass Sie erst im Sommer in Pension gehen.“
Ebert stand daraufhin erbost auf und verabschiedete sich. An der Tür blieb er stehen, drehte sich um und sprach mit bebender Stimme:
„Herr Kollege, Sie erscheinen morgen um vierzehn Uhr bei mir im Schulamt!“
Schober beeindruckte diese Drohung nicht, seine Frau aber durchaus, denn sie meinte, mit dieser Bemerkung sei er ein unnötiges Risiko eingegangen. Dem Sohn hingegen gefiel die Reaktion des Vaters. Als dieser dann auch noch Frau Krauses schockierendes Erlebnis nach dem Kehraus in ihrem Zimmer erwähnte, wurde Rafael wütend. Nannte den Architekten einen Heuchler und er nahm sich vor, ihn bei passender Gelegenheit zu stellen.
Klaus ahnte, dass etwas Schlimmes passiert sein musste, weil Monika weinte. Das kam sehr selten vor. Er hörte sich an, was ihr vor kurzem an den Kopf geworfen wurde und sagte:
„Das kann doch nicht wahr sein! Ich glaub das nicht. Dein Schulrat hat wohl nicht alle Tassen im Schrank! Warte hier, ich gehe nur kurz runter zum Wirt; muss unbedingt meine Eltern anrufen.“
Am Abend holte man die beiden ans Telefon. Klaus’ Vater berichtete, er habe diesen absurden Vorfall seinem Freund im Kultusministerium vorgetragen und dieser erklärte ihm, dass Monika nach Ostern in der Tat strafversetzt werden müsse. Aber nicht an die Zonengrenze, sondern nach München.
Die junge Lehrerin mochte an sich keine Protektion. In diesem Fall aber hatte sie nichts dagegen einzuwenden.

Späte Reue

Die Frau legte die Scheibengardine auf die Kommode und schob den Mann im Lehnstuhl vor das Fenster. Nun hatte er freie Sicht auf die Straße. Obwohl der Ofen brannte, bat Franz, seinen Schoß mit einer Wolldecke einzuwickeln, weil er fröstelte. Frida kam der Bitte nach. Klappte dann das Holztablett über seinen Knien auf, holte aus der Küche Teller und Löffel und sagte zu ihrem Mann:
„Red' endlich mit ihm! Du hast es mir scho so oft versprochen."
„Hör auf! Ich lass mir von dir ka Vorschriften machen, a wenn ich nimmer der Herr auf dem Hof bin", schrie er sie an.
Die Ehefrau schwieg und verließ das Zimmer.
Mit zitternder Hand tunkte er den Wecken in die Grießsuppe, kostete und schob den Teller zur Seite. Die Mahlzeit schmeckte nicht schlecht, doch er hatte keinen Appetit mehr nach dieser Auseinandersetzung. Und es dauerte seine Zeit, bis er sich wieder beruhigte. Mühsam drehte er den Oberkörper nach rechts, räumte das Geschirr auf das Beistelltischchen und schaute dann aus dem Fenster. Am Stalldach schienen die Eiszapfen seit gestern nach dem kurzen Tauwetter wieder ein Stück gewachsen zu sein. Wenn es so weiter schneite, musste der Sohn am Abend nach der Rückkehr aus der Fabrik erneut die Spuren im Hof freischaufeln.
Plötzlich erregten lautes Schreien und Lachen von Kindern, die auf ihren Schlitten die abschüssige Dorfstraße heruntersausten, seine Aufmerksamkeit. Zwischen Mütze und Wollschal nur ein schmaler Streifen Haut mit Augen und Nase; die Beine seitlich in der Luft knapp über dem Schnee, die Hände an die äußeren Holzleisten geklammert; dumpfes Knattern glatter Kufen auf hartem Geläuf; jetzt ganz nahe vor der offenen Hoftür nur für Sekunden und schon entzog sich das Gefährt dem Blick des Beobachters. Aber sogleich folgte von oben das nächste. Der Alte erkannte sofort, dass zwei Schlitten aneinandergekettet

waren und den Eindruck eines kleinen Bobs ohne Lenkrad erweckten. Auf dem ersten saßen zwei Mädchen, leicht an ihren fliegenden Zöpfen zu erkennen; das eine den Kopf nach rechts, das andere nach links gebeugt, um dem Steuermann auf dem zweiten Schlitten, der den vorderen mit den Händen führte, gute Sicht zu gewähren. Der Junge hinter dem Lenker umschlang den Oberkörper seines Vordermannes mit beiden Armen und genoss die Abfahrt, nachdem er beim Start auf der Anhöhe kraftvoll und mit schnellem Schritt den schweren Doppelschlitten angeschoben hatte. Unmittelbar dahinter begannen mehrere Buben ein riskantes Überholmanöver. Sie lagen mit dem Bauch auf ihrem Fahrzeug, das Gesicht in Fahrtrichtung knapp über der Bahn und lenkten geschickt mit den Füßen den Schlitten. Die Kinder trugen Wettkämpfe aus, wie er es mit seinen Freunden früher auch getan hatte. Als Sieger galt, wer mit dem Schlitten am Ende der Piste auf dem flachen Teil der Dorfstraße am weitesten kam. Die Markierungssteine neben dem Gartenzaun lagen eng beieinander und damit war der Ausgang des Rennens noch völlig offen.

Franz mochte die Straße, die unten neben der Bachbrücke begann, unmittelbar an seinem Bauernhof vorbeiführte und sich zu den Fluren am Rande des Dorfes hinaufwand. Diese Straße hatte er schon als Kind als die seine betrachtet, weil er sie im Abschnitt ihres Anwesens jeden Samstagabend kehren musste und von seinem Zimmer aus ebenso überblickte wie die Ställe und die Scheune. Sie ermöglichte ihm Spiel und Spaß in der Zeit zwischen den täglich anstehenden Arbeiten auf dem Hof. Hatte er beispielsweise den Korb Runkelrüben durch die Mühle gedreht oder die Eier aus dem Hühnerstall in die Küche getragen, zog er im Winter mit dem Schlitten und im Sommer mit dem Holzroller hinauf auf die Anhöhe. Dann sauste er mit wehendem Haar und gerötetem Gesicht hinunter ins Dorf weit über die Brücke hinaus, bis das Gefährt stehen blieb. Anschließend galt es, den Schweinestall zu reinigen oder die Kühe zu striegeln. Später als Erwachsener setzte er sich gern

nach dem Strohschneiden oder dem Dengeln der Sense auf die Holzbank neben der Haustür, zündete seine Pfeife an und beobachtete entspannt, was sich auf der Straße tat.
Inzwischen hatte sich sein Leben grundlegend geändert. Er war nicht mehr in der Lage, Stroh zu schneiden, Sensen zu dengeln oder nur still draußen auf der Bank vor der Hauswand zu sitzen. Und die Pfeife zündete er schon lange nicht mehr an. Was sich dort draußen abspielte, interessierte ihn aber immer noch. Allerdings musste er sich jetzt meistens in der Stube aufhalten, gefesselt an einen Polsterstuhl, der sich mit einem Hebel in eine Liege verwandeln ließ. Stundenlang sah er dem Treiben vom Fenster aus zu, um wenigstens ein bisschen am Leben außerhalb der Mauern teilzunehmen. Zeit gab es für ihn im Überfluss, und das seit mehr als fünfzehn Jahren, als er mit dem Heuwagen auf einem steilen, seitlich abfallenden Weg umkippte, sich dabei schwer verletzte und seitdem von den Füßen bis zur Hüfte gelähmt war.
Oft schon hatte er den Wechsel der Jahreszeiten von seinem Fenster aus erlebt und ihm wurde bewusst, dass sich auch der Alltag im Dorf in den letzten Jahren stetig gewandelt hatte. Diese Veränderungen fielen am ehesten in den Monaten der Feldarbeit auf.
Früher, als er noch selbst aktiv war, fuhr man im Frühling mit dem Bretterwagen zu seinem Acker; auf dem Weg ein Schlagloch nach dem anderen. Es tat den Holzspeichenrädern nicht gut, wenn ihnen die Kühe vorne an der Deichsel nicht auswichen, obwohl sie der Bauer mit dem Leitseil zu steuern versuchte. Hinter dem Sitz hatte man Holzpflug, Egge und einen Getreidesack untergebracht; Werkzeuge und Material, die man brauchte, um Roggen oder Weizen mit der Hand auszusäen. Jetzt rollten Gummireifen geräuschlos über den Asphalt hinaus aufs Feld. Kardanwelle und Hydraulik des Traktors erleichterten dort die Arbeit erheblich und verkürzten sie.
In den Sommermonaten der 1950er Jahre beobachtete Franz die Bauern, die sich zu den Fluren aufmachten, um mit der Sense

das Getreide zu ernten. Nur wenige konnten sich eine Mähmaschine leisten. In der Gegenwart, ein knappes Jahrzehnt später, wurden die Monate Juli und August zur Saison der Mähdrescher. Diese riesigen Stahlmonster leiteten in der Landwirtschaft eine Revolution ein, bewältigten sie doch in einem Bruchteil der Zeit mehr, als ein Dutzend Menschenhände und die Zugkraft der Tiere verrichteten. Die Erträge stiegen und die Menschen mussten sich körperlich nicht mehr so plagen. Dafür aber gehorchten sie immer mehr der Uhr wie die Akkordarbeiter in der Fabrik.

Im Herbst polterten noch vor wenigen Jahren die Leiterwagen den Abhang herunter ins Dorf. Vom Fenster war schwer zu erkennen, ob sie mit Kartoffeln, Rüben oder Krautköpfen beladen waren. Schließlich lag die Straße am Abend schon im Dunkeln. Heute wurden sie und die Gehsteige von gleißenden Neonröhren über gebogenem Stahl ausgeleuchtet.

Jahr für Jahr gestaltete sich so die Arbeit der Bauern von der Aussaat bis zur Ernte. Franz konnte daran nicht mehr teilnehmen. Er hatte sich damit abgefunden, seine Außenwelt in erster Linie aus dem Blickwinkel im Lehnstuhl vor dem Fenster wahrzunehmen, bemüht, dem Leben auch positive Seiten abzugewinnen. Doch seit dem Krankenhausaufenthalt vor ein paar Wochen gelang ihm das nicht mehr. Als im November der Wind die Nebelschwaden von der Anhöhe in die Straße drückte, kehrten im Zimmer des alten Mannes Schwermut und Angst ein und wollten seitdem nicht mehr weiterziehen. Schwärme pechschwarzer Raben, die mit schrillem Krächzen draußen vorbeiflogen und dann über die kahlen Baumwipfel herfielen, erinnerten ihn an Friedhof und Tod. Seine Frau wunderte sich, als er plötzlich von ihr den Rosenkranz verlangte, aber sie sprach ihn nicht darauf an. Mit dem Beten hatte er nie viel im Sinn gehabt und die Dorfkirche nur selten von innen gesehen. Doch schien es ihm wohl in seinem fortgeschrittenen Alter angebracht, gut vorbereitet zu sein, wenn man vor seinen Herrgott trat. Und aus eben diesem Grund musste vorher noch etwas Wichtiges erledigt werden. Er musste das endlich tun und nicht ständig hinausschieben.

Wieder einmal war also der Winter eingekehrt und mit ihm der Schnee. Wieder einmal zogen die Kinder Schlitten auf seine Straße, um Wettfahrten auszutragen. In der Regel vertrieb ihr fröhliches Spiel für ein paar Stunden die Langeweile in der Stube und es kam durchaus vor, dass er die Rufe des Kuckucks einmal nicht mitzählte, wenn dieser zur vollen Stunde aus dem bunten Häuschen der Wanduhr hüpfte. Er erinnerte sich noch gut an das letzte Jahr, als sie draußen den Schanzenwettbewerb durchführten und mit ihren Schlitten über die aufgetürmten Strohbündel flogen. Damals war er vor Begeisterung fast aus seinem Stuhl gekippt.

In diesem Winter war jedoch alles anders, obwohl die Jugend jetzt in den Weihnachtsferien den ganzen Tag lang vor seinem Fenster herumtobte. Buben bauten inzwischen draußen vor dem Hoftor an einer Schneeburg. Doch konnte er sich nicht so recht darauf konzentrieren, seine Gedanken schweiften immer wieder ab. Seit Tagen schon nahm er das Geschehen vor dem Fenster eher teilnahmslos wahr, verfolgte zwar, was sich auf der Straße abspielte, bemühte sich aber nicht, in die Kinderherzen hineinzusehen, weil ihn eine unangenehme Sache quälte.

Diese alte Geschichte belastete ihn von Tag zu Tag mehr. Er gab seiner Frau durchaus recht, dass es endlich an der Zeit wäre, reinen Tisch zu machen. Warum aber bedrängte sie ihn deshalb ständig? Dadurch erreichte sie bei ihm doch nur das Gegenteil, das musste sie doch wissen. Ärgerlich griff er zur Zeitung und las die Schlagzeile:

„Vertrag über die gegenseitigen Beziehungen zwischen der Bundesrepublik und der CSSR von Bundeskanzler Brandt und Außenminister Scheel in Prag unterzeichnet“

Prag kannte er. Zumindest war er im März 1939 mit seiner Kompanie in diese Stadt einmarschiert; genauer gesagt saß er im Beiwagen eines Motorrads, blickte in ängstliche Gesichter am Straßenrand ...

Abrupt verdrängte Franz diese Bilder und legte die Zeitung wieder zurück. Gegenwärtig musste er sich wahrlich mit anderen Problemen auseinandersetzen.
Die Sache lag lange zurück und er hatte sie stets polternd vom Tisch gefegt, wenn seine Frau darauf zu sprechen kam. Das änderte sich jedoch, als er den Herzinfarkt vor wenigen Wochen überstand. Im Krankenhaus gab er nämlich Frida sein Wort, endlich einen Schlussstrich zu ziehen nach all den Jahren. Doch ließ er sich mit Bedacht auf keinen genauen Termin ein. Dann legte er sich fest, zögerte, verschob erneut. Dennoch, versprochen war versprochen und als Feigling wollte er auch nicht gelten. Im übrigen konnte niemand wissen, wieviel Zeit ihm noch dazu blieb.
Als der Kuckuck sich hinter ihm wieder einmal lautstark bemerkbar machte, wandte er den Kopf und betrachtete das Foto über der Kommode. Er stand im dunklen Anzug mit Kommunionkerze in der Hand zwischen Vater und Mutter. Sie hätten sein Verhalten auf keinen Fall gut geheißen; genauso wie Frida. Was er damals tat, war großes Unrecht und er allein war schuld, dass sie seitdem mit den Nachbarn Krieg führten.
Seine Frau betrat wieder die Stube und war frustriert, weil er das Mittagessen kaum angerührt hatte. Franz verunsicherte es, dass sie nichts sagte. Gewöhnlich begann sie das Gespräch, munterte ihn auf und redete ihm gut zu, weil er seit Wochen meist deprimiert vor sich hinschwieg. Jetzt schien sie ihn bewusst zu ignorieren und das konnte er durchaus verstehen. Er bedauerte seine verletzende Bemerkung vor Stunden, schließlich wollte sie nur sein Bestes.
„Tut mir leid, dass ich dich so angeraunzt hab'. Heut noch werd ich es aus der Welt schaffen. Meinst du, dass er rüber kummt, wenn du ihn in meinem Namen bitt'st?"
Sie antwortete zunächst nicht und sah ihn erstaunt an, bemüht ihre Stimme möglichst nüchtern klingen zu lassen:
„Ich kann's mir vorstellen."

„Ich eigentlich net. Man darf net runterspielen, was vorg'fallen is."
Frida ergriff den Teller mit dem Besteck, um das Geschirr in die Küche zu tragen und er entdeckte auf ihrem Gesicht ein zufriedenes Lächeln.
Er sei beim Holzfällen im Wald, richtete man ihm später aus und im Gegensatz zu seiner Frau glaubte er das nicht. Nun ärgerte ihn allein diese Ausrede schon wieder. Doch dann kam er zu dem Schluss, dass er wohl auch nicht anders reagieren würde. Franz blätterte nervös die Zeitung durch und legte sie bald wieder auf das Tischchen neben dem Sessel. Der Kuckuck hatte sich bereits mehrmals gemeldet und dem Alten auf diese Weise die vorgerückten Stunden angezeigt.
Seit Einbruch der Dämmerung fuhren die Kinder nicht mehr Schlitten. Eine Frau mit einer Einkaufstasche überquerte die Straße, aber er kannte sie nicht. Das war auch nicht verwunderlich, wohnten doch jetzt viele Fremde im Dorf, seit es die neue Siedlung hinter dem Friedhof gab. Franz zog die Decke von den Knien, denn er fror nicht mehr. Inzwischen bedauerte er, Frida hinübergeschickt zu haben. Sicherlich machten sie sich im Nachbarhaus über ihn lustig. Die Katze sprang vom warmen Sims des Kachelofens, schmiegte sich schnurrend an seine Wollsocken, um weiterzuschlafen. Gerne hätte er ihr Fell gestreichelt, doch er wusste, dass er sich nicht weit genug hinabbeugen konnte.
Plötzlich klopfte es. Franz zögerte einen Moment, weil er mit dem Besuch nicht mehr gerechnet hatte. Der Nachbar öffnete vorsichtig die Tür. Beide sahen nur die Umrisse des anderen, denn inzwischen war es ziemlich dunkel in der Stube. Aber sie erkannten sich an ihren Stimmen. Franz bat Bastian, das Licht einzuschalten und näherzukommen. Dieser trat auf ihn zu und stellte schweigend eine Flasche frisch gebrannten Kornschnaps auf den Tisch.
„Sei so gut und schieb mich mit mei'm Stuhl nüber neben die Couch. Ich möcht' mit dir reden."

Dann schwieg er eine Weile. Er schwieg aus Unsicherheit, jetzt die rechten Worte zu finden. Sätze vorab in Gedanken zu formulieren, war eine Sache, sie in Wirklichkeit dann zu gebrauchen, eine ganz andere. Besonders traf das zu, wenn man sich schon lange nichts mehr zu sagen hatte und das, obwohl sie seit der Kindheit als Nachbarn Hof an Hof lebten.
„Bastian, ich dank dir, dass du kumma bist."
„Es is mir a a Anliegen, Franz."
„Verzeih mir, was ich dir angetan hab'. Das war großes Unrecht und ich hab' damit Schuld auf mich geladen. Es tut mir aufrichtig leid. Bitte verzeih! Scho längst hätt' ich auf dich zukumma müssen, doch mei dummer Stolz hat des net zug'lassen."
„In dem Punkt versteh ich dich gut. Aber der Vorwurf von damals und dass du die Polizei auf mich hetzt. Des war scho ... Mei Acker reicht mir, der is groß genug. Muss ihn doch net vergrößern und den Markstein zwischen unsere Felder a paar Meter nach links auf dein Boden versetz'n. Na, des hab i net nötig, wirklich net. Hast mich zu Unrecht als Betrüger angezeigt."
„Ja, ich hätt' wissen müssen, dass du niemals einen Markstein zu deinem Vorteil verrückst. Warst doch immer a ehrlicher Kerl. Dieser verdammte Markstein! Mei Sohn hat ihn beim Pflügen erwischt und rausgerissen und ihn dann einfach ohne nachzudenken irgendwo wieder eingegraben. Er hat's mir gebeicht, damals im Krankenhaus. Und ich Sturkopf hab ihm verboten, die Wahrheit zu sag'n."
„Zu mir is er scho kumma, hat mir alles erzählt; dass es ein Versehen war; und dass es ihm leid tut. Aber da hab i scho die Polizei am Hals g'habt. Ich soll endlich alles gesteh'n, ham die von mir verlangt."
„Mein Gott, Bastian, ich schäm mich so; auch weil i meine Leut verbot'n hab, mit euch in Kontakt zu bleib'n; nimmer red'n solltens mit euch."

„Nur wir zwei, Franz, hab'n net mehr miteinander g'sprochen. Alle andern aus unsern Familien hab'n sich längst versöhnt; scho damals, nachdem die Sach' aufgeklärt war."
„Es gibt also ka Feindschaft mehr zwischen euch allen?"
„Nein, seit du ..."
„Ja, als Krüppel hat man die Zügel nimmer in der Hand und in dem Fall war das gut so."
„Franz, komm, lassen wir das", und er streckte dem Mann im Lehnstuhl die Hand entgegen. Fuhr dann fort:
„Ich wünsch mir, dass wir hier an deim Tisch endlich wieder mal Karten spielen so wie früher beim Alten Wirt."
Franz drückte die Hand des Nachbarn und wollte sie nicht mehr loslassen. Dann sollte ihn Bastian wieder ans Fenster schieben und sie verabschiedeten sich.
Auf der Straße fand im Licht der Laterne inzwischen eine Schneeballschlacht statt. Zuerst lagen die Fronten recht weit auseinander, doch allmählich schoss man sich ein. Dann rückten die Mutigen vor, um zu attackieren. Immer häufiger trafen die Wurfgeschosse und den Buben machte es Spaß, die Mädchen zu jagen. Der Alte schaute dem Treiben der Jugend zu und atmete erleichtert auf. Jetzt fühlte auch er sich glücklich und frei.

Der Schäfer

Völlig regungslos und wie angewurzelt stand die bizarre Gestalt im weiten Grün, am Körper einen verschlissenen Lodenmantel und einen verbeulten Filzhut tief in der Stirn, weil die Sonne blendete. Das ganze Jahr über trug der Schäfer Mantel und Hut, gleichgültig, ob es regnete, ein eisiger Wind durch das Tal fegte oder ob angenehmes Wetter herrschte. Seine Augen wanderten von Tier zu Tier, wurden einen Moment lang von einem Habicht abgelenkt und kehrten dann wieder zur Herde zurück. Die Arme auf einen Stock gestützt und den Rücken leicht gebeugt ließ er die Schafe nur selten aus den Augen, denn es gab für ihn nichts Wichtigeres im Leben. Nach einer Weile löste er die leicht verkrampfte Hand vom Holzstiel, schüttelte sie aus und spielte mit den Fingern, um das unangenehme Kribbeln zu vertreiben.
Spontan drehte er sich um, weil der neue rote Intercity-Schnellzug vorbeirauschte. In der Regel passierte er diesen Streckenabschnitt am Nachmittag kurz nach fünf Uhr. Doch heute tauchte er viel zu spät auf. Da war sich der Mann mit dem Filzhut eigentlich sicher, denn wer sich fast vierzig Jahre lang Tag für Tag von morgens bis abends unter freiem Himmel aufhielt, kannte sich aus mit der Zeit.
Seit jeher beobachtete er die Schiffe auf dem nahen Gewässer und registrierte ihre Fahrten: Fast jeden Montag fuhr die ‚Möwe' flussaufwärts und kehrte meist am Freitag zurück. Am Mittwochvormittag zwischen neun und elf Uhr ratterte zuerst die ‚Mainz', dann die ‚Berta' an seiner Herde vorbei und die ‚Rotterdam' erschien irgendwann einmal in der Woche.
Genauer als die Schiffe nahmen es die Züge mit der Zeit, weil sie einen exakten Fahrplan einhalten mussten. Doch immer wieder brachten Haltesignale oder Baustellen diese Ordnung durcheinander und das konnte auch der neue superschnelle IC nicht ausgleichen.

Auf die Kirchturmglocke hingegen war Verlass. Dreimal am Tag rief sie auf die Minute genau zum Gebet. Früh um sechs wurde der Schäfer von ihr geweckt, holte sich frische Milch von einem Schaf und frühstückte. Wenn er sie am Mittag hörte, aß er eine Kleinigkeit und übertrug anschließend der Hündin Asta die alleinige Verantwortung für die Herde, um ein kurzes Nickerchen zu machen. Am Abend um sieben Uhr verkündete die Ave-Glocke ihm den Feierabend.

Auch die Sonne bestimmte seinen Tagesablauf, die jeden Morgen am Waldrand aufging, langsam über die Hügel zog und rotglühend im Westen im Wasser versank. Seit Jahren verfolgte er akribisch ihren Lauf am Firmament und wusste genau, wie der sich mit den Jahreszeiten änderte.

Soeben fuhr drüben auf der Anhöhe der Sechsuhrzug vorbei, aber er hielt nicht mehr in diesem Bahnhof an. Der wurde schon vor Jahren aufgelöst, weil er, wie es hieß, unrentabel sei und die Leute aus dem Dorf stiegen daher im Nachbarort Eberslautern zu.

Der Schäfer setzte sich auf einen Steinblock. Im Grunde gehörte sich das nicht in seinem Beruf, denn die Herde hatte man nur im Stehen richtig im Griff. Jedoch zwangen ihn seine Rückenschmerzen seit längerem, ab und zu eine kleine Pause einzulegen. Er holte zunächst die Flasche aus der Manteltasche, um ein paar Schluck zu trinken und spielte dann auf der Mundharmonika eine Melodie, die er gerne mochte. Den Tieren in unmittelbarer Nähe schien sie auch zu gefallen, denn sie unterbrachen das Fressen und drehten dem Musikanten ihren Kopf zu.

Der alte Mann erhob sich bald wieder, weil die Pflicht rief, verstaute das Instrument in der Manteltasche und schlurfte in Richtung Linde, um neben ihr seinen neuen Standplatz einzunehmen. Er sah hinauf zur Krone und stellte mit Bedauern fest, dass schon wieder ein Ast abstarb. Den Baum kannte er von Kindheit an. Oft saß er damals hoch oben in einem Holzhäuschen, lauschte dem Lied der Blätter und schaute den

Männern zu, wie sie auf dem Fluss mit langen Stangen ihre Floße an den gefährlichen Strudeln vorbeilotsten, während sein Vater in der Nähe die Schafe hütete.
Nun nahm er dessen Platz ein und ihm folgte niemand mehr nach, weil der Beruf des Schäfers wohl ausstarb. Seine Linde aber würde noch existieren, wenn man den Schäferwagen längst entfernt hatte. Schon seit Generationen stand sie hier an diesem Ort und ihm kam in den Sinn, dass dieser alte Baum viele Geschichten aus seinem Leben erzählen könnte; von Bauern zum Beispiel, die in der Nähe Heu ernteten; von Vögeln, die sich in seinen Zweigen ausruhten, bevor sie in den Süden weiterzogen; aber auch von Soldaten, die flussabwärts hartnäckig um die Brücke kämpften. Und sicherlich hatte die Linde schon viel früher Dinge gesehen, von denen er sich keine Vorstellungen machen konnte.
Der Schäfer prüfte die Grasnarbe und kam zu dem Schluss, dass der Weideplatz weitgehend abgefressen war. Deshalb entschied er, die Herde morgen in Richtung Norden zu treiben. Doch blieben die Tiere die meiste Zeit des Jahres in der Nähe des einachsigen Wohnwagens, der für sie Orientierungspunkt und eine Art Heimat bedeutete. Jeden Abend nämlich liefen sie zurück zu ihrem Pferch unmittelbar neben dem Karren.
Der Mann mit dem abgetragenen Mantel umklammerte wieder den Stab, hakte einen Schuh an der anderen Wade ein und zählte die Schafe. Dies tat er aus reiner Gewohnheit, denn im Grunde erübrigte sich eine derartige Kontrolle. Asta, die Hündin, die aufmerksam Wache hielt, umkreiste nämlich regelmäßig die Herde und trieb jeden Ausreißer sofort mit lautem Bellen zu den anderen zurück, wenn er irgendwo abseits nach saftigen Gräsern suchte.
Inzwischen lag der größte Teil der Weidefläche im Schatten und der Schäfer begann mit dem Melken der Tiere. Plötzlich tauchte hinter ihm keuchend Tobias auf, sein junger Freund aus dem Dorf.

„Ich hab's gleich, muss nur noch die eine fertig melken", sagte der Alte nach der Begrüßung und wandte sich wieder dem Euter zu. Dann stand er vom Schemel auf und trug den halbvollen Eimer in den Wagen. Der Junge folgte ihm und schaute beim Abseihen der Milch zu. Er kannte sich in der Wohnung des Schäfers aus, weil er in den Ferien manchmal bei ihm übernachten durfte. Anschließend nahmen sie draußen auf der Treppe Platz und unterhielten sich.

Das taten sie häufig. Jedesmal stopfte der Alte zunächst die Pfeife und ließ sich vom Buben das Neueste aus dem Dorf erzählen. Zum Dank durfte dieser ein paar Züge nehmen und dunkle Rauchschwaden in die Luft blasen. Er war es auch, der zumeist das Gesprächsthema bestimmte, weil er den älteren Freund mit Fragen überhäufte. Der Schäfer hörte stets geduldig zu und bemühte sich um eine zufriedenstellende Antwort. Woher beispielsweise der Regen käme oder wohin das Wasser des Mains floss war leicht zu erklären, denn er kannte sich mit der Natur aus. Doch wer konnte schon wissen, wie die Toten in den Himmel hinauf gelangten.

Heute jedoch beschäftigte Tobias ein aktuelles Sportereignis, das er sofort los werden wollte. Deshalb zog er einen zerknitterten Zeitungsausschnitt aus der Hosentasche und reichte ihn dem Mann:

„Schau mal, Xaver, Graham Hill is gestern Formel 1-Weltmeister g'worden."

„Ja, der versteht sein Handwerk."

„Und verdient ganz schö Kohle damit. Vielleicht werd i a amol Rennfahrer."

Der Alte schmunzelte, zögerte einen Moment und meinte dann:

„Tobias, Geld ist zwar wichtig, doch es gibt noch Wichtigeres im Leben."

„Des musst du mir erklär'n."

„Zunächst zählt, sich Zeit zu nehmen für die Arbeit, auch wenn sie oft weh tut. Arbeit ist Grundlage und Garant des Erfolgs. Du

siehst es an Graham Hill. Der muss im Training hart arbeiten, um solche Leistungen zu erzielen."
„Ich mag lieber spielen."
„Das geht in Ordnung, schließlich bist du noch ein Kind. Und es ist das Vorrecht der Kinder, zu spielen."
„Dann will i nie erwachsen werd'n."
„Erwachsene brauchen auch ab und zu das Spiel, weil es ihre Herzen jung hält."
„Geht deshalb mei Papa am Sonntag zum Schafkopf'n ins Wirtshaus?"
„Sicherlich auch. Du weißt doch, dass Spielen Freude bereitet. Man muss sich im Leben Zeit nehmen zum Lachen, denn Lachen und Frohsinn sind für die Seele wie Musik."
„Aber wenn im Stall die Ferkel auf die Welt kumma und glei wieder eingeh'n, da kann man nimmä lach'n. Und wia mei Großvater g'storben is, da hab i net g'lacht, da war i traurig und hab g'weint."
„Natürlich gibt es solche schwarzen Tage; die gehören zum Leben. Doch werden schmerzvolle und traurige Stunden auch wieder von heiteren abgelöst. Erst nach dem Leid lässt sich so recht ermessen, wie wertvoll im Leben die Freude ist."
„Des versteh i net."
„Das ist so ähnlich wie bei den Bienen. Wenn nach nasskalten Tagen die warme Sonne wieder scheint, weicht die Starre aus ihren Körpern und man meint, sie erwachen zu neuem Leben."
„Ja klar, die Sunna is warm und des tut ihna gut. Dann freu'n sie sich, dass sie die Bluma wieder besuchen könna. Wenn mei Katz' sich freut, dann schnurrt sie. Und wenn die Bienen sich freu'n, dann summen sie. Vielleicht is des ihr Lachen."
„Das hast du ganz richtig erkannt, mein Lieber."
Der Schäfer unterbrach das Gespräch, holte etwas zum Trinken und fuhr dann fort:
„Aber, Tobias, es gibt Menschen, die können nicht mehr lachen und sich über nichts mehr freuen, weil sie das verlernt haben."

„Ach Xaver, des geht doch gar net. Man verlernt doch a net des Schwimma und des Radfahr'n."
„Da geb' ich dir recht. Doch bei der Freude ist das ganz anders."
„Und wie is des dann?"
„Es gibt Menschen, die hecheln verzweifelt dem großen Glück hinterher, ihr Leben ist nichts anderes als ein freudloses Suchen nach Freude. So ähnlich jedenfalls hab' ich das irgendwo gelesen."
„Was meinst du jetzt damit? Des kapier i net."
„Schau Bub, viele verpassen das kleine Glück, weil sie verbissen nur auf das große Glück warten, das ihnen wohl nie begegnet."
„Und wann is man glücklich?"
„Das ist eben der springende Punkt. Glück spürt man vor allem im Herzen. Aber jeder Mensch hat ein anderes Herz und somit eine eigene Vorstellung von Glück. Es gibt auf deine Frage keine eindeutige Antwort. Ich zum Beispiel bin glücklich, wenn ich in einem hohlen Baumstamm Bienenwaben entdecke und den frischen Honig auf der Zunge zergehen lasse. Wenn ich im Frühjahr die ersten Lerchen über den dampfenden Feldern sehe und dann trillern höre. Wenn ich bei der Geburt eines Lämmchens zuschaue. Und wenn ich beobachte, wie am Abend die rote Sonne in den Fluss eintaucht, als wolle sie sich nachts in seinem Bett ausruhen."
„Du hast die Lerchen, die klan Lämmer und die Sunna mit deine Augen ang'schaut. Heißt des, dass die Aug'n glücklich mach'n könna?"
Der Schäfer nickte stumm.
„Heut früh hat unsere Katz mit dem Schwanz vom Lupo g'spielt. Der Hund hat sie ang'schaut, als ob er lächeln tät und sich darüber freut. Der hat des einfach a paar Minuten lang mit sich macha lass'n. Manst du, dass der glücklich war und des in seinem Herz'n g'spürt hat?"
„Ja sicher."

„Mir hat des Spiel von dene zwa genauso gefall'n und i hab ihna gern zug'schaut. Aber, Xaver, i kann doch a ohne meine Aug'n glücklich sein."
„Jetzt bin ich aber neugierig."
„Na ja, wenn i im Schlaf was Schönes geträumt hab. Und dann fällt mir a des Aufsteh'n leichter."
„Das verstehe ich gut. Nicht umsonst heißt es in einem irischen Gedicht: ‚Nimm dir Zeit zum Träumen, es bringt dich den Sternen näher.'"
„Is doch wohl a Schwachsinn. Jeder hat nachts im Schlaf genug Zeit dazu."
Der Schäfer machte dem Jungen klar, dass es sich um eine andere Art von Traum handelte. Jener verstand und auch wieder nicht, denn Kinder brauchen kein derartiges Gebot. Für solche Träume nehmen sie sich immer Zeit und gerade Kindern fällt es leicht, sehr schnell und ganz nahe bei den Sternen zu sein.
Der Schäfer erhob sich von der Treppe und beendete ihr Gespräch mit dem Hinweis, dass es für heute genug sei mit der Philosophie. Fragte, ob er nun mit ihm Brotzeit machen möchte und Tobias willigte ein. Danach verabschiedete er sich, denn es war höchste Zeit, nach Hause zu gehen. Erinnerte den anderen daran, dass er ihm ein Lämmchen versprochen habe.
„Sobald das nächste Schaf kalbt", erhielt er zur Antwort. Und dass er einmal Rennfahrer werden solle, wenn er Lust auf diesen Beruf verspüre. Trotz der Menge Kohle.
Der Bub lachte und lief davon; tauchte kurze Zeit später erneut auf, weil er unbedingt noch etwas loswerden wollte. Aber er fand nicht die passenden Worte. Der Alte sah ihm das an. Deshalb sagte er:
„Red' einfach, wie dir der Schnabel gewachsen ist. Wir sind schließlich Freunde."
„Ja, Xaver, genau um des geht's mir; drum besuch i di doch auch regelmäßig. Es stimmt scho, dass i mich freu, weil mei Hund und mei Katz sich mög'n. I freu mich a, wenn i was Schönes träum'. Und, Xaver, des wollt i dir einfach mal sag'n: I

freu mich a, weil i zu dir kumma derf. Mit dir kann i so toll red'n. Oft denk i vor'm Einschlafen nach, was du alles zu mir g'sagt host. Du bis so g'scheit. Und des, obwohl du gar kein Radio und kein Fernseher host."

Der Schäfer schloss den Buben gerührt in seine Arme und erwiderte:

„G'scheit bin ich nicht und einen Radio und Fernseher hab ich auch nicht. Aber als Schäfer hab ich viel Zeit. Und die nütz' ich zum Nachdenken."

Dann schickte er seinen jungen Freund nach Hause. Hoch über der Linde kreiste noch immer der Habicht, doch das Zirpen der Grillen ließ merklich nach. Inzwischen stiegen Nebelschwaden über dem Fluss auf und vereinzelt blökten Schafe. Einige Lämmer legten sich bereits zur Ruhe. Asta schlug mit der Pfote ungeduldig auf den leeren Fressnapf. Der Schäfer verstand. Nach Einbruch der Dunkelheit wollte er mit dem Fernglas die Sterne studieren.

„O tempora, o mores!“

Bei den Stögers befand sich die Waschküche außerhalb des Hauses in einer Art Holzschuppen, der unmittelbar an die Rückwand des Stalls angebaut war. Dieses Gebäude wurde nicht oft aufgesucht, weil man es nur an den Schlacht- und Waschtagen benutzte. Das lag vor allem am großen Wasserkessel in der Ecke, der beheizt werden konnte.
An den Schlachttagen kochte Großmutter Agathe in diesem Kessel Fleisch und Würste, die regelmäßig mit einem großen Holzlöffel gewendet wurden, damit sie gleichmäßig durchgarten. Das erforderte große Konzentration, da man sich leicht verbrühen konnte. Beim Kochen der Wäsche galten teilweise andere Regeln als beim Schlachten. Auch die beherrschte die Großmutter. Sie hatte mit dem Wasserkessel die größte Erfahrung. Deshalb führte sie im Schuppen das Regiment.
Die meisten Arbeiten, die am Waschtag anfielen, wurden im Freien erledigt; in den kalten Monaten zwar oft in der Küche im Haus, in der übrigen Zeit jedoch im Hof unter dem breiten Vordach der Scheune.
Heute war es wieder einmal so weit. In aller Frühe hatte die Frau den Wasserkessel angeschürt und inzwischen stiegen schwarze Rauchwolken aus dem Blechkamin. An diesem Tag wollten die Frauen unter sich bleiben und von niemandem gestört werden. Deshalb arbeiteten die Männer auf dem Feld.
Sophie, die Nachbarin, die den Stögers immer beim Waschen half, stand auf dem Hof vor einem Korb mit schmutziger Wäsche. Sie griff nach den bunten Hemden und warf sie in eine Wanne mit Wasser, die Betttücher und Überzüge in eine andere. Ebenso geschah das mit der Unterwäsche und den Handtüchern. Ein paar Minuten ließ sie das Waschpulver einziehen, dann legte sie los. Die strapazierfähigen Textilien vertrugen den Wäschestampfer. Dieses Metallgerät, das an einem Holzstiel befestigt war und aussah wie eine Glocke mit doppeltem Mantel, presste

Wasser durch den Stoff und löste so den Schmutz. Feine Garne hingegen vertrugen nur Handarbeit. Behutsam wurde Stoff gegen Stoff gerieben und mit Schonmitteln behandelt. Danach musste man jedes einzelne Wäschestück auswringen und im frischen Wasser schwenken.

Elisabeth, die Bäuerin, hantierte auf einem Holztisch mit Hosen und Jacken, die die Männer im Stall und auf den Feldern anhatten. Ein nasses Wäschestück lag ausgebreitet auf der Tischplatte, wurde zuerst mit Kernseife eingerieben, anschließend mit der Bürste geschrubbt, in einer Wanne durchgespült und landete zuletzt im kochenden Wasser des Kessels. Wenn man mehrere Stunden lang die Arbeitskleidung von vier Männern mit den Händen wusch, verdreckt von Lehm, Mist und Schmieröl, war man körperlich fix und fertig.

Neben der Mutter tat ihre Tochter Karin das, was Frauen ‚Wäscherubbeln' nannten. Dabei galt es, mit sanftem Druck und gleichmäßigen Armbewegungen eine Textilie auf dem gerippten Metall des Waschbretts auf und ab zu schieben und so den groben Schmutz zu lösen. Karin arbeitete an sich gewissenhaft. Heute jedoch schien sie nicht bei der Sache zu sein, denn sie presste ihr Leinentuch mit voller Kraft gegen das Eisen und rieb es auf der rauen Oberfläche ruckartig hin und her. Einige Minuten lief das so, obwohl kein Schmutzfleck mehr zu sehen war.

„Hör auf! Du scheuerst ja den Stoff durch."

Die Mutter schaute noch eine Weile argwöhnisch zu, las Unruhe und Angst in den Augen der Tochter. Sie kannte sie gut. Irgendetwas belastete sie sehr. Jetzt aber war nicht der rechte Zeitpunkt, das Mädchen darauf anzusprechen, denn Sophie befand sich in unmittelbarer Nähe.

„Karin, es reicht. Kümmere dich mal um das Feuer im Waschkessel!"

Die Großmutter war in der Zwischenzeit in den Garten gegangen, um dort die sauberen Bettlaken aufzuhängen. Sie freute sich, dass die Sonne schien und ein leichter Wind wehte.

Bei diesem Wetter würde die Wäsche schnell trocknen, vor allem aber gut riechen. Darauf legten die Frauen besonderen Wert. Der Termin für den Waschtag hing entscheidend vom Wetter ab.
Die alte Frau griff nach dem leeren Wäschekorb, verließ den Garten und kehrte wieder in ihre Waschküche zurück. Zuerst wollte sie nach der Uhr sehen und dann ein Holzscheit nachlegen. Am Ende der Kochzeit musste sie die Wäsche mit der Zange aus dem Kessel holen und wieder neue einfüllen. Anschließend stand erneut der Gang in den Garten an.
Als sie die Tür des Schuppens öffnete, schlug ihr heißer Dampf entgegen, der rasch durch die weit geöffnete Tür abzog. Sie betrat den dämmrigen Raum, drehte aber auf der Stelle wieder um.
„Wer ist schuld, dass mein Ofenrohr glüht?“
Karin zögerte einen Augenblick, versuchte sich dann zu rechtfertigen, dass doch jetzt die Arbeitshosen in den Kessel kämen. Und die konnten nur wirklich sauber werden, wenn das Wasser sehr heiß sei. Die Mutter wunderte sich erneut über die Tochter und schüttelte den Kopf. Als die Großmutter laut zu schimpfen begann, lief Karin ins Haus und sperrte sich in ihr Zimmer ein.
Ein paar Stunden waren inzwischen vergangen. Sie wusste, dass die drei älteren Frauen jetzt unten in der Küche beim Kaffeekränzchen saßen. Bei Stögers wurde der Waschtag stets auf diese Weise beendet. Persönlich nahm sie heute zwar nicht daran teil, dafür aber stellte sie sicherlich das Gesprächsthema. Mutter schien etwas zu ahnen. Ob sie zu ihr hielt, wenn Vater es erfuhr? Der Gedanke an ihn und seine mögliche Reaktion ließ sie erschaudern. Sie drückte ihr Gesicht ins Kopfkissen und weinte; beruhigte sich aber nach einiger Zeit wieder. Im Grunde gab es nur zwei Möglichkeiten, von denen eine für sie auf keinen Fall in Frage kam. Die Konsequenzen, die diese Entscheidung nach sich zog, konnte man gegenwärtig im einzelnen noch nicht überblicken. Karin aber war fest

entschlossen durchzuhalten. Irgendwann ging sie hinunter in die Küche und wunderte sich, dass man sie in Ruhe ließ. Mutter und Oma sprachen über Sophie, die bereits zu Hause war. Sie taten so, als wäre vormittags beim Waschen nichts Besonderes vorgefallen. Das verunsicherte Karin. Sie hatte sich genau überlegt, was sie sagen wollte. Ihre Worte aber passten nun nicht mehr so recht. Trotzdem musste es jetzt sein.
„Ich bin schwanger", platzte sie heraus. Sah sofort den Schock in Mutters Gesicht, während ihre Oma ziemlich gefasst wirkte. Eine Ewigkeit lang hörte man in der Küche nur das Ticken der Uhr. Dann unterbrach die Großmutter die qualvolle Stille, indem sie das Geschirr abzuspülen begann. Die Mutter trat ans Fenster und starrte auf den Hof. Ohne sich umzuwenden, brach sie ihr Schweigen:
„Jetzt haben die Leute im Dorf was zum Reden."
Als ob dies das einzige Problem wäre, ärgerte sich Karin, ließ sich aber nichts anmerken. Die Frau am Fenster schaute sie vorwurfsvoll an und sagte dann barsch:
„Der muss dich jetzt heiraten!"
„Er muss gar nichts", entgegnete die Großmutter. Karin versuchte sich vorzustellen, was in den Köpfen der beiden Frauen vorging. Dann legte sie ihre eigene Position dar:
„Man darf nichts überstürzen. Vor allem soll Hilmar im Juli sein Abitur machen."

***

Sie wartete auf der Bank am Waldrand auf ihren Freund. Zwei Wochen hatte sie gezögert, ihm zu gestehen, was man nur in ihrem Haus wusste. Jetzt war sie dazu imstande, weil sie ehrlich miteinander umgehen wollten; trotz des bevorstehenden Abiturs, dem seine ganze Aufmerksamkeit galt. Hier auf der Bank hatte er sie vor ungefähr einem Jahr zum ersten Mal geküsst. Wie aber würde er sich heute verhalten, wenn sie ihm von ihrer Schwangerschaft berichtete? Ob das Gespräch zum Streit oder gar zur Trennung führte? Auf keinen Fall wollte sie ihn bedrängen. Selbst wenn er sich nicht zu ihr bekannte, würde sie es mit ihrem Kind schaffen. Oma hatte ihr einen weisen Rat erteilt, was Hilmar betraf:

„Wenn du es richtig anstellst, wirst du bald wissen, ob er dich wirklich liebt."

Nach der Liebe fragten die Eltern nicht. Vater hatte zuerst getobt und anschließend ähnlich wie Mutter reagiert:

„Diese Schande!"

Sie fragten auch nicht danach, wie sie und ihr Freund die weitere Zukunft planten. Für sie stand von Anfang an fest: So schnell wie möglich heiraten, um die Familienehre zu retten.

Mit dem Wort Ehre konnte Karin wenig anfangen. Eher schon mit Schande. Das klang so ähnlich wie Scham; dass man sich schämen müsse. Die Fragen, die sich daraus ergaben, hießen: Wofür? Und vor wem? Sie hatte ein Gebot Gottes übertreten und ihr Fall war im Beichtspiegel neben „Stehlen" und „Töten" unter der Überschrift „Todsünden" aufgeführt.

Zunächst hatte sie das durchaus belastet. Inzwischen aber konnte sie diese Schuldzuweisung der katholischen Kirche nicht mehr verstehen, denn sie hatte nichts Böses getan. Der Herrgott würde das wissen. Ein Kind ohne Trauschein! Aber deshalb hatten sie doch keine Schuld auf sich geladen. Das traf doch wohl erst zu, wenn sie das Kind abtrieb oder wenn beide mit diesem Kind menschenunwürdig umgingen.

Karin wusste, dass viele Leute im Dorf dazu eine ganz andere Meinung vertraten und sich nur wenige darüber Klarheit verschafften, was Denken und Tun zur Sünde machte. Sittlichkeit und Moral band man in erster Linie an die Tradition. Wer die herkömmlichen Normen oder das gewohnte Rollenverhalten missachtete, wurde zum Außenseiter und seit jeher von den anderen geächtet. Was sie und ihr Freund getan hatten, gehörte sich einfach nicht. Zumindest äußerte man diese Meinung in der Öffentlichkeit. Mancher jedoch dachte und handelte im Verborgenen nicht immer so. Es kam nur darauf an, dass nichts ans Licht gelangte. Karin ahnte, was sie in den nächsten Monaten zu erwarten hatte. Gegen ein kritisches Gespräch gab es nichts einzuwenden. Aber sie verabscheute es, wenn man hinter ihrem Rücken abfällig über sie tuschelte. Eine Frau stand in so einer Situation sehr schnell am Pranger. In einem Dorf konnten die Menschen grausam sein. Aber vielleicht gab es auch jemand, der zu ihr hielt.

Karin klopfte das Herz, als Hilmar in der Waldlichtung auftauchte. Er winkte ihr zu, beschleunigte seine Schritte und begrüßte sie herzlich. Sie trafen sich regelmäßig in der Freizeit auf ihrer Bank. Ein Seneca-Text habe ihm heute Nachmittag beim Übersetzen große Probleme bereitet und er hoffe, dass sein Freund Robert morgen in der Mathe-Schulaufgabe wenigstens eine Vier hinbekomme.

Über ein paar belanglose Dinge wurde noch gesprochen. Dann vertraute sie ihm ihr Geheimnis an. Hilmars Augen verrieten sofort, dass er sehr betroffen war. Und doch reagierte er anders als die Mutter. Schimpfte nicht, machte ihr keine Vorwürfe, sagte in ruhigem Ton, er bejahe das Kind, nur sei der Zeitpunkt äußerst unpassend. In wenigen Monaten beginne sein Abitur. Als der junge Mann Karins Tränen sah, legte er den Arm um sie und meinte bestimmt:

„Es gibt immer einen Weg. Wir zwei zusammen schaffen das."

Sie nahmen sich an der Hand, liefen am Waldrand entlang, um anschließend in den Feldweg einzubiegen, der ins Dorf führte. Karin entdeckte farbige Leberblümchen, die sie nicht wahrgenommen hatte, als sie allein hinauf zur Bank hastete.

***

Hilmar saß am Ufer und blickte hinaus auf den Fluss. Niemals kam der zur Ruhe. Sein Wasser war ständig in Bewegung, floss weiter, immer weiter; wollte wohl weg von hier, schien zu fliehen. Auch er wollte weg, wollte fliehen, war verzweifelt.

Vor ein paar Stunden war es passiert. Mitten in der Deutschstunde wurde er vom Schuldirektor in sein Büro zitiert und mit rüdem Ton angesprochen:
„Mir ist mitgeteilt worden, dass Sie ein Mädchen geschwängert haben. Ich konnte das nicht glauben. Aber es ist die Wahrheit, die Sekretärin hat es überprüft. Sie sind ein ... Machen wir es kurz: Wir müssen Sie aussortieren. Typen wie Sie und Hochschulreife – das passt nicht zusammen!“
Wenig später wusste Hilmar, was das für ihn bedeutete: Rauswurf aus dem Gymnasium! Niemals Abitur! Auch an keiner anderen Höheren Schule in Bayern. So schrieb es das Kultusministerium vor. Liberale Lehrer nannten diese Verordnung ‚das schwarze Sittengesetz'. Doch davon war nur die Rede, wenn sie unter sich waren. Andere warfen der Jugend Sittenverfall vor und zitierten Cicero: „O tempora, o mores – O was für Zeiten, was für Sitten!“
Hilmar hingegen fühlte sich wahrlich aussortiert, verstoßen. Seine Zukunft war ruiniert.
Abhauen, weit weg; so wie der Fluss. Und dann? Er schaute auf das dunkle Wasser unmittelbar vor sich. Dachte, dass es schnell vorbei wäre, wenn ... Doch das war keine Lösung. Abrupt stand er auf und beschloss, zu Karin zu gehen. Als sie ihm damals am Waldrand mit Tränen in den Augen ihr Geheimnis anvertraute, hatte er klar zum Ausdruck gebracht, dass er zu ihr und dem Kind stehen werde. Dazu gab es auch jetzt für ihn keine Alternative.

Schluss mit der Landwirtschaft

Gottfried überflog die Überschriften der Bauernzeitung und blickte unwirsch zur Küchenuhr. Ihr gleichmäßiges Ticken ging ihm heute auf die Nerven.
„Der Lederer und der Schmied haben sich gestern gemeinsam an Mähdrescher ang'schafft."
„Ich waß", antwortete die Bäuerin, „für an alla ist so a teure Maschin net rentabel."
Er nickte nur und bat seine Frau, ihm noch einen Schluck Kaffee vom Herd zu holen. Mit der Zeitung versuchte er zwei Fliegen zu erschlagen, die sich auf dem Streuselkuchen niedergelassen hatten, verfehlte sie jedoch und ärgerte sich darüber. Auf der Straße fuhr ein Traktor vorbei, aber er konnte den Fahrer nicht mehr erkennen, weil er zu spät zum Fenster sah.
„Es geht wirklich net mehr. Wir müssen es tun", sagte sie zu ihm.
„Fang bloß net scho wieder damit o!"
Er konnte dieses Thema nicht mehr ertragen und wollte den Raum verlassen, doch sie forderte ihn auf zu bleiben.
„Heut Nacht hab ich wieder alles durchg'rechnet. Die paar Zentner Getrad, die wir verkafen, bringen net viel ei und des Geld vom Kalb reicht grad für den Kunstdünger."
Sie beugte sich hinab zu den geschwollenen Beinen und versuchte die Schmerzen ein wenig zu lindern, indem sie seitlich mit den Händen auf und nieder strich.
„Du darfst net so lang steh'n und musst sie öfters hochleg'n."
„Ich waß."
Er machte sich bewusst, was er soeben von sich gegeben hatte. Mit ‚Beine hochlegen' war das Problem wahrlich nicht gelöst. Seine Klara plagten keineswegs nur jetzt Schmerzen, sondern immer häufiger. Dass ihr Körper rebellierte, ließ sich leicht begründen. Wenn man sich neben dem Haushalt Jahrzehnte lang in der Landwirtschaft abrackerte, und das vornehmlich mit

Körpereinsatz ohne maschinelle Hilfen, musste man dafür büßen.
Gottfried beobachtete, wie seine Frau in gebückter Haltung das Geschirr vom Mittagessen abspülte, es anschließend sorgfältig abtrocknete und alles an seinen Platz im Küchenkasten verstaute. Er griff zur Pfeife, um sie zu stopfen. Doch statt zu rauchen, steckte er sie in die Jackentasche. Dann stand er auf, schlurfte über die Steinplatten, legte den Arm auf ihre Schulter und meinte:
„Klara, tut mir leid, dass ich dich vorher so abgeblockt hab. Du hast ja völlig recht, es gibt nur den einen Ausweg für uns. Und ganz oben steht deine Gesundheit."
„Wir werden des scho schaffen. Irgendwie geht's immer weiter", gab sie ihm zur Antwort.
Der Bauer zog seine Jacke an, erklärte dass er jetzt frische Luft tanken müsse und verließ das Haus. Ursprünglich hatte er vor, sich heute die Abschriften ihrer Geburtsurkunden zu besorgen. Man brauchte sie, um die Bauernrente beantragen zu können. Vor Jahren noch war so eine Angelegenheit in ein paar Minuten erledigt. Doch die Gebietsreform nahm ihnen ihr Rathaus weg und das Dorf wurde eingemeindet in den Nachbarort. Mindestens eine Stunde kostete das mit dem Fahrrad und er regte sich wieder einmal über die Politik auf, die man da oben über ihre Köpfe hinweg machte.
Ihm fielen die traurigen Augen seiner Frau ein und er entschied deshalb spontan, diese Papiere morgen zu holen und Klara zuliebe sofort den Wallner Egon aufzusuchen.
Rauchschwalben flogen durch das offene Stallfenster, um ihr Nest zu bauen. Vor der Hütte erhob sich der Hund und kam schwanzwedelnd auf ihn zu. Die beiden verließen den Hof in Richtung Dorfweiher. Als sie Egons Anwesen erreichten, zögerte er.
„Komm Arco, ich muss mich zuerst noch verabschieden. Das bin ich ihnen schuldig."

Sie liefen am Garten der Huberin vorbei, bogen in die Froschgasse ein und näherten sich dem Dorfende. Am Sandsteinkreuz blieb er stehen und sprach missmutig das Kruzifix an:
„Mann, hast mich ja ganz schön hängen lassen. Hilf mir jetzt wenigstens, dass wir das Richtige tun!“
Eine tröstende Antwort von einem moosbedeckten grauen Corpus konnte man jedoch nicht erwarten. Der Bauer war schlechter Laune und schon gar nicht in der Stimmung, dem Hund sein Stöckchen zu werfen, obwohl er es immer wieder vor seinen Füßen ablegte. Schimpfte, weil es jetzt auch noch zu regnen begann. Sie gingen über die Wiesen, um schneller zu seiner Flur zu gelangen. Über dem Fluss lag ein dünner Nebelteppich und vor der Brücke zwang das Signal einen Zug zum Anhalten.
Auf der Anhöhe breiteten sich die Äcker vor ihnen aus. Der Alte setzte sich neben einem Wassergraben an den Wegrain, der sich nass und kühl anfühlte und holte die Pfeife aus der Jackentasche. Er rauchte sie kalt wie immer, wenn ihn Probleme belasteten und betrachtete die graubraunen Erdschollen. Längst hätte er dort eggen müssen, um anschließend Kartoffeln zu stecken. Nebenan könnte man in diesem Jahr Weizen oder Mais anbauen, doch solche Pläne erübrigten sich. Und zwar für immer. Zumindest für seine Familie.
Der Wind fegte über knorriges Weidengebüsch, rüttelte am Wohnkarren des Schäfers und warf den Sägebock neben der Treppe um. Als es heftiger regnete, stülpte Gottfried den Kragen hoch und zog den Hut tiefer in die Stirn. Wehmütig blickte er hinüber auf die Felder. Vom Weg bis hinauf zum Waldrand gehörten sie ihm. Es handelte sich zwar nicht um allzu viel Land, aber es reichte stets aus, um über Generationen hin eine Familie zu ernähren. Doch das war einmal; passte nicht mehr in die neue Zeit. Man konnte es drehen und wenden wie man wollte. Sie mussten aufgeben.

Bedrückt erzählte er dem Hund Geschichten aus der Kindheit, die sich auf diesen Feldern abgespielt hatten.
Sein Vater lehrte ihn hier das Pflügen. Dabei galt es zuallererst, unten in der Furche zu laufen. Dann sollten seine Finger den dünnen Eisenstab unterhalb der beiden Pfluggriffe fest umklammern, die sein Vater, über ihn gebeugt, mit kräftigen Händen umschloss. Er ließ sie jedoch häufig los und übertrug auf diese Weise dem Sohn die alleinige Verantwortung, mit dem Eisengerät möglichst gerade Furchen zu ziehen. Drohte der Pflug jedoch seitlich auszubrechen oder gar umzukippen, übernahm der Vater hinter ihm sofort wieder und zwang das widerspenstige Gerät, ordentliche Arbeit zu verrichten.
Unten neben dem Bach brannte im Herbst das Feuer. Spontan schloss Gottfried die Augen, glaubte er doch, sich so die Bilder von früher besser vorstellen zu können: Nach dem Abernten des Kartoffelfeldes zündeten sie das gelbbraune Kraut an, das über den Acker verstreut von der Egge zusammengerafft und anschließend mit Gabeln zu einem riesigen Berg angehäuft wurde. Mit leuchtenden Augen stand er mit den Geschwistern um die Flammensäule, die anfangs fast so hoch wie zu Johanni loderte. Und als sie allmählich in sich zusammenfiel, riskierten sie einen versengten Hosenboden, indem sie mit lautem Geschrei darüber sprangen. Hockten dann verschwitzt auf der Erde, um geduldig auf die durchgegarten Feldfrüchte in der Asche zu warten. Stöhnten, weil die heißen ‚Erdäpfel' die Haut zu verbrennen schienen. Warfen sie von einer Hand in die andere und bliesen mit spitzem Mund in der Hoffnung, so ein wenig Abkühlung zu erreichen. Niemals würde er den würzigen Geruch vergessen und ebenso wenig den Geschmack der abgeschälten Kartoffeln.
Im Frühjahr jagte er einst drüben auf der Wiese Schmetterlinge und am Waldrand warf ihn einmal Lina, die Kuh mit dem hellen Fleck zwischen den Hörnern beim Reiten ab.
Als der Hund plötzlich aufsprang und sich die kalte Nässe aus dem Fell schüttelte, wurde dem Mann schmerzhaft bewusst,

dass die unbeschwerten Tage der Kindheit schon lange zurücklagen und von heute ab auch sein Leben als Bauer zu Ende ging. Alles hatte eben seine Zeit. Dann erhob auch er sich mühsam vom Feldrain und verabschiedete sich von seiner Flur.
An der alten Eiche hielt Gottfried kurz an und schaute nochmals zurück, bevor er den Weg zur Ruine einschlug. Es gab kürzere Wege ins Dorf, aber die mied er jetzt mit Bedacht, wollte noch ein wenig nachdenken, sich Gewissheit verschaffen. Hatte er in den letzten Jahren vielleicht doch den einen oder anderen Fehler gemacht? Den Kindern konnte man nicht vorwerfen, dass sie ihre eigenen Lebenspläne zu verwirklichen suchten. Und Schulden, die man nicht zurückzahlen konnte, ergaben keinen Sinn. Nein, die Entscheidung stand fest. In so einer Lage musste man dem Verstand folgen und nicht den Gefühlen.
Mensch und Hund befanden sich inzwischen unterhalb der Ruine, die zusehends verfiel. Lange Zeit hatten sie die Bauern geplündert, indem sie Quader herauslösten, hinab ins nahe Dorf transportierten, um Ställe und Scheunen zu bauen. Gerne kletterten sie als Kinder beim Spiel auf den brüchigen Mauern umher. Doch auch das war einmal.
Er erreichte die Mühle am Dorfrand und näherte sich dem Weiher. Wenn er zu Wallners Anwesen wollte galt es, sich jetzt rechts zu halten. Doch sollte er nicht erst die nassen Klamotten loswerden? Er entschied sich, keine weiteren Ausflüchte gelten zu lassen, schickte den Hund heim und trat den schweren Gang an, um die Sache zu Ende zu bringen.
Entschlossen drückte Gottfried auf die Türklinke und versetzte dem Gartentor einen kräftigen Stoß. Ächzend sauste es bis zum äußeren Anschlag und fiel von selbst wieder zu. Er klopfte an eines der Fenster zum Wohnzimmer, weil er hinter der Scheibe jemand entdeckte. Schritt anschließend zur Haustür, um Egon zu begrüßen, den er seit seiner Kindheit kannte. Hörte im Flur Radiomusik von der geöffneten Stubentür her, als er die durchnässte Jacke an die Garderobe hängte. Die beiden gingen zur Sitzecke unter dem Herrgottswinkel, tranken ein Gläschen

Schnaps und sprachen über das miese Aprilwetter. Sie hielten spontan inne, weil plötzlich im Radio eine Sondersendung angekündigt wurde. Zuerst metallenes Knattern, gefolgt von Geräuschen, die die zwei Bauern in der Stube an Morsezeichen erinnerten. Lautes Dröhnen, dann erklang eine Männerstimme mit dem Ausruf „Pajechali", was so viel bedeutet wie „Auf geht's!"
Nach diesem kurzen Originalton vernahm man die Stimme des Nachrichtensprechers: „Seit 7.09 Uhr Moskauer Zeit umkreist Kosmonaut Juri Gagarin als erster Mensch mit dem Raumschiff Wostock 1 die Erde. Mit dem Raumfahrer besteht zweiseitige Funkverbindung. Gagarin hat den Einflug in die Kreisbahn befriedigend überstanden und fühlt sich jetzt wohl. Die Systeme funktionieren normal ..."
Gottfried bat Egon, das Radio abzuschalten, auch wenn es durchaus eine Sensation sei, dass gerade der erste Mensch ins All flog. Doch für ihn gäbe es im Augenblick Wichtigeres als die Erdumkreisung.
Den Hausherren überraschte diese Bemerkung, doch er erfüllte den Wunsch des Gastes. Der rutschte unruhig auf der Bank hin und her, klopfte erregt mit den Fingern auf die Tischplatte, suchte nach Worten und sagte dann mit zittriger Stimme:
„Egon, wir sind am Ende. Müssen aufgeben. Die Landwirtschaft rentiert sich für uns einfach net mehr."
„Ja, für die Bauern hat a neues Zeitalter begonnen."
„Klara und ich haben hin und her gerechnet. Es reicht net. Uns bleibt ka andere Wahl. Wir müssen unsere Felder verpachten."
„Ich würde gerne euere Äcker übernehmen."
„Drum bin ich doch do", erklärte Gottfried und fuhr fort:
„Klara und ich wollen, dass du sie bekommst. Zwar hat der Meier scho deswegen bei uns vorg'sprochen, aber dem geb'n wir sie net."
„Hat euch wohl zu wenig Pachtgeld geboten, dieser Pfennigfuchser?"

„Durchaus net. Aber bei dir sind unsere Äcker in bessere Händ. Sie sind es halt von uns gewohnt, gehegt und gepflegt zu werd'n."
„Ich dank dir für das Vertrauen und du wirst a mit mei'm Angebot zufrieden sei."
„Du kennst ja die guten Böden ..."
„Sicher und wir werden uns bestimmt schnell einig."
Sie begossen das Geschäft mit einem weiteren Korn und Gottfried wirkte erleichtert.
Als er an seinem Hof ankam, war es bereits dunkel. Er schaltete das Licht in der Küche ein und fand seine Frau am Fenster sitzen. Sie schaute ihn fragend an und er nickte nur stumm, bemerkte sofort, dass sie geweint hatte. Er nahm sich vor, sie zu trösten, obwohl es ihm nicht viel besser ging.
„Du hast recht, Klara, wir schaffen des scho, weil wir a in Zukunft z'ammhalten."
Sie stand auf und richtete ihm schweigend das Essen. Er blickte zur Uhr und stellte fest, dass es schon ziemlich spät war. Sie tickte wie immer, aber jetzt ärgerte er sich nicht mehr darüber. Gehörte sie doch ebenso zu ihrem Leben wie der Hund. Und dieses Leben musste für sie auch ohne die Felder und ohne das Vieh im Stall weitergehen.

Der Don Juan aus dem Bauerndorf

Als der Zug die Mainbrücke überquerte, erhob sich Fred von seinem Platz und schaute aus dem Fenster. Unter ihm kämpfte sich ein Lastkahn flussaufwärts, der vermutlich Kohle oder Kunstdünger geladen hatte. Erkennen konnte man das von hier oben nicht, weil die Abdeckschotten geschlossen waren. Vergebens winkte er dem Kapitän im Steuerhaus zu, der mit beiden Händen das hölzerne Speichenrad umklammerte und seine Augen konzentriert geradeaus richtete.

Der junge Mann musterte den Schiffer auf dem Wasser und schmunzelte: Schirmmütze, Vollbart, Lederjacke und die Pfeife im Mund. Fast alle sahen sie in ihrer verglasten Kanzel so aus. Sicherlich redete auch der dort unten kein Wort zu viel und übergab nur dann das Steuer, wenn es sich überhaupt nicht mehr vermeiden ließ. Am Heck spielte der Wind mit der kleinen Fahne. Rot-Weiß-Blau; Fred wusste, dass es sich um die Farben der holländischen Flagge handelte. Immer dieselben sechs Transportschiffe fuhren regelmäßig von Rotterdam über den Rhein und den Main bis ins Frankenland und kehrten anschließend wieder zurück. Da sie stets mehrere Tage unterwegs waren, wohnte die Besatzung auch darauf. Ein paar Kapitäne hatten ihre Ehefrauen angeheuert, damit sie sich um den Haushalt kümmerten. Dort unten traf das auch zu. Heute war Waschtag und jetzt hingen Hosen und Hemden über dem Vorderdeck an der Leine zum Trocknen. Der Mann, der neben der Reling arbeitete, war der Sohn.

Fred kannte die meisten dieser Schiffsleute und hatte sie in sein Herz geschlossen. Im Sommer besuchte er immer wieder einige von ihnen auf ihrem Kutter, wenn sie am Abend in der Nähe seines Dorfes am Ufer anlegten. Das war nötig, weil die Ankerplätze im kleinen Stadthafen oft nicht mehr ausreichten.

Neue Freunde hatte er gewonnen, die ihn vor Wochen einluden, sie in den Sommerferien nach Holland zu begleiten. Er sagte sofort zu und freute sich darauf.
Inzwischen passierte sein Zug das neue Hochhaus am Stadtrand. Von dort dauerte es bis zum Bahnhof noch ungefähr zwei Minuten. Er wusste das genau, da er die Strecke bestens kannte, weil er sie jeden Morgen zurücklegte, um dann seine Schule aufzusuchen.
Unterricht fand heute keiner statt, denn es war Sonntag und bereits Nachmittag. Seinen Mitschüler Klaus, der in der Stadt wohnte, wollte er treffen. Sie hatten sich mit Mädchen verabredet. Vor Tagen wurde wie jedes Jahr im Stadion das Sportfest der Gymnasien durchgeführt. Dabei lernten sie Susanne und Anita kennen und man vereinbarte ein Wiedersehen. Die jungen Damen äußerten den Wunsch, am heutigen Sonntag zunächst gemeinsam ins Kino zu gehen. Die Klassenkameraden hielten das für keine besonders gute Idee, willigten aber ein.
Fred fand die Mädchen nett und hübsch. Vor allem galt das für Susanne mit ihren langen blonden Haaren. Sie schien auch Klaus sehr zu gefallen, denn er sprach seit dem Sportfest fast nur über sie.
Zwei Freunde, die sich beide für ein und dasselbe Mädchen interessierten. Konnte das gut gehen? Freundschaft hin oder her. Nur einer würde Erfolg haben ...
Minuten später holte Klaus ihn am Bahnhof mit dem Auto ab. Wie ausgemacht stiegen Susanne und Anita am Neptunbrunnen zu. Dann mussten sie geduldig anstehen, reichte doch die Warteschlange vor der Kinokasse bis hinaus auf den Gehsteig.
Den Ausgang des Films fanden alle zu kitschig, mehr gab es über ihn nicht zu sagen. Die Wochenschau hingegen berührte sie sehr, obwohl die Nachricht seit Tagen die ganze Welt erschütterte: Der amerikanische Präsident John F. Kennedy wurde in Dallas auf der Fahrt im offenen Wagen erschossen. Bestürzung und Fassungslosigkeit. Später der Trauerzug zum

Heldenfriedhof Arlington; die Witwe mit den beiden kleinen Buben vor dem Sarg, dahinter ein gesatteltes Pferd ohne Reiter.
Die vier Jugendlichen waren von den schrecklichen Bildern sehr betroffen. Auf dem Weg zur Eisdiele ging es ausschließlich um Kennedys Ermordung.
Nachdem jeder seinen Eisbecher bestellt hatte, kamen sie auf das Sportfest zu sprechen. Danach unterhielten sie sich über den aktuellen Unterrichtsstoff und die Stärken und Schwächen ihrer Lehrer. Irgendwann begann Anita ihr Privatleben offenzulegen. Dabei war manches durchaus interessant. Doch wer sich ständig in den Mittelpunkt zu rücken versucht und das Gespräch fortwährend an sich zieht, macht sich bei seinen Zuhörern nicht sonderlich beliebt. Es beeindruckte hier am Tisch keinen, dass sie auf Reitturnieren schon einige Pokale gewonnen hatte, super Tango tanzte und mit dem Gedanken spielte, eine Schauspielschule zu besuchen. Dann begann sie mit Klaus zu flirten, der aber mochte ihr geziertes Gehabe nicht. Und das ließ er sie spüren. Nach einiger Zeit verabschiedete sich Anita unter einem fadenscheinigen Vorwand. Klaus war deswegen nicht enttäuscht. Endlich konnte er sich voll auf Susanne konzentrieren und das tat er sehr engagiert. Das Mädchen unterhielt sich freundlich mit ihm. Aber ihr Blick wanderte immer wieder zu Fred; bemüht, auch ihn ins Gespräch miteinzubeziehen.
Er spürte ihre Zuneigung und freute sich darüber. In ihren Augen entdeckte er zwei kleine Sonnen mit gelbgrünen Strahlen, die Fröhlichkeit und Wärme verströmten.
„Susanne, gibst du mir deine Telefonnummer?“, fragte Klaus unvermittelt.
„Tut mir leid, wir haben kein Telefon.“
Enttäuscht ging er zur Toilette. Als er zurückkehrte, redete er nur noch wenig. Rauchte eine Zigarette, zündete kurze Zeit später eine neue an. Plötzlich stand er auf und teilte mit, dass er gehen möchte. Fragte seinen Begleiter, ob er mit ihm fahre. Fred wäre gerne noch geblieben. Aber der Bahnhof lag weit entfernt und ein Taxi konnte er sich nicht leisten. Somit war er auf das

Auto seines Freundes angewiesen, um den Nachtzug zu erreichen. Daher musste er sich jetzt schweren Herzens von Susanne verabschieden.
Klaus war deutlich anzumerken, dass das Treffen mit den Mädchen für ihn ein Reinfall war und das teilte er dem Freund auch mit. Ließ ordentlich Dampf ab und fasste sein Gesamturteil mit der Bemerkung zusammen, dass Anita eine dümmliche Egoistin, Susanne hingegen eingebildet und abweisend sei. Ihr Telefon-Spielchen hätte sie sich sparen können.
Fred überraschte Klaus' Reaktion und ein wenig ärgerte sie ihn auch. Sagte dann zu ihm:
„Vielleicht mögen manche Frauen nicht, wenn man sie so massiv anbaggert. Zu viel Balz kann zum Bumerang werden."
„Ach sieh mal an, der Don Juan aus dem Bauerndorf will mir Flirttipps geben."
Fred zögerte einen Moment, denn er hatte ursprünglich beabsichtigt, dem Freund die Sache möglichst schonend beizubringen. Doch als dieser erneut über Susanne schimpfte, stand für ihn die Entscheidung fest. Er griff in seine Jackentasche, hielt einen Zettel hoch und meinte nur:
„Da schau her, dem Bauern-Juan hat sie ihre Telefonnummer gegeben."
Klaus antwortete nicht, trat jäh auf die Bremse, fuhr an den Straßenrand und forderte ihn auf:
„Los, raus mit dir! Dann kannst du in Ruhe von deiner Susanne träumen. Zeit dafür bleibt dir jetzt genug."
Fred schüttelte lächelnd den Kopf und stieg aus. Zum Bahnhof schaffte er es nun nicht mehr und der nächste Zug Richtung Heimat fuhr erst morgen früh. Deshalb blieben ihm nur noch seine Füße. Er beschloss, am Flussufer entlang in sein Dorf zu marschieren. Stunden war er nun unterwegs. Das ermöglichte ihm, lange von Susanne zu träumen. Klaus hatte durchaus recht.
Als er im Hafen die Schiffe liegen sah, wurde ihm bewusst, dass er die Hollandreise, die in vierzehn Tagen begann, verschieben musste. Seine Freunde auf ihrem Lastkahn mochte er zwar sehr

gern. Aber die Gefühle, die er gegenwärtig empfand, waren für ihn neu. Lagen auf einer anderen Ebene und faszinierten ihn. Rotterdam musste warten.

Todo por la patria

Sein Zug hatte wieder einmal Verspätung. Darüber zerbrach er sich normalerweise nicht den Kopf. Dann kam er eben auch zu spät in die Schule. In dieser Woche musste er jedoch pünktlich erscheinen. Schließlich befand er sich mitten im Abitur. Durch die halbe Stadt war er gerannt und hatte gerade noch rechtzeitig sein Ziel erreicht. Heute ging es um das Fach Deutsch. Dabei galt es, mit einem klugen Aufsatz seine geistige Reife zu beweisen. Drei Themen standen zur Auswahl.

Mit Lessings Emilia Galotti wollte er sich auf keinen Fall befassen. Dass die Jungfräulichkeit dieses Mädchens in einer verdorbenen höfischen Welt in Gefahr war, interessierte ihn wahrlich nicht.

Dann folgte ein Gedicht von Rainer Maria Rilke:

„Herbsttag
Herr: es ist Zeit. Der Sommer war sehr groß.
Leg deinen Schatten auf die Sonnenuhren,
und auf den Fluren lass die Winde los ... “

Er mochte Rilke. Und auch das Gedicht, das jetzt vor ihm lag, berührte ihn, weil wenige Worte eine erhabene, geheimnisvolle Stimmung aufbauten. Sich in den nächsten Stunden schriftlich darauf einzulassen, reizte durchaus. Allerdings musste man als Interpret derart sensibler Strophen bereit sein, sich emotional zu öffnen. Einmal hatte er bei einem Rilke-Gedicht seine persönlichen Gefühle zum Ausdruck gebracht und Oberstudienrat Fieder, der die Arbeit korrigierte, reagierte darauf mit zynischen Bemerkungen vor der Klasse. Das tat weh. Nein, dieser eiskalte Typ durfte nicht schon wieder in sein Herz schauen. Auf keinen Fall. Deshalb wandte er sich dem dritten Thema zu.

Im Rahmen einer Erörterung sollte man sich mit folgender These auseinandersetzen:

„Todo por la patria - Alles für das Vaterland. Nehmen Sie zu diesem Ausspruch Stellung, der über den Eingangstoren aller spanischen Kasernen steht!“
Rafael überlegte hin und her, wog ab. Stellung sollte man also beziehen. Das hieß doch wohl nichts anderes als darzulegen, ob man diese Forderung „Alles für das Vaterland“ bejahte oder ablehnte. Wenn man also auf der Grundlage einer stichhaltigen Argumentationskette die richtige Entscheidung traf, hatte man seine Reifeprüfung im Fach Deutsch bestanden.
Mehrmals las er die Sätze durch und er blieb dabei: Hier handelte es sich um eine Provokation und er beschloss, sich darauf einzulassen.
Die Losung „Für Kaiser, Gott und Vaterland“ ging ihm durch den Kopf. Er schrieb sie auf sein Konzeptpapier, unterstrich das Wort Vaterland. Dieser Begriff gefiel ihm in seinem Kontext nicht; war ihm äußerst suspekt, weil er einen tradierten Zeitgeist widerspiegelte. Er erinnerte sich an den Geschichtsunterricht: Wilhelm II. war besessen von der Idee, das deutsche Reich in den Kreis der Großmächte zu führen. Er nannte das großmundig „einen Platz an der Sonne“, der jedoch nur durch Krieg zu erlangen war. Freudig erregt marschierten denn auch viele deutsche Soldaten mit patriotischen Liedern auf den Lippen an die Front, weil „am deutschen Wesen die Welt genesen“ sollte. Spätestens 1918, am Ende des Ersten Weltkrieges, hatten manche mit Entsetzen den Größenwahn des Kaisers durchschaut.
Seine Großmutter kam ihm in den Sinn, deren Mann damals bei Verdun gefallen war. Über der Kommode im Wohnzimmer hing sein Bild und immer, wenn die alte Frau es betrachtete, standen Tränen in ihren Augen. Er machte sich bewusst, dass es viele Menschen in Europa gab, die mit dem Wort ‚Vaterland’ Schmerz, Leid und Tod verbanden.
Und doch wollte er nicht vorschnell diesen zentralen Begriff negativ besetzen. Zunächst galt es, nüchtern nachzudenken.

Von Schiller stammte doch der Satz: „Ans Vaterland ans teure schließ dich an ....!“ Das klang zwar etwas pathetisch, aber wenn man sich mit Wilhelm Tell beschäftigte, konnte man ihn durchaus nachvollziehen. Und war bei John Locke, einem der geistigen Väter der modernen Demokratie, nicht ein Leitfaden in diese Richtung zu finden?
Der Text der Nationalhymne gefiel ihm durchaus: „Einigkeit und Recht und Freiheit für das deutsche Vaterland ...“. Diese Zeilen brachten fürwahr ein aktuelles Anliegen der Deutschen seit der Teilung des Landes zum Ausdruck. Schwarz-Rot-Gold in Verbindung mit den demokratischen Leitgedanken der Frankfurter Paulskirche wäre durchaus ein positiver Ansatz für die Auseinandersetzung mit dem Schlüsselbegriff ‚Vaterland’ in seinem Aufsatz.
Nun konzentrierte sich Rafael auf die Gesamtaussage des Themas. Längst hatte er gemerkt, dass das Wörtchen „alles“ eine zentrale Bedeutung inne hatte. Er durfte das auf keinen Fall aus den Augen verlieren und setzte deshalb einen Strich darunter. Was aber beinhaltete nun dieses Wörtchen „alles“? Doch nichts anderes als ausnahmslos; ohne Wenn und Aber. Dieses Wort im vorliegenden Zusammenhang gewann für ihn mehr und mehr einen diabolischen Charakter, denn es schloss jede Einschränkung und Alternative kategorisch aus. Verbot Denken und Handeln aus eigener Verantwortung. Forderte absoluten Gehorsam gegenüber Befehlen von oben. Nicht umsonst stand dieser Spruch über Spaniens Kasernentoren. Und er hieß doch auch, das Leben für das Vaterland zu opfern, ohne kritisch nachfragen zu dürfen: Warum und wofür? Das rigorose „todo“ drückte wörtlich aus, was einen totalitären Staat ausmachte. In Spanien verkörperte ihn Franco, im Deutschen Reich Hitler.
Wer „die russische Scholle“ für die „Herrenrasse“ erobern wollte, musste jedem Deutschen alles für das Vaterland abverlangen und weil man den „Endsieg“ nur über Millionen toter Soldaten erreichen konnte, war es zwar zynisch, aber

durchaus logisch, den einzelnen Menschen zum „Du bist nichts ...“ zu erklären.
Wohin der braune Wahnsinn führte, stand inzwischen in den Geschichtsbüchern.
Man hatte aus dieser Katastrophe 1945 die Lehren gezogen und in Westdeutschland einen demokratischen Staat gegründet.
Darum also ging es im Aufsatz: Er sollte die totalitären Ideologien ablehnen und die Werte des Grundgesetzes argumentativ bejahen. Das war verlangt, wenn man in einem demokratischen Staat seine Universitäts-Reife bestätigt haben wollte.
Dagegen gab es an sich nichts einzuwenden. Es galt daher in der Erörterung die Grundrechte und zentralen demokratischen Prinzipien der Verfassung zu berücksichtigen. Damit ließ sich durchaus eine solide Abhandlung schreiben. Aber er wollte unbedingt darauf hinweisen, dass so manches in diesem Land schief lief, folgte doch zur Zeit in Bonn eine politische Affäre auf die andere.
Rafael sammelte Stichpunkte; begann mit der Gliederung; notierte neue Gedanken. Überlegte hin und her; strich Wörter durch. Legte den Füller auf den Tisch und lehnte sich im Stuhl zurück; konzentrierte sich auf andere Ideen und ordnete sie, verwarf diese Denkrichtung und fluchte leise vor sich hin.
Inzwischen war ein beträchtlicher Teil der Arbeitszeit verflossen und er hatte immer noch nichts Rechtes zu Papier gebracht. Vielleicht hätte er sich doch mit ‚Emilia Galotti‘ beschäftigen sollen, denn dieses erste Thema war am unverfänglichsten. Man müsste ja nur am Ende seiner Ausführungen darauf hinweisen, dass Lessings sexuelle Moralvorstellungen nicht mehr recht in die heutige Zeit passten.
Doch dazu war es zu spät. Der Abiturient sah die Nachbarn ganze Bögen voll schreiben, ihm jedoch bereitete sein Thema große Schwierigkeiten. Es lag keineswegs daran, dass er nichts wusste. Vielmehr wusste er zu viel. Und das hatte mit seinem Deutsch-Lehrer zu tun.

Dieser Mann, der jeden Sonntag zur Kommunion ging, war noch vor Jahren eine angesehene Nazi-Größe, zu der jeder in der Stadt ehrfürchtig und zugleich furchtsam aufgeblickt hatte. Bei der Entnazifizierung unmittelbar nach dem Krieg gab es für ihn jedoch keine Probleme, da sich sein Schwager vehement bei den Amerikanern für ihn eingesetzt hatte. Der trug schließlich inzwischen in Bonn politische Verantwortung für das demokratische Vaterland. Oberstudienrat Fieder wurde sofort in den Staatsdienst übernommen und verbeamtet; war ein ehrenwerter Mann.

Und so ein Mann sollte nun seinen Aufsatz mit diesem brisanten Thema korrigieren. Das konnte doch nicht erlaubt sein.

Der Prüfling stellte sich Fieder zu Hause bei der Korrektur vor. Sicherlich würde er an mancher Stelle mit roter Tinte ‚gut' oder ‚sehr richtig' an den Rand seines Blattes schreiben, obwohl er innerlich das Gegenteil dachte. Wer für die Erziehung der Hitler-Jugend verantwortlich war, konnte gar nicht anders denken. Davon war er fest überzeugt. An seinem Gymnasium vertraten viele diese Meinung; nicht nur Schüler, auch Lehrer. Sie hatten längst resigniert, ihre öffentliche Kritik blieb ohne Wirkung. Der Bonner Pseudo-Schutzengel war viel zu mächtig.

Rafael hielt diese Einstellung und Haltung für zu angepasst, zu feige. Er war nicht bereit, sich an so einem Spiel zu beteiligen. Hier und jetzt im Deutsch-Abitur sollte man Farbe bekennen. Doch er wusste einfach nicht, wie das bei seinem Vaterland-Thema umzusetzen war. Wenn er seine gegenwärtigen Überlegungen aufschrieb und zur Beurteilung freigab, konnte er seine Hochschulreife vergessen. Aber er wollte sich nicht für die aalglatte Alternative entscheiden.

Da trat Fieder an seinen Tisch, baute sich vor ihm auf, ergriff sein Konzeptblatt, grinste und bemerkte zynisch:

„Na, Sie scheinen große Schwierigkeiten zu haben. Ihr kritischer Geist verträgt so ein Thema auch nicht."

Kopfschüttelnd wandte er sich ab, blieb abrupt stehen und kehrte zurück.

„Warum nicht das Rilke-Gedicht? Da sind Sie doch unschlagbar."
Darauf verschwand er achselzuckend und lief den Gang nach hinten. Rafael stellte sich vor, wie dieser vor Jahren strammstehend mit ausgestrecktem rechten Arm stolz sein „Heil Hitler" hinausgeschrien hatte und sechzehnjährige Jugendliche in den Krieg trieb. So ein Typ benotete heute Demokratie-Aufsätze ...
Dieser Wendehals widerte ihn an. Er überlegte, was im Kopf eines derart scheinheiligen Menschen jetzt wohl vorging. Ihm selbst war inzwischen endgültig bewusst geworden: Eine gute Note von so einem Lehrer bei diesem Thema konnte nicht viel wert sein. Am besten verzichtete er auf seine Bewertung, das war er sich doch eigentlich schuldig. Von jemandem, der heimlich im Herzen nach wie vor ‚braun' fühlte, sollte man sich wahrlich nicht die demokratische Reife bestätigen lassen. Deshalb erwog er, aufzustehen und ein leeres Blatt abzugeben mit der Bemerkung: „Heuchler, ich erspar dir das!"
Doch er kam schnell zu dem Schluss, dass eine solche Reaktion unklug sei, weil er sich damit doch nur selbst schadete. Also machte er sich daran, eine Gliederung anzufertigen und den Aufsatz niederzuschreiben. In seinen Ausführungen legte er dar, dass die These des Themas auf der Grundlage einer totalitären Ideologie abzulehnen sei. Selbst in einem demokratischen System müsse man sie relativieren, da jeder Mensch als Person zuallererst seinem Gewissen zu folgen habe. Hierbei befand er sich völlig im Einklang mit dem Grundgesetz, dessen entsprechende Artikel er als Belege für seine Argumentation heranzog. Im Schlussgedanken wies er kritisch darauf hin, dass die politische Wirklichkeit in der Bundesrepublik dem verfassungsmäßigen Anspruch keineswegs immer entsprach.
Bevor er die Arbeit abgab, schrieb er noch einen Hinweis auf sein Entwurfsblatt:
„Ich hoffe, dass wenigstens der Zweit-Korrektor meines Aufsatzes ein überzeugter Demokrat ist!"

Damit dieser Satz nicht übersehen werden konnte, rahmte er ihn rot ein.
Später auf dem Pausenhof dachte er nochmals über seine provokative Bemerkung auf dem Notizbogen nach. Ahnte, dass ein heikles Nachspiel folgen würde. Und dennoch: Er konnte nicht anders, musste sich selbst treu bleiben.
In wenigen Monaten begann er Politikwissenschaft zu studieren. Und er ging davon aus, später vor jungen Menschen glaubwürdiger aufzutreten als dieser Pseudo-Demokrat.

Die Fahndung

Er konnte mit sich zufrieden sein. Im Laufe des Vormittags hatte er alle vom Förster gekennzeichneten Bäume gefällt, ausgeästet und schließlich geschält. Nun legte Bernhard Beil und Motorsäge über die Schulter, verließ den Wald und machte sich in Richtung Dorf auf. Sein Weg führte zunächst an den Obstplantagen vorbei, dann passierte er den Hohlweg. Den nannten die Leute noch immer Kellerweg, obwohl die Mostkeller der Bauern, die einst seitlich in das Sandgestein getrieben worden waren, längst nicht mehr benutzt wurden. Über diesen verwaisten Kellern wucherte Gestrüpp und irgendwo in dieser Wildnis lag die Höhle. Sie jetzt aufzusuchen machte an sich keinen Sinn und bedeutete überdies einen Umweg. Aber sie zog Bernhard magisch an. Den Eingang konnte man noch schwerer erkennen als vor Jahren, weil die Sträucher dicht verwachsen waren. Er nahm auf einem Steinblock Platz, zündete sich eine Zigarette an und blickte hinüber zur Birke. Unmittelbar neben ihr stieg man ein. Schlagartig fühlte sich der Waldarbeiter in seine Kindheit zurückversetzt. Die Höhle war damals ihr Lieblingsort, an den sie sich zurückzogen, wenn sie unter sich sein wollten. Ganz hinten war es stockdunkel. Brannten aber Kerzen oder die Petroleumlampe, sah man, dass die Oberfläche des Gesteins aus Farbbändern bestand, abgestuft von gelb bis hin zu dunkelrot. Sie fühlte sich glatt an, wenn die Hand darüber strich. Richtete man den Lichtkegel der Lampe in die Höhe, wurde ein ebenmäßiges Gewölbe sichtbar, das wie die Seitenwände von einem Naturgemälde überzogen schien. Sonnenlicht fiel nur im vorderen Bereich der Grotte auf den Boden. Dennoch blieb es dort recht schummrig, weil nur eine enge Öffnung nach außen führte und die Felswände erst von der Mitte des Raumes ab nach hinten konisch auseinander liefen.

Als Kinder hatten sie die Höhle zufällig beim Spielen entdeckt, schnell ihre Bedeutung erkannt und sie wohnlich eingerichtet. Der Boden im hinteren Teil ihres Lagers wurde mit alten Matratzen ausgelegt. In einem Regal bewahrten sie ihre Habseligkeiten auf; auch die, von denen die Erwachsenen nichts wissen durften; zum Beispiel Zigaretten, Leuchtpatronen und Zeitschriften mit Fotos von nackten Frauen.
Bernhard erinnerte sich, dass sie damals dieses Erdloch als ihr großes Geheimnis betrachteten, von dem niemand im Dorf etwas ahnte. Aber sie waren keineswegs die Erstentdecker. Der unterirdische Raum diente nämlich den Dorfbewohnern seit jeher als Zufluchtsort, wenn ihnen Gefahr drohte. Das letzte Mal wurde er im Frühsommer 1945 von ein paar einheimischen Nazis aufgesucht, um sich so der Gefangennahme durch die amerikanischen Soldaten zu entziehen.
Der junge Mann vor dem Eingang wusste inzwischen über die Geschichte der Höhle recht gut Bescheid. Es handelte sich keineswegs um ein natürliches Gebilde, sondern sie entstand zum größten Teil durch Menschenhand. In der Steinzeit schabte man dort sorgfältig die einzelnen Bänder des Gesteins ab, um aus dem Staub Farben zur Dekorierung von Haushaltsgeräten und Schmuck herzustellen.
Bernhard hatte ihr damaliges Versteck schon seit langem nicht mehr betreten und er fragte sich, ob es noch Teile des Inventars aus seiner Zeit enthielt. Beim Alten Wirt erzählte man, dass gegenwärtig dort ein paar Jugendliche ihre Haschorgien zelebrierten. Ihn interessierte, wie die wohl hausten und deshalb ging er hinein.
Er merkte sofort, dass etwas nicht stimmte, denn ein unangenehmer Geruch drang aus dem Innern. Langsam bewegte er sich vorwärts. Plötzlich erschreckte ihn ein Geräusch. Jemand schnarchte, aber man sah die Person nicht, weil es zu dunkel war. Vielleicht hatte ein Jugendlicher zu viel gekifft. Wer schlief denn sonst in so einer dunklen Grube? Da kamen ihm blitzartig die Ereignisse von gestern in den Sinn. Er spürte ein

mulmiges Gefühl im Magen und verzichtete darauf, den Unsichtbaren anzusprechen. Möglichst leise kehrte er zum Ausgang zurück.

***

Die Gablerin hatte ihn am Vortag in der Scheune entdeckt, als sie Heu für das Vieh holen wollte. Ein fremder Mann mit Vollbart und in dunkler Kleidung lag vor ihr im Futter. Der Bäuerin stockte der Atem, sie stieß einen Schrei aus und verließ fluchtartig den Raum. Normalerweise konnte niemand die resolute Frau so schnell vertreiben und wäre sie nicht so erschrocken, hätte sie sich bestimmt eine Mistgabel gesucht und den Fremden gestellt. Ihre panikartige Reaktion wurde durch einen Zeitungsbericht verursacht, den sie kurz vorher beim Frühstück gelesen hatte. Sie rannte in den Stall und rief:
„Aner von dene liegt in unserer Scheuern."
Als ihr Mann sie erstaunt anstarrte, packte sie ihn unwillig am Ärmel, zog ihn in die Küche und deutete schweigend auf das Tagblatt. Doch der Bauer verstand immer noch nicht. Deshalb ergriff sie die Zeitung, hielt sie ihm dicht vor das Gesicht und sagte mit blecherner Stimme:
„Die maan ich, diese Terroristen!"
Der Bauer las laut:
„Baader, Ensslin und andere Mittäter legen Brandsätze in zwei Frankfurter Kaufhäusern."
Dann informierte er sich über die Einzelheiten des gestrigen Vorfalls und begleitete sie mit unflätigen Beschimpfungen. Auf der Titelseite hieß es weiter:
„Die Terroristen wurden offensichtlich von einem Flugblatt der Kommunarden Rainer Langhans und Fritz Teufel inspiriert, die nach einem Brüsseler Kaufhausbrand mit dreihundert Toten durch die Frage provoziert hatten: ‚Wann brennen die Berliner Kaufhäuser?'"

Er legte die Zeitung auf den Tisch zurück, lief aufgeregt hin und her und fragte dann seine Frau:
„Woher willst du wissen, dass der in der Scheuern aner von dene is?“
„Mann, schaust du dir niemals den Steckbrief an, auf dem diese Verbrecher abgebildet sind? Im Schaukasten am Feuerwehrhaus hängt aner und noch aner neben der Kasse im Edeka-Laden. Ich seh’ mir diese Typen jedesmal ganz genau an, wenn ich eikaaf.“
Der Bauer konnte das nur schwer glauben. Ausgerechnet in seiner Scheune! Außerdem handelte es sich bei diesen Terroristen um Großstadtmenschen. Eben dieser Gedanke ließ dann Zweifel in ihm aufkommen. Vielleicht wählten sie gerade deshalb ein Dorf als Schlupfwinkel, weil keiner damit rechnete. Dass diese Baader-Meinhof-Bande mit allen Wassern gewaschen war, bewies sie der deutschen Öffentlichkeit fast jede Woche. Zudem lag ihr Dorf nur etwa zwei Autostunden von Frankfurt entfernt.
Das Ehepaar beschloss, auf keinen Fall die Scheune aufzusuchen und sofort die Polizei zu verständigen.
Eine Stunde später rückte eine Hundertschaft aus der Stadt an und versetzte das Dorf in helle Aufregung. Jeder, der laufen konnte, verließ sein Haus, um ja nichts zu verpassen. Gablers Scheune wurde großräumig abgesperrt und schwerbewaffnete Männer in kugelsicheren Westen besetzten die beiden Eingänge. Auf der Straße wartete ungeduldig die gaffende Menge. Doch es geschah nichts. Weder Schreie noch Schüsse drangen aus dem Versteck. Nach etwa einer Viertelstunde erschienen die Polizisten ohne den Terroristen und aus den meisten Gesichtern der Zuschauer sprach große Enttäuschung. Danach ging der leitende Beamte mit der Gablerin zum Polizeiwagen, wollte von ihr wissen, wie der Mann im Heu ausgesehen habe. Die Bäuerin war sich zwar sicher, doch die Verantwortung, die der Polizeichef ihr übertrug, erforderte jetzt volle Konzentration. Mit ernstem Gesicht blickte sie auf den Steckbrief und studierte der Reihe nach die Fotos, unter denen die Namen der RAF-

Terroristen standen: Andreas Baader - Holger Meins – Jan-Carl Raspe – Gudrun Ensslin – Ulrike Meinhof.
„Der is es, genau der, wie ich es scho am Telefon g'sagt hab", sprach die Bäuerin erregt und der Beamte stellte mit ruhiger Stimme fest:
„Dann versteckt sich also der Chef persönlich in eurem Dorf. Ich kann mir das nicht recht vorstellen."
Nach kurzer Beratung holte man dennoch die Hunde aus den Wagen und kämmte den Ort systematisch durch: Haus für Haus, Scheune für Scheune, Stall für Stall. Kein Winkel wurde ausgelassen, der als Versteck in Frage kam. Die Fahndung erstreckte sich über Stunden, doch Baader wurde nicht gefasst. Die Männer in Uniform zogen unverrichteter Dinge ab und die Gablerin sah sich um die Belohnung gebracht, die der Staat für Hinweise aus der Bevölkerung zur Ergreifung der Baader-Meinhof-Bande ausgesetzt hatte.

***

Bernhard dachte an die Polizeiaktion von gestern. Und jetzt dieses merkwürdige Erlebnis in der Höhle. Möglicherweise ... Nein, ausschließen durfte man das nicht! Deshalb war Eile geboten. Er legte Säge und Beil beiseite, rannte ins Dorf, suchte sofort seinen Freund Günther auf, um ihn über diesen aktuellen Vorfall zu informieren. Der hielt das Schnarchen und den Gestank, den Bernhard erwähnte, auch für merkwürdig. Wandte ein, dass es sich um ein wildes Tier handeln könnte, zum Beispiel um einen Fuchs. Sie wussten von den Hunden, dass auch Tiere laut schnarchten. Bernhard hingegen zog das nicht in Erwägung. Er war sich ziemlich sicher, dass es sich um einen Menschen handelte. Die gestrige Fahndung brachte das Gespräch schnell auf den Terroristen. Die Stadt-Guerilla und eine Höhle in der Provinz – Das passte eigentlich nicht recht zusammen. Aber bei diesen unberechenbaren Typen war nichts

auszuschließen Der enorme Polizeiaufwand im Dorf untermauerte diese These.
Die beiden Männer beschlossen, die Polizei nicht einzuschalten und nur noch Max hinzuzuziehen, bevor sie ihre Fahndung starteten, weil er als Jäger über mehrere Waffen verfügte und damit umzugehen wusste.
Sie zögerten einen Moment, als sie vor dem Eingang standen, immerhin gingen sie ein hohes Risiko ein. Vorsichtig schoben sich die drei hintereinander in Richtung Lager. Sofort stieg ihnen ein penetranter Geruch in die Nase. Der Terrorist war wohl noch anwesend. Als sie an der Mauerkrümmung ankamen, konnten sie die Situation überblicken: Vor einer brennenden Kerze saß eine Gestalt und trank aus einer Flasche. Max zog seine Waffe und befahl:
„Hände hoch!“
Der Mann mit dem Vollbart erschrak und sprang auf. Zitternd drückte er sich an die Wand, musterte die drei Eindringlinge und fragte verängstigt:
„Ohne Uniform? Ist also schon die Kriminalpolizei hinter mir her.“
Die Sprache verriet, dass er nicht aus der Gegend stammte.
„Wir sind nicht von der Polizei“, antwortete Max. Er betrachtete den Fremden genau: Die Augen waren gerötet und das Gesicht angeschwollen. Der verschlissene Mantel passte ihm nicht und die Stiefel wiesen Löcher auf. Ziemlich heruntergekommen sah diese Person aus und wenig vertrauenserweckend.
„Warst du es, der vorgestern Nacht im Dorf in einer Scheune campiert hat?“
„Ja, doch die Bäuerin hat mich in der Früh entdeckt und dann bin ich abgehauen.“
„Du hast zwar einen Vollbart. Aber der Baader bist du sicher nicht“, stellte Max fest.
„Nein, wirklich nicht! Der ist etwas schlanker“, ergänzte Günther.
Die beiden Freunde lachten und der fremde Man meinte empört:

„Natürlich nicht!"
„Und warum versteckst du dich dann hier?"
„Verstecken passt gut, doch ich muss mich auch mal ausruhen. Als Terrorist wirst du nur von der Polizei verfolgt. Als Landstreicher, wie man uns nennt, ist die gesamte Bevölkerung hinter dir her."
Dann erzählt er, was ihm vor ein paar Tagen in einem der Nachbardörfer passierte: An mehrere Türen habe er geklopft und um Essen gebettelt. Aber er wurde überall vom Hof gejagt und einmal hetzten sie sogar den Hund auf ihn, weil sie meinten, er wolle ihren Stall anzünden. Und weil das noch nicht genug war, überfielen ihn später auch noch Jugendliche, die auf ihn einprügelten. Doch ihm gelang die Flucht. Er fand Unterschlupf in der Scheune, bis ihn die Bäuerin wieder vertrieb. Ein Bub aus dem Dorf wurde auf ihn aufmerksam und zeigte ihm diese Höhle. Ständig hörte er dann die Sirenen der Polizei.
„Die sind hinter mir her und bringen mich ins Gefängnis, hab ich gedacht."
„Du hast doch wohl nichts Schlimmes angestellt?"
„Natürlich nicht! Aber wer glaubt denn schon einem wie mir."
„Rasier dich, dann hast du deine Ruh' und die alten Weiber verwechseln dich auch nicht mehr mit dem Andreas. Außerdem fällst du weniger auf, wenn du dich wieder mal wäschst", sagte Bernhard.
„Ohne Bart erkenn' ich mich aber selbst nicht mehr. Waschen soll ich mich, sagst du. Ja, hast recht. Komm ja auch ab und zu an einem Bach vorbei."
Die drei aus dem Dorf lachten; vor allem wollten sie auf diese Weise ihr Mitleid überspielen. Rieten dem Obdachlosen, lieber eine Zeit lang in der Höhle zu bleiben, bis Gras über die Baader-Fahndung gewachsen sei und versprachen, ihm Nahrung und Kleidung zu bringen. Er lächelte dankbar und fühlte sich erleichtert.
Mehrere Tage versorgten sie ihn, dann verschwand er von heute auf morgen, ohne sich zu verabschieden. Auf dem Tisch in der

Höhle aber stand eine Tabakdose, bis zum Rand mit Barthaaren gefüllt. Und auf einen Bierdeckel hatte er gekritzelt:
„Danke für den Tipp!“
„Ist doch eigentlich schade, dass wir diesen Rat nicht auch dem Andreas geben können“, sagte Bernhard.
„Das ist keine gute Idee. Wie soll denn die Gablerin dann zu ihrer Belohnung kommen?“

Der Eiserne Vorhang

Endlich Semesterferien, Zeit zum Ausspannen. Rafael machte sich auf ins Frankenland zu seinen Eltern. Sie verbrachten viele schöne Stunden miteinander, freuten sich, wieder einmal beisammen zu sein. Irgendwann trug ihm der Vater sein berufliches Anliegen vor:
„Ich mache in zwei Wochen einen Schulausflug an die Zonengrenze. Darauf müssen meine Schüler gut vorbereitet werden. Keiner kann das besser als du. Hilfst du mir dabei?"
Der Sohn studierte seit ein paar Jahren Politikwissenschaft an der Freien Universität in West-Berlin. Doch er verfügte nicht nur über fachspezifische theoretische Kenntnisse, sondern wusste aus persönlicher Erfahrung, was sich seit dem Mauerbau in dieser Stadt abspielte. Da er auch öfters Freunde in der DDR aufsuchte, konnte er recht gut kommunistische Propaganda von politischer Realität unterscheiden. Erbärmlich und menschenverachtend erschien ihm häufig das Machtgehabe des SED-Regimes.
Für Rafael war es selbstverständlich, dem Vater zu helfen. Deshalb vermittelte er in den folgenden Tagen Schülern und Eltern das notwendige Wissen und versprach, die Reisegruppe zu begleiten.
Endlich war es soweit. Früh am Morgen zogen sie los und der Fahrer lenkte seinen Bus nach Norden in Richtung Zonengrenze. Keine hundert Kilometer musste man zurücklegen, wenn man ans Ende der Welt wollte.
Als sie das Heimatdorf hinter sich gelassen hatten und die vertrauten Fluren auf beiden Seiten der Fensterreihen verschwunden waren, überfiel die meisten Kinder ein prickelndes Gefühl, heute etwas Aufregendes zu erleben. Neugierde war es vor allem, ebenso Unsicherheit; bei manchem sogar ein bisschen Angst. Aber das ging niemanden etwas an. Dann packte einer nach dem anderen seinen Reiseproviant aus,

schließlich gehörte das zu so einem Tag. Rafael, neben dem Vater auf dem Beifahrersitz ging ab und zu nach hinten, um mit den Buben und Mädchen zu sprechen. Er wusste genau, was ihre Gemüter jetzt bewegte und fühlte sich in seine Kindheit zurückversetzt. Klassenfahrten mit dem Vater gehörten zu den Höhepunkten des Schuljahres und ihm fiel ein, dass er schon als Knirps daran teilnehmen durfte, obwohl er noch nicht eingeschult war. Damals suchte er auch manchmal aus Neugier den Papa an seinem Arbeitsplatz auf, wo der Herr Lehrer über Dinge redete, die er nicht verstand.

Zweimal hielt der Bus an, damit man sich die Füße vertreten und die Toilette benutzen konnte. Als sich das Ziel der Reise näherte, wurde das Fahrzeug für kurze Zeit zum Klassenzimmer. Rafael fasste nochmals die Thematik seines Fachunterrichts in der Schule zusammen und wünschte den Fahrgästen interessante Stunden.

Plötzlich gab es keine Straße mehr und die Schüler stellten ihr Lachen und Balgen ein, als sie draußen den Schlagbaum entdeckten. Schon beim Aussteigen konnte man die Anspannung in ihren Gesichtern lesen. Sie wurden von einem Offizier des Bundesgrenzschutzes begrüßt, der ihnen einen kurzen Vortrag über die Grenzanlagen hielt, wie er es regelmäßig bei einem Besuch von Schulklassen tat. Dann machte sich die Gruppe mit dem Offizier zu einer Aussichtsplattform auf.

Von der Anhöhe aus bot sich ihnen ein seltsamer Anblick: Kilometerweit fraß sich eine breite, gleichförmige Schneise durch den Nadelwald, fiel hinab ins Tal und zog auf der anderen Seite des Baches wieder hinauf, um sich irgendwo in der Ferne mit dem Firmament zu vereinen. Diese Rodung, die wie eine gelbbraune, garstige Narbe auf einem grünen Körper aussah, teilte sich in mehrere Längsstreifen auf. Vier hohe Zäune, im oberen Teil mit Stacheldraht und gefährlichen Eisenbarrikaden bestückt, liefen Hunderte von Metern parallel nebeneinander her, wurden von riesigen Betonblöcken unterbrochen und führten anschließend weiter zu den nächsten Hindernissen aus Stein, die in mittlerer Höhe Schießscharten wie bei mittelalterlichen Burgmauern aufwiesen. Unmittelbar unter ihrem Standort riegelten Eisengitter eine natürliche Furt ab. Verständlich, dass diese schreckliche Grenze ‚Eiserner Vorhang' genannt wurde. Der Streifen zwischen den zwei Innenzäunen wirkte merkwürdig gepflegt. Nirgendwo wucherte in diesem Bereich wildes Gestrüpp. Unterholz, Gräser und andere Pflanzen hatte man abgesägt beziehungsweise möglichst tief mit Mähmaschinen abgeschnitten. Weit und breit rührte sich nichts.

Der Offizier erklärte, dass dieses Areal zweimal wöchentlich frisch gepflügt würde und die DDR-Soldaten ihn jede Stunde im Schritttempo mit dem Jeep abfuhren, um ihn auf Abdrücke von Schuhsohlen zu untersuchen. Selten riskierte in ihrem Wachabschnitt ein ostdeutscher Bürger die Flucht, allerdings seien vor einem Jahr zwei junge Männer erschossen worden. Nicht umsonst hieß diese Fläche zwischen den Zäunen Todesstreifen. Dann holte der Mann in Uniform ein paar Ferngläser aus seiner Tasche hervor.

„Ihr seht dort drüben in regelmäßigen Abständen Wachtürme. Wenn ihr wollt, könnt ihr euch vergewissern, dass wir von den Soldaten misstrauisch beobachtet werden."

Der Reihe nach schauten die Kinder und Eltern neugierig durch die Feldstecher und fanden die Aussage bestätigt. Auf den Holztürmen standen zwei Vopos. So lautete die gängige Abkürzung für die sogenannten Volkspolizisten in der Deutschen Demokratischen Republik. Der eine trug ein Gewehr über der Schulter, der andere hielt ein Fernglas vor dem Gesicht.

„Wofür sind eigentlich die Eisenkästen neben dem Lautsprecher dort unten?", wollte Rainer wissen.

„Das sind Selbstschussanlagen. Sie werden ausgelöst, wenn ein Flüchtender den fast unsichtbaren Stolperdraht berührt, der unterhalb der Eisenpfeiler auf Kniehöhe gespannt ist."

Als Erwin gedankenlos eine Trillerpfeife aus der Hosentasche zog und hineinblies, tauchten plötzlich mehrere Schäferhunde aus ihren Verstecken auf. Sie rannten mit aggressivem Gebell vor der Absperrung hin und her, festgehalten an langen Leinen, die mit einem Laufdraht längs des dritten Zaunes verbunden waren.

„Die haben ihr brutales System inzwischen perfektioniert", stellte der westdeutsche Grenzsoldat sarkastisch fest.

Irgendwann bemerkte der Lehrer, dass Norbert und Heinz fehlten. Fieberhaft suchte man die Jugendlichen in der unmittelbaren Umgebung. Aber sie blieben verschollen. Unruhe und Beklemmung befielen die Gruppe und nach einigen Minuten funkte der Offizier seine Kollegen in der Wachstation an, damit sie eine Suchaktion einleiteten. Sie wussten aus Erfahrung, dass man diesen Funkspruch auf der anderen Seite abhörte.

Rafael missfiel dieses geplante Vorhaben, weil es zu viel Zeit in Anspruch zu nehmen schien. Deshalb machte er sich auf den Weg zur Anhöhe hinauf am äußeren Westzaun entlang, stets bedacht, Deckung hinter den Bäumen zu finden. Er wusste um die Sorgen und Ängste der Eltern, aber auch die seines Vaters. Rief sich dessen Bemerkung in Erinnerung, dass ein Lehrer stets mit einem Bein im Gefängnis stünde, wenn mit Schülern irgendetwas passierte. Rafael konnte sich gut vorstellen, was die beiden Buben ausheckten und hielt sich deshalb bewusst in unmittelbarer Nähe der Absperrung auf.

Dann sah er sich in seiner Befürchtung bestätigt: Die Jungen waren tatsächlich auf den Außenzaun geklettert und hingen oben im Stacheldraht fest. Dem Studenten pochte das Herz. Er musste jetzt ganz ruhig bleiben und wohl überlegt handeln. Vorsichtig trat er hinter den Bäumen hervor und schaute hinüber auf das ‚Niemandsland'. Man nannte es so, weil niemand außer den Vopos sich dort aufhalten durfte. Gegenwärtig konnte Rafael keinen dieser Grenzsoldaten sehen. Schnell zog er sich am Zaun hoch und befreite Norbert, der sich in Sicherheit brachte. Bei

Heinz gestaltete sich die Rettungsaktion wesentlich komplizierter. Er machte nämlich in panischer Angst unkontrollierte Bewegungen und dadurch verhakte sich der Stacheldraht an mehreren Stellen in Hemd und Hose. Rafael versuchte sich zu konzentrieren. Vorsichtig löste er einen Eisenhaken nach dem anderen aus den Kleidern.
Plötzlich hörte er einen Motor aufheulen und erblickte unter sich einen Jeep, der laut quietschend bremste. Blitzartig riss er dem Schüler Hose und Hemd vom Körper, stemmte ihn hoch und ließ ihn hinuntergleiten.
„Kommen Sie sofort herunter und zwar auf unserer Seite!" brüllte einer der Vopos und richtete das Gewehr auf ihn. Rafael schätzte seine Lage als aussichtslos ein, stieg zuerst ganz nach oben und dann in Richtung Todesstreifen den Zaun hinab, wo man ihn abführte.
Kurz danach standen sich auf beiden Seiten der Grenze Soldaten aus den zwei Teilen Deutschlands misstrauisch mit Waffen gegenüber, ohne ein Wort miteinander zu wechseln. Der spätere Versuch des leitenden West-Offiziers, der telefonischen Kontakt mit der östlichen Seite aufnahm, um den jungen Mann freizubekommen, schlug fehl. Die Reisenden traten nach einer Weile in bedrückter Stimmung die Heimfahrt an.

***

Am nächsten Tag erschien Herr Nassler mit seinem Geigenkasten in der Lehrerwohnung. Jeden Freitagnachmittag war das so. Dieser Termin hatte im Laufe der Jahre fast institutionellen Charakter erlangt und man konnte ihn am besten mit Violinunterricht beschreiben. Lehrer Schober spielte zwar recht gut auf der Geige, aber der Gast, Mitglied des städtischen Symphonieorchesters und inzwischen im Ruhestand, galt als Musikvirtuose. Damit wies er, ohne es bewusst zu verdeutlichen, dem Lehrer die Rolle eines Schülers zu.

Heute beschäftigten sich die beiden Männer nicht sofort mit ihren Instrumenten, sondern sprachen zunächst über Rafaels Verhaftung. Der besorgte Vater machte sich Vorwürfe, den Sohn zum Ausflug eingeladen zu haben. Seine mutige Tat wurde ihm zum Verhängnis, wenngleich man Gott danken musste, dass die Vopos, wie schon mehrmals geschehen, nicht sofort schossen. Sie hatten doch hoffentlich schnell durchschaut, dass die törichte Aktion der Kinder nichts anderes als einen Lausbubenstreich darstellte und Rafael sie nur aus ihrer misslichen Lage befreien wollte.
Andererseits erinnerte sich der Lehrer an den Bundesgrenzschutzoffizier, dessen Prognosen hinsichtlich einer baldigen Freilassung recht vorsichtig klangen: Zuerst würde der Vorfall nach Ost-Berlin gemeldet und dort entschieden, ob er zu einem Politikum hochstilisiert und propagandistisch genutzt werden konnte. Das passierte regelmäßig; vor allem dann, wenn Wessi-Jugendliche, oft alkoholisiert, die Vopos provozierten, indem sie jene per Megaphon beleidigten, mit Schreckschusswaffen attackierten oder eben auf den Außenzaun kletterten und laut grölten. Dieses dümmliche Gehabe auf westlicher Seite hatte bereits mehrere Male zu schweren Verletzungen und sogar Toten geführt. Das löste entsprechende Reaktionen auf politischer Ebene aus. Deshalb konnte keiner wissen, wie Rafaels Zukunft aussah.
Schober hatte gegenwärtig keine rechte Lust zum Violinspiel, doch der Meister bestand darauf, schien ihm Musik doch am besten geeignet, den Kummer des Kollegen wenigstens eine Zeit lang vergessen zu machen. Sie packten ihre Geigen aus und wollten sich mit Paganinis ‚Moto perpetuo' auseinandersetzen. Zunächst stand das ‚legato' an. Dabei musste jeder Ton einzeln gestrichen werden und es kam darauf an, dass sich der jeweils folgende nahezu übergangslos anschloss. Nassler stellte fest, dass sein Partner unkonzentriert wirkte. Das konnte er durchaus nachvollziehen. Dennoch unterbrach er nach mehreren Takten das Geigenspiel und erklärte:

„Sie müssen den Bogen mit lockerer Hand führen; gleichmäßig und leicht!"
Schober versuchte, die Anweisung zu beherzigen, da griff Nassler erneut korrigierend ein:
„Herr Lehrer, ich lese nichts von einem ‚vibrato', also brauchen Sie den Zeigefinger nicht schwingen zu lassen."
Schober brach ab, sah sich nicht mehr im Stande, weiter zu spielen. Heute war nicht der Tag für Violine und Paganini und Nassler zeigte dafür Verständnis. Sie setzten sich auf die Couch und unterhielten sich zunächst über belanglose Dinge aus dem Dorf. Der Vater aber kam schnell wieder auf den Sohn zurück: Wo er sich jetzt wohl aufhalte ...? Ob man ihn immer noch verhöre ...? Der Gast wollte ihn ablenken, indem er das aktuelle Problem auf die politische Ebene hob:
„Der Eiserne Vorhang ist eine Tragödie. Er teilt unser Vaterland."
„Sind wir nicht selbst daran schuld?"
„Ja, sicher. Dabei ist es noch gar nicht lange her, als wir sangen: ‚Heute gehört uns Deutschland und morgen die ganze Welt.'"
„Und wir haben viel zu spät bemerkt, dass es sich dabei um Größenwahn handelte."
„Vor Jahren noch erstreckte sich das Großdeutsche Reich von der Maas bis an die Memel. Heute ist nur noch ein Teil davon übrig, und der wiederum wird von einer menschenverachtenden Grenze durchschnitten."
„Ich glaube nicht, dass unsere Generation die Wiedervereinigung noch erleben wird, die das Grundgesetz fordert."
„Wahrscheinlich kommt sie nie. Sie brauchen doch bloß die Nachrichten anhören."
Abrupt öffnete Schobers Frau die Tür und stellte Kaffee und Kuchen auf den Tisch; wie jeden Freitagnachmittag, wenn die Geigen verstummten. Sie hatte das Gespräch der beiden Männer nebenan mitangehört und war verärgert. Wie konnten die jetzt politisieren, während ihr Sohn irgendwo drüben im Gefängnis saß.

Am Abend läuteten Polizisten an der Haustür. Sie erklärten, dass ein Kollege vom Bundesgrenzschutz vor einer Stunde angerufen habe. Ihr Sohn komme am folgenden Montag frei.
Das Ehepaar umarmte sich und es dauerte nicht lange, bis das halbe Dorf vor der Lehrerwohnung erschien, um Freude und Glückwünsche zum Ausdruck zu bringen.

Als die Dämmerung hereinbrach, begann sie zu läuten. Heute am Allerheilig-Abend war man auf diese Glocke vorbereitet, denn sie rief die Menschen zu den Gräbern ihrer Angehörigen. Jahr für Jahr tat sie das und stets um die gleiche Zeit. Nur einmal, eben an Allerheiligen, folgte sie dem Willen der Menschen. An den übrigen Tagen überraschte die Glocke die Dorfbewohner im Haus oder auf dem Feld. Niemand konnte vorhersagen, wann sie das nächste Mal ertönen würde. Oft hörte man sie wochenlang nicht, dann wieder in kurzen Abständen. Wenn sie sich meldete, war der Tod zu Gast im Dorf. Darum wurde sie Totenglocke genannt.

Meistens wusste man, wem ihr Nachruf galt, denn es sprach sich schnell herum, wenn einer im Sterben lag. Der Klang dieser Glocke verband den Toten nochmals mit den Lebenden im Ort.

Es kam aber auch vor, dass diese Glocke Beklemmung hervorrief, weil man nicht wusste, wer soeben verschieden war. In solchen Fällen hatte sich der Tod nicht vorher angemeldet. Völlig unerwartet brach er ins Dorf ein und zog irgendeinen von ihnen mit sich fort. Oft erschien seine Art Menschenleben auszulöschen, hinterhältig und grausam. Eine junge Frau überfiel er im letzten Sommer im Kindsbett und vor zwei Jahren fand man den Schwiegervater des Müllers erhängt am Tennenbalken in der Scheune. Als eine alte, körperbehinderte Bäuerin im Stall von einem aggressiven Ochsen zu Tode getrampelt und eine ganze Familie bei der Feldarbeit vom Blitz erschlagen wurde, hallte das Wehklagen dieser Glocke wochenlang in den Köpfen der Menschen wider.

Am Allerheilig-Abend meldete sie keinen aktuellen Todesfall, sondern lud die Einwohner des Dorfes auf den Friedhof ein. Die meisten folgten ihrer Einladung, so auch Markus mit seiner Familie. Man versammelte sich am Grab, um gemeinsam den Rosenkranz zu beten und seiner Verstorbenen zu gedenken.

Nur die Angehörigen und die Personen an den Nachbargräbern waren zu sehen, weil dichter Nebel den Friedhof einhüllte. Markus beobachtete, wie seine Großmutter fortwährend Weihwasser auf das Grab spritzte und damit den Unmut der Mutter heraufbeschwor, die die Lichter mit den roten Schirmchen anzünden wollte.

Als die Totenglocke aufhörte zu läuten, begann die Vorbeterin mit dem Rosenkranz. Der Junge betete nur mechanisch mit, weil ihm die Totenglocke nicht aus dem Kopf ging. Diese schrille Glocke mochte er nicht, denn sie gehörte zum Tod. Und wenn er an den Tod dachte, wurde es ihm mulmig. Immer wieder begegnete er ihm als Ministrant bei der Letzten Ölung. Krankenbesuche dieser Art wurden selten geplant, sondern kurzfristig, gleichsam wie ein Notdienst angesetzt: Jemand aus dem Dorf rannte zum Priester und meldete, dass ein Angehöriger im Sterben lag. Eile war geboten. Da er und sein Freund nicht weit vom Pfarrhaus entfernt wohnten, begleiteten sie den Geistlichen, der dann das Sterbesakrament spendete. Einer trug das Weihwasser, der andere die Geräte, die zur Krankensalbung benötigt wurden.

Man musste sich als Bub zusammenreißen, wenn man das Sterbezimmer betrat. Angehörige, die weinten oder beteten; im Bett die totkranke Person. Als Ministrant stand Markus unmittelbar davor, blickte oft in ein schmerzverzerrtes Gesicht und in Augen, die ihm Angst einflößten. Dann wandte er sich ab, fixierte ein Bild über der Kommode oder flüchtete in angenehme Erinnerungen, während neben ihm der Sterbende auf seinen letzten Weg vorbereitet wurde.

Den Jungen belasteten diese Hausbesuche. Zwar konnte er seine Gefühle vor den anderen verbergen. War jedoch der Ministrantenrock ausgezogen, kletterte er auf den Kastanienbaum hinter dem Schulhaus, wollte allein sein. In der Regel dauerte es nicht mehr lange, bis die Glocke läutete. Wieder sah er das Gesicht der sterbenden Person vor sich, sah Augen, die jetzt unbeweglich an die Decke starrten. Der Ministrant auf dem

Baum spürte die Gänsehaut auf seinem Rücken und erschauderte.
Tage später die Beerdigung. Er schwenkte meistens das Weihrauchfass und wieder begleitete ihn diese Glocke. Die trauernden Verwandten taten ihm zwar leid, dennoch ging ihm eine Beerdigung bei weitem nicht so nahe wie eine Krankensalbung, denn der Tote hatte inzwischen seine Leiden überstanden. Man bat den Herrgott, dass er ihn zu sich nehmen möge. Tröstende Worte und ein letzter Gruß.
Der Tod. Zuerst kam er ins Dorf. Dann folgte stets die kleine Glocke mit ihrem aufdringlichen Klang. Mit dieser Totenglocke wollte Markus nichts zu tun haben, weil er mit dem Tod nichts zu tun haben wollte. Deshalb widerstrebte es ihm auch, jetzt am Abend auf dem Friedhof zu stehen.
Inzwischen war der Nebel lichter geworden, so dass man rundum auf den Gräbern die farbigen Lampen und Fackeln sehen konnte. Die Friedhofsgemeinde betete immer noch den sogenannten Schmerzhaften Rosenkranz, der an Jesu Leiden und Tod am Kalvarienberg erinnerte.
Die Großmutter betete ihn heute für ihren Ehemann, damit er sein Seelenheil erlangte. Vor über zehn Jahren wurde ihr Georg hier auf dem Friedhof bestattet. In guten und in schlechten Zeiten hatten sie beide zusammengelebt, wie bei der Trauung versprochen, und das über vierzig Jahre lang. In einer Holzschatulle bewahrte sie ein paar vergilbte Fotos auf, die sie ab und zu anschaute. Das Hochzeitsbild gehörte dazu; dann Georg als Soldat; mehrere, auf denen nur sie und der Sohn abgelichtet waren. Und es gab eines, auf dem ihr Mann sie im Arm hielt und ihr Haar streichelte. Diese Fotografie brachte deutlich ihre Gefühle zueinander zum Ausdruck.
Stets sah sie ihren Georg vor sich, wenn sie sich an ihn erinnerte. Die Gedanken waren aber nicht an das Alter gebunden. Einmal tanzte er mit ihr auf dem Anna-Fest eine schwindelerregende Mazurka, ein andermal lag er vor ihr im Krankenbett, während sie ihn fütterte.

Der Großmutter wurde bewusst, dass sie betete und gleichzeitig an ihren Georg dachte. Ihrer Meinung nach ging das in Ordnung, denn sie hatte den Friedhof aufgesucht, um ihrem Mann nahe zu sein. Das konnte durch ein Gebet für ihn geschehen oder durch die Erinnerung an die Stunden zu zweit; aber auch dadurch, dass sie wie soeben beide Aktivitäten in Kopf und Herz unmittelbar miteinander verband.
Jetzt sangen die Gläubigen eine der Strophen des uralten Liedes, das ausschließlich am Abend des Allerheiligentages auf dem Friedhof erklang. Es ging um die Seelen im Himmel und die Angehörigen fragten im Gesang: „Wo findet die Seel' ihre Heimat, ihr' Ruh'?" Die findet sie „droben im Licht" war die Antwort. Im nachfolgenden Text hieß es, dass die Seelen der Verstorbenen in Gottes Nähe verweilten und sich an der Lauten- und Harfenmusik erfreuten.
Die Großmutter musste über diese anschaulichen Bilder schmunzeln. Sicherlich hielt sich ob solch himmlischer Musik die Begeisterung bei ihrem Mann in Grenzen. Erheblich mehr würde ihm wohl gefallen, wenn er die erste Trompete bei einer Polka blasen dürfte.
Die Seele: Darunter konnte sie sich beim besten Willen nichts vorstellen. Im Religionsunterricht hieß es, jene sei unsichtbar. Aber sie wollte ihren Georg irgendwann unbedingt leibhaftig wieder sehen; auch ihre Eltern und Geschwister. Das galt für alle Menschen, die ihr nahe standen und bereits verstorben waren.
„Ich glaube an Gott, ...", betete sie seit ihrer Kindheit. Dass es einen Gott gibt, war für sie selbstverständlich. Wie hätten sonst Sonne, Mond und Sterne entstehen können? Und der Regen, der Jahr für Jahr ihr Getreide wachsen ließ?
In der Schule hatte der Pfarrer gesagt, dass das lateinische Wort für „glauben" auch „vertrauen" bedeutet. Es war jedoch keineswegs einfach, jemandem Vertrauen entgegen zu bringen, der sich einem niemals zeigte. Allerdings erfüllte es sie mit Zuversicht und Hoffnung, was sie über Gott gehört und gelesen

hatte. Er war ein Gott der Barmherzigkeit und Liebe. Mit Vater durfte sie ihn ansprechen und das sagte im Grunde alles über ihn aus. Sie wollte ihm vertrauen und hatte deshalb auch keine Angst vor dem Tod.

Unmittelbar neben der Großmutter stand ihr älterer Enkel Karl. Er beobachtete den Vater, der die Augen geschlossen hielt und abwesend schien. Vermutlich dachte er soeben an den eigenen Vater, an dessen Grab sich heute die gesamte Familie eingefunden hatte.

Während seines Studiums war er immer wieder der Frage nach dem Tod und damit der nach dem Sinn des Lebens begegnet. Die Philosophen seit der Antike bis zur Gegenwart hatten dazu durchaus schlaue Denkmodelle entwickelt, aber keiner von ihnen konnte rational belegen, ob ein Gott existiert oder nicht.

Auch die Religionen boten den Menschen sinnhafte Lebensperspektiven an, die seit jeher bei vielen Glaube und Hoffnung weckten. Karl hörte , wie man rundum im Friedhof inbrünstig betete. In gewisser Weise beneidete er die Leute aus dem Dorf. Sie waren wohl im Wesentlichen mit Gott und der Welt im Reinen. Er selbst konnte schon lange nicht mehr beten, weil er zu viel Faustisches mit sich herumschleppte. Dazu gehörte unter anderem, dass er an der zentralen theologischen Aussage des Christentums zweifelte.

Die Auferstehung von den Toten. An diesem Satz schieden sich die Geister. Schon als Jugendlicher hatte er damit Probleme. Beim Glaubenbekenntnis während des Gottesdienstes schwieg er bei der Sequenz oft mit Bedacht. Inzwischen war ihm klar, dass dieser Satz in Verbindung mit der Auferstehung Christi den Dreh- und Angelpunkt darstellte, der alle anderen Glaubensinhalte nach sich zog. Aber er schaffte es einfach nicht, dieses zentrale Credo ohne jeglichen Zweifel laut auszusprechen. Deshalb ließ er das Beten ganz sein. War es denn beim Tod eines Menschen nicht einfach so wie bei seinem Hund Bello, den er in seiner Kindheit unter Tränen im Garten in einem Loch verscharrt hatte?

Nach wie vor beschäftigten ihn diese Fragen und heute am Familiengrab wurde ihm wieder einmal deutlich bewusst, dass er hinsichtlich dieser letzten und entscheidenden Angelegenheiten im Laufe seines Lebens kaum ein Stück weitergekommen war.
Ein paar Schritte entfernt stand Karls Vater. Auch er beschäftigte sich in erster Linie mit sich selbst, ohne ein schlechtes Gewissen zu bekommen. Heute war zwar Allerheiligen, doch er dachte an vielen Tagen im Jahr an seinen Vater und betete für ihn. Eine Rosenkranzandacht erschien ihm ohnehin etwas monoton.
Totengedenktag. Den Menschen, die im Friedhof unter der Erde ruhten, war der Tod bereits begegnet. Und er würde wieder kommen, um einen der Lebenden abzuholen. Immer häufiger ging es ihm durch den Kopf, dass er älter wurde und der Großteil seines Lebens bereits hinter ihm lag. Manchmal belastete ihn diese Tatsache. Einmal träumte er sogar davon und als er vor Schreck darüber erwachte, musste er zunächst verarbeiten, dass sein Albtraum die Wirklichkeit spiegelte. Wenigstens konnte er nach kurzer Zeit über sich selbst schmunzeln.
Älter werden. Seit seinem fünfzigsten Geburtstag ließ ihn der Gedanke nicht mehr los. Er warf Fragen nach dem bisherigen Leben auf; nach dem augenblicklichen Standpunkt und vor allem, wohin es noch gehen solle. Die Frage nach der persönlichen Zukunft löste oft Unruhe und manchmal sogar Angst bei ihm aus. September des Lebens. Oder war es schon später? Vielleicht viel später?
Der Tod und die Zeit des Danach. Zu den Menschen, die diesen Themen auswichen, gehörte er nicht. Als Christ gab es für ihn eine sinnvolle Perspektive. Und doch war er oft voller Unsicherheit und Zweifel. Heute Nachmittag hatte er das Märchen vom Tod und dem Gänsehirten gelesen, aufgeschrieben von den Gebrüdern Grimm. Diese Lektüre, die er bewusst für den heutigen Tag ausgewählt hatte, tat ihm gut;

schuf in seinem Herzen eine heitere Gelassenheit und Ruhe. Die wünschte er sich zurück, jetzt auf dem Friedhof. Deshalb rief er sich das Märchen erneut ins Gedächtnis:
Einmal kam der Tod über den Fluss, wo die Welt beginnt. Dort lebte ein Hirt, der eine Herde weißer Gänse hütete.
‚Du weißt, wer ich bin, Kamerad?', fragte der Tod.
‚Ich weiß, du bist der Tod. Ich habe dich auf der anderen Seite hinter dem Fluss oft gesehen.'
‚Du weißt, dass ich hier bin, um dich mitzunehmen auf die andere Seite des Flusses?'
‚Ja, ich weiß.'
‚Aber fürchtest du dich denn nicht?'
‚Nein', sagte der Hirt, ‚denn ich habe immer über den Fluss geschaut, seit ich hier bin. Ich weiß, wie es dort ist.' ...
Als der Tod ihm die Hand auf die Schulter legte, stand er auf, ging mit ihm über den Fluss, als wäre nichts. Und er war sehr fröhlich ...
Der Mann am Grab mochte dieses Märchen. ‚Ich weiß, wie es dort ist', hatte der Hirt versichert. Das konnte nicht sein. Bestimmt war das eine überzogene Aussage. Kein Lebender wusste es. Wenn man es wüsste, wäre wohl manches anders auf dieser Seite des Flusses. Auch er hatte schon oft seine Blicke hinüber geworfen. Inzwischen tat er das mit etwas anderen Augen als früher und ihm war im Laufe seines Lebens deutlich geworden, dass es nötig war, immer wieder hinüberzuschauen. Vor allem aber galt es, sich entschieden mehr Zeit dafür zu nehmen. Er wünschte sich, dass auch ihm eines Tages der Blick über den Fluss vertraut sein würde und das andere Ufer jeglichen Schrecken verlor. Es hieß, dass dort erst das eigentliche Leben begänne. Im Märchen ging der Hirt frohgemut auf die andere Seite. Der große Fluss, der einmal alles veränderte. Wenn man dort drüben auf dem anderen Ufer etwas zu sehen hoffte, das einen zuversichtlich stimmte ... Nein, das waren keine Träumereien oder Hirngespinste, denn Glaube

und Hoffnung mussten keineswegs im Gegensatz zur Vernunft stehen.
Er wurde älter und irgendwann ging auch er auf die andere Seite wie alle Menschen. Sein verstorbener Vater hatte gewiss dort den Frieden gefunden. Für ihn wollte er jetzt beten; auch für jene, die er näher gekannt hatte und für alle, die von dieser Welt geschieden waren.
Die Lebenden besuchten am heutigen Abend ihre Toten und so schloss sich an den Gräbern der Kreis der Gemeinschaft über den Tod hinaus. Er machte sich bewusst, dass es auch hier auf Erden Personen gab, mit denen er in Liebe verbunden war. Das verlieh dem Leben auf dieser Seite des Flusses einen Sinn und machte es lebenswert.
Die Nebelschwaden hatten sich inzwischen aufgelöst und man konnte jetzt den Kirchturm deutlich sehen. Sogar der Wetterhahn ganz oben auf der Spitze zeichnete sich schemenhaft ab. Das Mauerwerk weiter unten wurde von mehreren dunklen Rundbögen gegliedert. Sie boten den Klängen der Glocken den Weg in die Freiheit, so dass sie die Menschen im Dorf und auf den Felder hören konnten. Mit Sicherheit läutete die große Glocke in aller Frühe und um die Mittagsstunde zum Angelus-Gebet. Wann die Totenglocke das nächste Mal zu vernehmen war, wusste niemand. Im Augenblick gedachte die Friedhofsgemeinde der Gefallenen der Weltkriege und der Opfer des Fliegerangriffs auf das Dorf. So näherte sich die abendliche Andacht ihrem Ende.
Auf einmal begann es zu schneien. Die Flocken tänzelten auf die Gräber der Toten und auf die Mäntel und Häupter der Lebenden. Markus freute sich darüber. Wenn dieses Wetter anhielt und es noch etwas kälter werden würde, könnte man morgen vielleicht Schlitten fahren. Am liebsten mit Elisabeth. Bestimmt dauerte es auch nicht mehr lange, bis der Dorfweiher eine tragfähige Eisdecke besaß. Er nahm sich vor, in den nächsten Tagen seine Schlittschuhe zum Schmied zu bringen, denn sie brauchten dringend einen neuen Schliff.

Die Dorfschule hat ausgedient

Der Postbote klopfte ans Fenster und bat Frau Schober um eine Unterschrift, weil es sich bei seinem Brief um ein Einschreiben handelte. Sie las den Absender ‚Schulamt' und ahnte Schlimmes.

Letzte Woche war ihr Mann enttäuscht vom Lehrerstammtisch zurückgekehrt. Es ging das Gerücht, dass am Ende des Schuljahres auch in ihrem Landkreis alle Zwergschulen in den Dörfern aufgelöst und zu einer Verbandschule in einem größeren Ort der Umgebung zusammengefasst würden. Das bayerische Kultusministerium hatte diese Reform beschlossen, es aber den einzelnen Schulämtern freigestellt, wann und wie sie vor Ort umgesetzt wurde. Der Grund dafür waren die jeweils unterschiedlichen Rahmenbedingungen.

Die geplante Umstrukturierung der Volksschulen auf dem Land führte vor allem bei den betroffenen Lehrern zu hitzigen Diskussionen. Das war auch in Franken der Fall. Die einen begrüßten diese Entwicklung, weil sich dadurch Unterricht und Erziehung zukunftsorientiert verwirklichen ließen: Für jeden Altersjahrgang konnten eigene Klassen gebildet werden; Parallelklassen ermöglichten eine Unterrichtsdifferenzierung im Sinne verschiedener Arbeitsgruppen; die Lehrer verfügten über ein vielfältiges Angebot an Lehrmitteln. Kollege Schwinn aus Rosshausen brachte noch weitere Vorzüge einer Verbandschule zur Sprache.

Aber es gab auch Pädagogen, die Gegenargumente aufzählten: Wie die Arbeiter in die Fabrik würden nun in aller Frühe die Kinder mit dem Bus in die Schule gekarrt. Sie entfremdeten sich von ihrem Heimatdorf und in solchen Mammutschulen gehe der persönliche Kontakt zwischen Lehrern und Schülern verloren ...

Auch Schober gehörte zu diesen Konservativen und seine Frau konnte dessen Einstellung sehr gut nachempfinden. Seit über fünfundzwanzig Jahren war er an derselben Dorfschule tätig.

Deshalb betrachtete er sie als seine Schule und stand seinen Schülern zur Seite, wann immer sie ihn brauchten. Plötzlich sollte damit Schluss sein – und das drei Jahre vor seiner Pensionierung?
Die Ehefrau erlebte täglich, wie ihr Mann seelisch litt. Sie musste ihn nur anschauen. Er wirkte deprimiert und redete wenig. Schlaflose Nächte, kein Appetit, Herzprobleme.
Der Schulrat hatte angekündigt, dass er seine Entscheidung und die notwendigen Konsequenzen, die sich daraus für das Personal ergaben, in Bälde schriftlich mitteilen werde. Jeder wusste, worauf das hinaus lief, denn inzwischen waren fast alle Voraussetzungen für das neue Schulprojekt gegeben.
Der Brief legte also fest, wo und wie ihr Mann zukünftig seine Arbeit erledigen sollte. Am liebsten hätte sie jetzt dieses aktuelle Einschreiben zerrissen, doch damit konnte sie das Problem nicht aus der Welt schaffen. Allerdings galt es vernünftig zu taktieren, was die Aushändigung des Briefes betraf. Zunächst dachte sie daran, ihn ein paar Tage liegen zu lassen und Ludwig behutsam darauf vorzubereiten. Er durfte sich auf keinen Fall zu sehr aufregen. Doch dann kam ihr in den Sinn, der Schulrat könnte vom Ehemann aktuelle Zahlen und Fakten anfordern, die er dringend für die Planung dieses Schulprojekts benötigte. Deshalb schien es richtig, die Angelegenheit lieber gleich zu erledigen.
Erneut kamen ihr Zweifel, ob sie den Gatten wirklich sofort mit dieser heiklen Sache konfrontieren sollte. Doch es half alles nichts. Sie beide mussten sich der Realität stellen. Die Frau war unsicher, wie sie ihn ansprechen sollte. Zögerte erneut. Aber dann machte sie sich in den Garten auf, wo er Weinsträucher zurückschnitt. Sie beobachtete ihn eine Weile bekümmert , fühlte sich mit einem Mal in der Rolle des Postboten, der dem Maler Max Ludwig Nansen den Brief mit dem Malverbot aushändigen musste. Hatte sie nicht auch einen Brief zu übergeben, dessen Inhalt im Grunde einem Berufsverbot

gleichkam, genau wie in der entsprechenden Szene des Romans ‚Deutschstunde' von Siegfried Lenz?
Sie verbarg den Brief hinter ihrem Rücken. Er blickte in ihr bedrücktes Gesicht und fragte misstrauisch:
„Gibt's was Neues?"
Sie reagierte nicht, wich seinen Augen aus. Mit leicht erregter Stimme stellte er fest:
„Also doch!"
Schwieg bleierne Sekunden, um dann nachzufragen:
„Eine Entscheidung?"
Sie zuckte mit den Schultern und entgegnete:
„Jedenfalls ein Brief vom Schulamt."
Er nahm das Kuvert, ließ es, ohne ein Wort darüber zu verlieren, in der Jackentasche verschwinden und widmete sich wieder den Weinstöcken.
„Ich will fertig werden, denn ich hab' noch einiges zu korrigieren."
Es irritierte sie, dass er die Post vor ihren Augen wegsteckte; so tat, als handle es sich um Theaterkarten. Die Ehefrau versuchte sich vorzustellen, was in ihm vorging und ängstigte sich bei diesen Gedanken. Deshalb hielt sie es für besser, ihm genügend Zeit zu lassen, sagte nichts und wollte wieder gehen.
Er malte sich die Formulierungen des Schreibens aus, sah im Geiste den amtlichen Stempel und die Unterschrift des Vorgesetzten vor sich und wurde wütend.
„Dieser Hornochse!", murmelte Schober vor sich hin und die Frau bekam es mit. Er wusste, dass sie noch hinter ihm stand und begierig auf den Inhalt wartete. Aber er brachte es einfach nicht fertig, sie mit der endgültigen Wahrheit zu konfrontieren, da sie unter dieser Entscheidung bestimmt genauso litt wie er.
Seine Frau gehörte zu seiner Schule wie die Kollegin, die Handarbeitslehrerin und der Pfarrer. Wenn ein Theaterstück gespielt wurde, half sie mit, die Kulissen herzustellen oder nähte Kostüme für die Schüler. Wenn sich jemand auf dem Pausenhof das Knie aufschlug, wurde er von ihr verarztet und wenn einer

seiner Schüler im Klassenzimmer Durst verspürte, schickte er das Kind ein Stockwerk tiefer in die Küche, wo die ‘Frau Lehrer’ ihm eine Limonade spendierte.
Mit der Verbandschule in einem anderen Ort war seine Frau von der Gemeinschaft, die ihr so viel bedeutete, ausgeschlossen.
Bis jetzt hatte er immer noch ein wenig Hoffnung gehabt, dass alles so blieb wie bisher. Nun war es vorbei und er wusste nicht, wie er sie trösten sollte. Er brauchte noch ein wenig Zeit, bevor er diesen verdammten Brief öffnete. Zeit für sich, um zur Ruhe zu kommen und Zeit, um die richtigen Worte für die Frau zu finden. Andererseits machte er sich bewusst, dass diese so schnell wie möglich Klarheit wünschte und dass Hoffen und Bangen auch für sie ein Ende haben müssten. Sie stand doch nicht zufällig in diesem Augenblick hinter ihm und wartete. Ja, sie hatte ein Anrecht darauf, den genauen Inhalt des Briefes sofort zu erfahren.
Er spürte ihren Arm auf seiner Schulter und hörte kurz darauf, dass sich Schritte entfernten. Hastig drehte er sich um und rief ihr nach:
„Bitte warte!“
Dann holte er den Brief aus der Tasche, riss das Kuvert auf und reichte ihr das Schreiben. Sie überflog hastig die Zeilen, nickte und gab es zurück. Er schüttelte beim Lesen den Kopf und als sie ein Lächeln auf seinem Gesicht sah, das Zynismus, aber auch einen Hauch Stolz verriet, ahnte sie die entsprechende Stelle.
„Einen Dreck werd’ ich. Such’ dir doch einen anderen Deppen!“
Der Schulrat hatte nämlich bei der Regierung erwirkt, dass Schober zum Rektor der neuen Verbandschule ernannt wurde und bat am Ende seines Briefes, er möge diese Aufgabe übernehmen.
Sie schwiegen eine Zeit lang, dann meinte die Frau:
„Er weiß, wie sehr du dieser Sache ablehnend gegenüberstehst und will dich trotzdem dafür haben.“

„Der glaubt wohl, dass ich versuchen würde, Berge zu versetzen, wenn ich es für nötig hielte. Aber ich halte dieses hirnrissige Projekt für absolut unnötig, wie du weißt.“
Sie griff nach dem Brief und las den letzten Absatz laut vor:
„ ... Sehr geehrter Herr Kollege, ich bitte Sie um ein Gespräch, weil es mir ein Anliegen ist, Ihre Vorbehalte auszuräumen, die sicherlich teilweise auch auf Missverständnissen beruhen. Bei Ihnen jedenfalls wüsste ich das schwierige Schulprojekt, mit dem wir generell noch wenig Erfahrung haben, in besten Händen und ich bin mir ganz sicher, dass dieses neuartige ‚Schulschiff' bald in ruhigen Gewässern fahren wird ... “
„Es gibt doch bestimmt einen jüngeren Kollegen, der auf eine solche Aufgabe nur wartet.“ Und nach einer kurzen Pause fuhr er fort:
“Nein, ich darf den Kopf nicht länger in den Sand stecken, muss endlich der Wahrheit ins Auge blicken: Die Jahre vergehen und alles hat seine Zeit. Doch dass ich ...“
„Merkst du denn nicht, wie dringend er dich braucht? Und was er von dir hält, weißt du besser als ich.“
Er schwieg und seine Miene verriet, dass er ihre Worte nicht achtlos beiseite schob.
„Komm, wir machen uns jetzt einen Kaffee, du musst dich ja nicht heute und auch nicht morgen entscheiden“, sagte sie.
Er entschied sich bereits am nächsten Morgen und zwar für die Leitung der Verbandschule.
„Wir zwei haben bis jetzt so viel gemeinsam geschafft, dann werden wir auch das noch meistern“, erklärte er und schloss seine Frau in die Arme.

Ich danke meiner Frau für ihre intensive Mitarbeit.